MANAGEMENT OF PHYSICAL EDUCATION AND SPORT

体育・スポーツ経営学講義

八代 勉・中村 平 編著

大修館書店

■執筆者紹介・執筆分担

八代　　勉（筑波大学名誉教授）　　　　　第Ⅰ部　Lec. 1
清水　紀宏（筑波大学教授）　　　　　　　第Ⅰ部　Lec. 2　Lec. 7　第Ⅲ部
中村　　平（東京女子体育大学教授）　　　第Ⅰ部　Lec. 3
柳沢　和雄（筑波大学教授）　　　　　　　第Ⅰ部　Lec. 4　Lec. 6　第Ⅲ部
武隈　　晃（鹿児島大学教授）　　　　　　第Ⅰ部　Lec. 5－1　Lec. 6
橋本　豊司（国士舘大学名誉教授）　　　　第Ⅰ部　Lec. 5－2
木村　和彦（早稲田大学教授）　　　　　　第Ⅰ部　Lec. 5－3，4
藤田　雅文（鳴門教育大学准教授）　　　　第Ⅱ部－1
赤松　喜久（大阪教育大学教授）　　　　　第Ⅱ部－2
中西　純司（立命館大学教授）　　　　　　第Ⅱ部－3
齊藤　隆志（日本女子体育大学教授）　　　第Ⅱ部－4
清水　富弘（上越教育大学准教授）　　　　第Ⅱ部－5

は し が き

　21世紀に入り体育やスポーツの世界にも様々な課題が顕在化しています。いや、体育・スポーツの世界というよりは、様々な分野で構造的な改革を求める動きが急であると言ってもよいでしょう。様々な問題が噴出する中で、これまで行われてきたことが果たしてそれでよかったのかという問いかけから改革が始まろうとしているといえます。

　体育やスポーツに限ってみますと、学校における体育では、教科体育の存在価値を問う声が、そして運動部活動については学校での存続を危惧する声が出ています。地域におけるスポーツに関しては、行政主導型の振興システムそのものが問われています。民間セクターのスポーツ、そして国際競技力向上の方策についても改革の必要が主張されています。このような様々な問題がいずれも、体育・スポーツの経営学の研究と密接な関係があることに我々は気づかなければなりませんし、問題解決のための提案をしなければなりません。いろいろな行動や提案ができると思われますが、最も基本的なことは、体育やスポーツの指導的な立場になるであろう体育・スポーツの専門課程で学ぶ学生が、経営学的なものの考え方をもつことと言ってよいと思います。そのためには、彼らの専門的な学習をサポートする優れたテキストが必要であろうと考えます。

　幸いなことに、世間で経営学やマネジメントの学が注目されるようになり、体育やスポーツに関する経営学のテキストもいくらかその数を増しています。同じ体育やスポーツを扱う経営学が、切磋琢磨して理論の発展の喜びを味わったり社会的な貢献に共同できることは、すばらしいことであろうと思います。しかしながら、現在出版されているものをみると、概念のとらえ方をはじめ内容にかなりの相違や特徴が発見できます。同じ体育やスポーツの経営学と言いながら、扱っている内容が体育やスポーツのための経営学から、体

育やスポーツに関連する様々な経営体の営み（経営現象）のすべてをその対象として取り上げているものまであります。"体育"からの離陸を好む風潮さえ感じるものもあります。いろいろな考え方やとらえ方があってよいとは思いますが、体育やスポーツの発展に対する貢献や人々の豊かなスポーツライフの実現に対して、貢献度が高い理論を提示できるかどうかが勝負の分かれ道であろうと思われます。今のところ同じ土俵で論争するまでには至っていませんが、今後は互いの発展のためにも討議が必要になるだろうと考えます。

　本書は、宇土正彦教授が編纂した『体育経営管理学講義』を発展的に再構築したものといえます。これまでもそうであったように、体育やスポーツのリーダーになっていくであろう大学学部の専攻学生にとって、必需のテキストとして役立つことを企図してつくられています。専門的な内容は学問の発展に応じて拡大していくものでありますが、本書は体育・スポーツ経営学の入門書としての性格を強く意識してつくられた関係で、大学2年生くらいが学習することを想定して内容を厳選してあります。

　本書は3部構成となっています。第Ⅰ部は体育・スポーツ経営学の基礎的な理論を中心に構成し、第Ⅱ部ではこの基礎理論をより具体的な体育・スポーツ経営の各領域に即し、最近の動向もふまえながら理解できるよう配慮しました。さらに、第Ⅲ部は、各種資料と専門用語集および参考文献からなっており、いっそう学習を深めたい人達に役立つ情報を盛り込んでいます。

　テキストとしての工夫の一つとして、それぞれの章において討議や調査・資料収集等の必要な課題を提示しました。課題をめぐって個人ないしはグループの自主的な学習を取り入れていただきたいと思います。第Ⅲ部の内容がこの活動をサポートしてくれるはずであります。

　本書の基礎をなしているのは宇土正彦体育経営学であります。その宇土教授が他界されて2年を過ぎてしまいました。本書は宇土理論の枠を大きく出るものではないかもしれませんが、今の時代の問題解決に貢献することに、

十分留意して作り上げたものであります。本書の作成にあたっていろいろな方々に協力いただきましたが、とりわけ、柳沢和雄（筑波大学助教授）と清水紀宏（筑波大学講師）の両氏が本書の作成に献身的な努力をしてくれました。また、大修館書店の太田明夫氏には企画から編集作業に至るまで大変お世話になりました。この場を借りてお礼申し上げますとともに、この書を故宇土先生と宇土令夫人に捧げたいと思います。

平成14年2月

八代　勉

目　次

●はしがき……………………………iii

●第Ⅰ部　体育・スポーツ経営学の基礎理論 …………………………1

　Lec. 1　現代スポーツと体育・スポーツ経営学……………………2
　　　1　文化としてのスポーツとその振興の意義……………………3
　　　2　スポーツとの「3つ」のかかわりかた………………………4
　　　3　スポーツの現状と課題…………………………………………5
　　　4　体育・スポーツ経営学独自のものの見方・考え方…………6
　　　5　本書のねらいと限界……………………………………………11
　　　6　体育・スポーツ経営学の知識が役立つ場面…………………12
　Lec. 2　体育・スポーツ経営とは ……………………………………16
　　　1　「体育・スポーツ経営」理解の難しさ………………………17
　　　2　2つの運動現象、2つのスポーツ現象………………………19
　　　3　経営とは何か……………………………………………………21
　　　4　体育・スポーツ経営の概念……………………………………24
　　　5　体育・スポーツ経営の構造……………………………………36
　Lec. 3　スポーツ生活と運動生活 ……………………………………40
　　　1　豊かなスポーツ生活とは………………………………………41
　　　2　豊かな運動生活とは……………………………………………43
　Lec. 4　体育・スポーツ事業と経営資源 ……………………………56
　　　1　豊かな運動生活を支える体育・スポーツ事業………………57
　　　2　経営資源の整え方………………………………………………62

- Lec. 5　体育・スポーツ事業の進め方 ……………………………………73
  - 1　エリアサービス事業 ………………………………………………74
  - 2　プログラムサービス事業 …………………………………………85
  - 3　クラブサービス事業 ………………………………………………97
  - 4　体育・スポーツ事業におけるマーケティング的思考 ………108
- Lec. 6　体育・スポーツ経営体 ……………………………………………112
  - 1　体育・スポーツ経営体の成立条件 ………………………………113
  - 2　体育・スポーツ経営の領域と経営体 ……………………………118
- Lec. 7　よい体育・スポーツ経営の条件 …………………………………127
  - 1　なぜ経営評価を学ぶのか …………………………………………128
  - 2　経営評価の基本的な観点 …………………………………………129
  - 3　経営成績をどう評価するか ………………………………………131
  - 4　経営条件をどう評価するか ………………………………………133
  - 5　経営評価の留意点 …………………………………………………136

●第Ⅱ部　体育・スポーツ経営の現代的課題 …………………………139

- 1　学校週5日制時代の体育・スポーツ経営 ……………………………140
  - 1　学校体育経営の特性と構造 ………………………………………141
  - 2　学校週5日制時代の体育・スポーツ経営 ………………………144
- 2　総合型地域スポーツクラブの経営 ……………………………………154
  - 1　地域スポーツの現在 ………………………………………………155
  - 2　総合型地域スポーツクラブ構想 …………………………………162
  - 3　総合型地域スポーツクラブの経営課題 …………………………163
- 3　民間スポーツ・フィットネスクラブの経営戦略 ……………………169
  - 1　民間スポーツ・フィットネスクラブとは ………………………170
  - 2　民間スポーツ・フィットネスクラブの経営目的 ………………171
  - 3　民間スポーツ・フィットネスクラブのスポーツ事業の特徴と課題 …172
  - 4　民間スポーツ・フィットネスクラブの経営戦略 ………………176

4 「みるスポーツ」の経営 ……………………………………………………181
 1 体育・スポーツ経営学はスポーツをみる人をどのようにとらえる…182
 2 スポーツ観戦の楽しさとは何か ………………………………184
 3 「みるスポーツ」の供給のしくみ ………………………………186
 4 「みるスポーツ」を創り出すための資源 ………………………189
 5 みる楽しさを創り出すための理論と技術 ………………………192

5 国際的競技力の向上とスポーツ経営 ………………………………196
 1 国際的競技力の概念と我が国の現状 ……………………………197
 2 競技力向上の方策と問題点 ………………………………………198
 3 競技力向上のためのスポーツ経営学からの提言 ………………202

●第Ⅲ部　体育・スポーツ経営関連資料 ……………………………211

 1 日本人のスポーツ行動 ……………………………………………212
 2 スポーツ振興法（抄） ……………………………………………214
 3 スポーツ振興基本計画（抄） ……………………………………215
 4 スポーツ基本法（抄） ……………………………………………218
 5 スポーツ基本計画（抄） …………………………………………221
 6 学習指導要領（抄） ………………………………………………225
  中学校学習指導要領（抄） ………………………………………225
 7 体育・スポーツ経営に関連する法律・制度等 …………………228
  1 スポーツ振興の根拠となる法・制度 …………………………228
  2 体育・スポーツの経営資源に関連する制度等 ………………230
 8 体育・スポーツ施設の現状 ………………………………………237
 9 スポーツクラブの実態 ……………………………………………240
  1 地域スポーツクラブの実態 ……………………………………240
  2 学校運動部の実態 ………………………………………………241
 10 民間スポーツ・フィットネスクラブの実態 ……………………243

| 11 | 運動生活・意識調査票の実例 | …245 |

    1 運動生活調査票の例（中学・高校用） …245
    2 運動生活・意識調査票の例（地域住民用） …252
    3 スポーツ教室参加者調査票の例（総合体育館用） …255

| 12 | もっと学習を深めるための参考図書 …257
| 13 | さらに理解を深めるための用語解説 …260

●索　引 …271

第 I 部

体育・スポーツ経営学の基礎理論

Lec.1. 現代スポーツと体育・スポーツ経営学 ……………………2
Lec.2. 体育・スポーツ経営とは ……………………………16
Lec.3. スポーツ生活と運動生活 ……………………………40
Lec.4. 体育・スポーツ事業と経営資源 ……………………56
Lec.5. 体育・スポーツ事業の進め方 ………………………73
Lec.6. 体育・スポーツ経営体 ………………………………112
Lec.7. よい体育・スポーツ経営の条件 ……………………127

Lecture 1

現代スポーツと体育・スポーツ経営学

学習のねらい

体育やスポーツの重要性は新しい世紀に入ってますます高まってきている。人々の自由時間の増大や運動欲求の高まりといった行うものにとっての状況の好転というよりは、学校を初めとして社会全体に体育やスポーツの必要性が高まってきている。体育やスポーツによって解決すべき課題が増大してきているということであり、その振興が求められているのである。

体育・スポーツの普及や振興に携わっている人々にとって、体育・スポーツ経営の考え方・進め方に関する知識と能力を備えることは極めて重要である。経営という営みが、組織の目標を効果的・効率的に達成するための合理的な仕事の進め方だからである。しかしながら、その重要性が体育・スポーツの関係者の間で、必ずしも正しく十分理解されているわけではない。本講では、本論に入る前に、体育・スポーツ経営学を学ぶことの意味を理解してほしい。

学習のポイント

①現在社会において文化としてのスポーツの振興と体育・スポーツ経営の重要性が理解できる。
②体育・スポーツ科学における体育・スポーツ経営学の特徴が説明できる。
③体育・スポーツ経営学独自のものの見方・考え方が具体的に説明できる。
④体育・スポーツの経営の具体的な現場の概要が説明できる。

キーワード

文化としてのスポーツ、体育・スポーツ、スポーツを「する・みる・支える・創る」、体育・スポーツ経営の職能

1．文化としてのスポーツとその振興の意義

　スポーツは「世界共通の人類の文化」であり、その普及振興の意味を次のような視点から指摘することができる。

　まず、スポーツは体を動かすこと自体に対する人間の本源的な欲求に応えるとともに、爽快感、達成感、知的満足感、他者との連帯感等の精神的充足や楽しさ、喜びをもたらしてくれる。また、健康の保持増進、体力の向上、青少年の人間形成等にも資するなど、心身の両面にわたって望ましい働きかけをするものである点で、生活における極めて重要な文化の一つととらえることができる。

　第2にスポーツは人間の可能性の極限を追求する営みの一つである。この意味において、競技スポーツにおいて選手たちが繰り広げる極限への挑戦は、先端的な学術研究や芸術活動と共通する大きな意義のある文化的な行為であり、みる人にも大きな感動や楽しみ、活力を与えるものである。

　第3にスポーツは、同一のルールの下で行われるため、言語の障壁を越えた世界共通の文化として諸国民の相互理解を増進し、友好と親善を深める上で極めて重要な役割を果たすものである。

　このように、スポーツは個人にとって様々な意味や価値があるだけでなく、社会的な便益を多く持つ、優れた人類共通の文化としての意味を持つ活動である。スポーツが文化としてとらえられるということは、見方を変えれば、スポーツはすべての人々にとっての権利でなければならないということである。20世紀は、スポーツを人間の基本的権利に高めようとする運動が各国で展開され、その成果が様々な法や制度の整備となってあらわれた。また、女性・高齢者・障害者などそれまではスポーツと無縁であった人々にもスポーツ参加の道が開かれはじめている。しかし、まだまだ「スポーツをしたくてもできない」人々も多数いるし、とても質の高いスポーツ活動とはいえない実態もあることは否定できない。文化としてのスポーツがすべての人たちの権利となり、そのことによって人間と社会の豊かな発展を果たしていくためにスポーツを広く普及振興させていく取り組みが今後ますます必要となる。

> **話し合ってみよう**
> 自分達が経験してきたスポーツが、実際にどんな機能を個人や社会に果たしているかを話し合ってみよう。

2．スポーツとの「3つ」のかかわりかた

　スポーツ振興のためには、次に述べるように文化としてのスポーツと人との「3つ」のかかわりをより深く強めていくことが大切である。

　第1は「スポーツを行う」というかかわり方である。それは、健康の維持増進・体力の向上や様々な人間的欲求の充足という個人的な便益だけでなく、学校づくり、まちづくりといった社会的な便益を生み出すことにも最も貢献するかかわり方である。学校で行われている様々な体育活動をはじめ、地域社会におけるスポーツの振興といった場合のスポーツは「行うスポーツ」が中心を占めている。

　第2の「スポーツをみる」ということの楽しさは、最近では各種のプロスポーツの発展によって多くの人々が直接競技場において、あるいは間接的にテレビを通して身近なものとなってきている。そして今、日本人に求められているのは、「スポーツをみる目と心」を高めることであるともいわれている。

　「スポーツを支える・創る」という第3のかかわり方は、今後注目したいかかわりである。簡単に言えば、ボランティアとして、スポーツの振興や実際の運営などに参加する活動であり、スポーツを行ったり、みたりして楽しむための事業を創ったり支えたりする活動ということになる。学校であれば、児童生徒が施設や用具を自主的に管理したり、体育的な行事を企画運営したり、スポーツクラブを自治的に運営したりする活動である。このかかわりによる楽しさや喜びは、他者とのかかわりによってあるいは、他者の楽しさや喜びを支えることによって自身にもたらされた内的な満足感からくるものであり、基本的にはボランティア活動全般に通じる性質のものである。

　以上3つのかかわり方を、生涯にわたってバランスよく実践していくための基礎的な力を培うのが学校における体育・スポーツ教育の役割であり、誰もが

それぞれのもっている力を使って、生涯にわたってこの3つのかかわりを豊かにもてるような社会を生涯スポーツ社会といってよいだろう。体育・スポーツ経営は、このような生涯スポーツ社会の形成をめざして行われるものである。

> **話し合ってみよう**
> 3つのかかわりについてそれぞれの経験を話し合ってみよう。その中から、それぞれのかかわりを深めていくためのポイントは何かを明らかにしてみよう。また、3つのほかに考えられるかかわりがあればあげてみよう。

3．スポーツの現状と課題

(1) スポーツ実践にみられる他律的あるいは他者依存的な体質

我が国はスポーツが導入されて1世紀の歴史をもち、さらにスポーツ振興が政策として取り組まれるようになってから50年近くを経過している。しかし、本格的なスポーツ振興への取り組みはまだ途上にあるといえよう。我が国におけるスポーツが学校の教育として、あるいは行政の強いサポートの下で発展してきたために、スポーツをめぐる権利や義務に関する意識や能力が十分育ってこなかったという側面をもっている。自らの努力によってスポーツの楽しさを獲得するという意欲や努力に欠ける面をもっているということである。他律的ないしは他者依存的な体質をいかに改善していくか、行政主導型経営から運動者主導型の経営への転換をはかりながら、質的な変化を促進していくことが重要な課題である。

> **考えてみよう**
> あなたのこれまでのスポーツ活動を振り返って、誰にどのようなことを依存してきたか考えてみよう。

(2) 低調な実施状況

成人の30％程度の人々が週単位で運動を行っているというのが我が国のスポーツの実施状況とされている。スポーツのクラブに入って運動している人も決

して多くない。「みる」「支える」というかかわりについても同様に決して高い割合で浸透しているとは言えない。特に、「支える・創る」という活動は、先に述べた体質からして極めて低調で、現在までのところほとんど育ってきていないといっても過言ではない。

(3) 文化という名にふさわしい状況への発展を

スポーツは文化であり、すべての人々に開かれた権利であることは先にも述べたが、権利の行使には一方で義務を伴うということもまた当然のことである。しかし、マナーを守れないスポーツマン、利己的な欲求の充足ばかりに目を奪われているスポーツ愛好家、すっかりお客様気分でいたれりつくせりのサービスが当然だと思っているクラブの会員など、権利に見合う義務を果たしていない、またはその自覚すらない状況もある。

我が国のスポーツは未だ文化という名にふさわしいほどに質的・量的に高いレベルに達していない。「する、みる、支える」いずれのかかわりについても幼少の頃から生涯を通して豊かにもてるような人々の意識の高まりと、それを可能にする社会の体育・スポーツシステムを作り上げていくことが重要である。

4．体育・スポーツ経営学独自のものの見方・考え方

体育・スポーツ経営学には、他のスポーツ諸科学とは異なる独自のものの見方や考え方がある。この独自性を理解して体育・スポーツ経営にあたる、あるいはその理論を学習したり研究することが基本的に重要である。

(1) 長期的な視野：長期的な見通しをもって短期の構想を描く

体育やスポーツの普及や振興という取り組みは、終わりのない継続的な営みといえる。我が国はスポーツが導入されてほぼ1世紀の歴史をもつが、それでもスポーツに親しむ人々の数は人口の30％程度とされており、普及や振興という営みは今後も長期的に展開されていくべき性質のものである。したがって、長期的な視野に立って我が国の、あるいは我が町の、そして我が校の体育やスポーツをどのように推進していくべきか、明確なビジョンを持ちながら、年度

年度の「具体的な到達目標を持って」その振興に努めていく組織の営みこそが体育・スポーツの経営である。将来計画やビジョンと日常的な営みとを別々のものとしてではなく、強く関連づけてよりよい状況を作り上げていく、これが経営の基本といえよう。

⑵ 総合的・全体的な視野をもった営みである

　体育やスポーツの普及振興とは、人々の豊かな運動生活の成立維持を助ける営みととらえることができる。人々がスポーツ活動に積極的・主体的に参加し、文化としてのスポーツがもつ様々な便益を存分に享受できるという状況を豊かに作り出すことを支援することは、運動によってもたらされる社会的な効果すなわち、学校が明るく楽しい学びの場となる、地域社会が生き甲斐を実感できる楽しい生活の場となるなどの効果を生み出すことになる。いわば、個人にもたらされる運動の意味や価値（個人的な便益）と社会にとってもたらされる価値（社会的な便益）とを同時に達成できるがゆえに、体育やスポーツの振興という仕事が社会的に重要になるのである。体育やスポーツに関する様々な事業を企画し運営する場合にも、その事業がもたらす個人的・社会的な便益を常に意識すべきである。体育やスポーツ経営は、常に、総合的・全体的な視野をもって、ことの進め方・事業のあり方あるいは組織の行動のあり方を考慮してすすめられるべきである。

⑶ 目的ー手段の学であり、実践の学である

　体育やスポーツ科学といわれる学問領域の中には、様々な研究領域が存在する。体育・スポーツの哲学、歴史、心理学、社会学、生理学やバイオメカニクス等々、実に多面的に存在しており、それぞれが体育やスポーツの普及や振興に対して直接的・間接的に貢献する。それらの諸学は、体育やスポーツの実践現場に直接関係をもつ分野と必ずしもそうでない分野とに二分できる。運動・スポーツの指導や支援という仕事は教育学やコーチング学が深く関与する領域であろう。その指導やコーチングに、生理学的なあるいは心理学的な知見が利用されるという関係になる。同様に、体育やスポーツの普及や振興のための条件整備やスポーツ事業を直接営む働きが体育・スポーツ経営であり、その具体

的な営みを支える理論を構築するのが体育・スポーツ経営学である。社会における体育やスポーツの普及や振興の意味や価値を追求する哲学や社会学の研究を基礎にしながら、その具体的な振興策を解明するのが経営学ということになる。体育やスポーツの経営学は、目的を達成するための手段や方法を解明する研究分野であるということであり、学問を基礎と応用に二分するとするならば、経営学は実践的・応用的な色彩の強い学問分野であるということである。したがって、体育・スポーツ経営学の研究や理論・方法は、具体的な研究対象としての学校や地域社会、あるいは民間スポーツ施設や職場といった、様々な人々の運動の場の整備や充実に役立って初めて評価されるものである。

(4) 運動者(生活者)主体の視野をもつことが基本

　経営学というと経営者を中心とした経営をする側のための学問だと受け取られやすい。しかし、体育経営学の創始者ともいえる宇土は、運動者という概念を提案しながら、体育・スポーツの経営や管理における運動者重視、運動者主導の重要性を一貫して主張し続けてきた。体育やスポーツの経営がもたらす運動者への効果や価値をもっとも重視してきたし、そこに豊かな運動生活というキーワードがもち込まれた理由がある。体育やスポーツを、人々の幸せや喜びに結びつくように、その構造や過程を「人」に合わせていく、これが運動者主権、運動者主導であり、その普及や振興のバックボーンにこの考え方が存在すること、これが体育・スポーツ経営学の基本的な姿勢である。

　運動者主体・主導という考え方は、体育やスポーツの普及や振興の担い手として、運動者を位置づけていこうという考え方でもある。保護され、支援されるだけの対象としての運動者ではなく、保護し、支援するあるいは体育やスポーツの経営に直接携わる運動者のとらえ方である。学校でいえば、基本的には教職員が経営の主体として働いてきたし、これからもその位置が変わることはないであろうが、児童や生徒は単に運動を楽しみ喜ぶ主体としての存在だけでなく、楽しみや喜びを創り出す主体として育てていこうという考え方である。したがって、クラブの自治的な運営や体育的な行事の自主的な運営、教職員との協働による部活動経営なども大いに奨励される。

　地域社会のスポーツのあり方については、スポーツの成立維持のための条件

整備から具体的なスポーツ事業の企画立案運営に至るまで、行政がすべてを担っていたのがこれまでの一般的な状況であろう。それに対して今支持されてきているのが、地域住民が自らのスポーツを構築していく、別の言葉で言えば、地域社会における体育スポーツの経営という営みを、住民が主体的・自治的に進めるという方向である。このような方法を住民主導型の地域スポーツ経営と呼んでいるが、スポーツの楽しみや喜びを自らの努力や工夫によって獲得するというのは至極当然のことであり、スポーツの振興とともに普及していくべき経営手法ということもいえよう。

(5) 資源の調達・蓄積と運用を中心的課題とする

経営学が経営資源の蓄積や運用を重視するのと同じように、体育やスポーツの経営学は体育やスポーツの経営資源のあり方に関心をもち研究を進めており、実際の経営現場では、「経営資源の調達・蓄積と運用」が大切な営みである。経営資源は、「人、もの、金、情報」といわれているが、体育やスポーツの経営にとっての経営資源とは、指導やコーチあるいは経営にあたる人的資源、施設や設備・用具等の物的資源、経常的・臨時的な経費の源泉となる財務的資源、そしてスポーツに関する様々なノウハウといわれる情報（知識）資源があり、いずれも体育やスポーツの普及や振興にとって極めて重要な資源（条件）である。体育やスポーツの経営の責任をもつ経営体は、長期的な展望をもちながら、この経営資源の充実に努めることがその使命といってもよい。しかしながら、学校や地域社会のような公的な体育・スポーツの経営体においては、自らの努力だけで経営資源を整えるという仕事を遂行することは不可能である。なぜなら、遂行に必要な財務的な資源をもち合わせていないことがほとんどだからである。したがって、このような公的な部門においては、資源の調達のビジョンは当然経営体が描くべきではあるが、具体的な調達ということになると、学校や地域社会の支援組織としての地方公共団体が担うことになる。

ところで、経営資源は調達・蓄積すること自体が目的でないことは言うまでもないことである。調達・蓄積された資源を有効に運用・活用してスポーツ事業に転換していくことこそが経営体の最も重要な仕事ということになる。スポーツ施設は質的量的に充実していくことを長い間課題にしてきたが、効果的・

効率的に使用されて初めて資源を整えた意味が出てくるわけである。破損や事故の発生をおそれて施設の開放をためらう経営体が未だに多く存在するということは、経営資源とは何かを考えさせてくれる事例といえよう。同じことは人的資源についてもいえよう。せっかく期待して招き入れた指導者も、適材適所という組織の運営の基本を誤ると宝の持ち腐れとなるのである。財務的な資源は特に企業としてのスポーツ経営体にとっては極めて重視すべき資源であり、調達・運用を誤ると経営体そのものの存在を危うくすることもあるが、公的な経営体においては、民間ほどの切実さがなかったのは事実であるし、財務的な資源の蓄積を求められることはない。しかし、今後は、財務的な資源に無関心であったり、獲得への努力を怠ると経営体が危機的な状況（行政からの財政的な支援のカット）に追い込まれる可能性も多くなることは間違いない方向であろう。

　情報資源は、現代社会においては極めて有用な資源となってきている。これまででも、体育の授業の進め方やスポーツ施設の経営のノウハウといった情報資源は、書籍やビデオなどによって購入可能な形態で開発されてきたし、情報機器の飛躍的な発展がみられる今日では加工・改良あるいは再生可能な資源として浸透してきている。情報資源は、学校や地域のような公的な経営体において、経営の可否を決定するほどに重要度をもった資源であり、調達、創造、蓄積可能な資源として、発展性はさらに高い。

　以上のように、体育やスポーツの経営においては、人的資源と情報資源、人的資源と物的資源とが結びついて、よい経営を支えることになるだけに、情報を調達・蓄積する力ももつことが経営体に求められる。

(6) 体育・スポーツの経営学である

　経営というと、企業の経済活動をイメージする人が多い。このためスポーツ経営はスポーツを手段にした企業活動と受け止められる傾向がある。しかし、学校経営、学級経営という言葉で代表されるように、経営＝企業活動ではなく、経営は公共・民間、営利・非営利を問わずあらゆる組織体の活動に共通にみられる営みである。

　体育・スポーツ経営は、スポーツのもっている様々な個人的・社会的な価値

を最大限に引き出すことを企図して行われる組織体の営みの総称である。換言すればスポーツそのものの普及や振興という使命をもった経営であり、そのための理論や方法を開発する研究分野であり、スポーツの創造と普及・振興に努めるのが体育・スポーツ経営学ということになる。体育はスポーツを手段として営まれる教育であり、それ自体がスポーツの普及や振興に貢献するものである。

　スポーツ経営学を冠とする文献も多数みられるようになってきたし、研究者の指向性も多様であるが、本書にかかわっている研究者の共通の理念は、体育・スポーツ経営学はあくまでも体育やスポーツの経営学であるという点である。スポーツをめぐる商業主義とは無縁の分野であり、むしろ商業主義化されることを批判する立場をとる。また、スポーツに関連する経営学とも一線を画している。スポーツが普及・振興するにつれて関連商品の開発も進んできている。スポーツグッズの販売促進は基本的にはスポーツ経営学とは全く関係のない商業活動であるが、このような企業活動を研究対象とするスポーツ経営学者もいるし、スポーツを利用した企業のマーケティング活動をスポーツ経営学の対象にする研究者もいる。限りなく広がっていくスポーツの経営研究を誰も歯止めすることもできないし、そうした研究を非難することもできないが、もっとも大切な視点はスポーツそのものの経営学であり、スポーツそのものの発展を基本に据えた経営学であることを強調しておきたい。

5．本書のねらいと限界

　スポーツと人間との様々なかかわりを問題とし、そのかかわりが豊かに発展していくことを志向すればするほど、スポーツの研究はただ単に「スポーツをする」という行動だけを問題にすることではすまなくなってきている。先にも述べたように、今後将来に向けては「みたり、聞いたり」「支えたり、創ったり」するかかわり方をも含んだスポーツの振興を考えることが求められることになろう。そのような意味ではスポーツ経営はスポーツと人間との多様で有意味的なかかわりを豊かにするための営みであり、その方法論を開発する研究分野がスポーツ経営学ということになる。しかし、スポーツ経営学の入門書である本書『体育・スポーツ経営学』においては、まずは「する」というかかわり

を中心に論を進めていくことにしたい。何よりもスポーツの意味や価値を利活用して営まれるのが体育であるし、健康や体力、楽しみや喜び、あるいは交流といった個人的な便益や学校づくり、まちづくりといった社会的な便益をもたらしてくれる最大のものは、「する」というかたちのスポーツからもたらされるからである。

スポーツの志向性には、行うこと自体の楽しみや喜びそのものを志向する生活志向とトップレベルの記録や競争へ志向する高競技力志向、そして健康や体力志向の3つが存在するが、本書では、生活志向のスポーツを中心に扱っていくこととし、高競技スポーツや観戦型スポーツの本格的な学習は、別途専門書によってなされることを期待したい。

6．体育・スポーツ経営学の知識が役立つ場面

体育・スポーツ経営学は具体的な体育やスポーツ活動が行われている実践の現場を直接問題にする学問分野であると述べたが、経営学の知識や能力が役立つ具体的な領域や場面について述べてみよう。

(1) 学校体育における体育科教員および体育主任

学校における体育の場は、教科の体育をはじめ、運動部活動や体育的な行事そして昼休みや放課後などの自由な時間における自由な運動遊びというように、実に多様な機会や場が用意されており、子どもたちの豊かな人間性の育成やたくましい体や心を育てるとともに、楽しい学校づくりにも大いに貢献してきている。しかしながら、すべての学校が上記のような内容とそこからもたらされる便益を確保しているわけではない。学校全体で教職員と児童生徒とが一体となって体育に取り組んでいる学校において、大きな成果を生んでいるのである。その背景に体育の経営管理に精通した体育科教員そして体育主任の存在がある。児童生徒の豊かな運動生活を実現するために、教職員の協働体制の確立や豊かな経営資源の整備、児童生徒の積極的・自治的な経営参加の促進、これらの営みが経営の専門性を保持した教員によってもたらされるのである。

単に体育の授業だけでなく、学校全体で取り組む体制を創る組織的なリーダ

ーとして、体育科教員の活躍が今後とも大いに期待されているところである。

⑵ 市区町村教育委員会事務局体育・スポーツ担当職員

　地域におけるスポーツの振興を支援するのは市区町村の教育委員会事務局の体育・スポーツ振興部局およびそこで勤務する職員である。当該市区町村のスポーツ振興の状況の定期的な把握に基づくスポーツ振興計画や施設整備計画の立案、経営資源の充実、スポーツ指導者の研修事業、当該市区町村における健康・福祉関連組織との連携事業、最近話題となっている総合型地域スポーツクラブの育成に関する支援事業等々、様々なスポーツ振興に関連する仕事が存在する。これらの業務の効果的・効率的な運営のために経営学の基礎的な知識や技術を具備した専門家が雇用されることが期待されている。また体育やスポーツの専門を学んだものが、社会教育主事という職位で専門的な立場からスタッフとして働くことも期待されている。

⑶ 事業所（企業や役所等）における福利厚生課健康・スポーツ担当者

　事業所における体育やスポーツを振興する部署も、体育・スポーツ経営学の素養を持った人材が配置されることが望まれる。職場はスポーツを行う場所ではないけれども、働く人々の連帯を深めたり、従業員の一体感を醸成すること、毎日の健康的な職場環境の形成にスポーツが効果的に機能することは間違いない。近年、職場の機構改革やアウトソーシングの導入によって、職場で働く人々のスポーツ経営を請け負う企業が登場してきており、アウトソーシングの信頼を確保するためにも専門家の存在は極めて重要となる。

⑷ 民間スポーツクラブ、フィットネスクラブ主任研究員・専門家

　民間のスポーツクラブやフィットネスクラブは、経営の結果として付加価値（利潤）を生まなければ組織が存続できないという性質をもった経営体である。それだけに、経済的な利潤がどのようにして生まれるかを正しく理解して職務にあたらねばならないが、基本は公共と同じ、運動者（顧客と呼ぶ）の満足をどのようにして最大にするかという点にある。顧客は経営体が提供するサービスに満足することによってサービスを量的にも受け続けるであろうし、顧客で

あり続けることによって経営体に利益をもたらす人となる。顧客の満足を保障するためには、彼らのニーズを的確に把握しながら、そのニーズを事業に組み込む役割を演じる専門家の存在が不可欠になる。体育やスポーツを熟知し、なおかつサービス（事業）の作り方・提供のしかた等のスポーツ経営の知識や技能を身につけた専門家ならではの仕事であるし、その専門性によってクラブ内での地位も維持向上できるのである。

⑸　**地域スポーツクラブあるいは地域スポーツ振興組織のリーダー**

　地域におけるスポーツのあり方は今後劇的な変化を遂げる可能性をもっている。平成13年度より我が国のスポーツは文部科学省から出されたスポーツ振興基本計画に従ってその具体的な施策が講じられることになったが、基本計画の中で今後生涯スポーツ社会を構築していくため、そしてスポーツ人口を増加させるために、地域社会を基盤とした総合型地域スポーツクラブを創っていくという方策が提案され、すべての市区町村がその実現へ向けて動き出しているからである。(2)で述べたような地方公共団体のスポーツ専門の職員の仕事とは別に、クラブを創り育てていくための活動をする多くのプロフェッショナルとさらに多くのボランティアが必要となる。クラブは永続的な組織として地域社会の中で発展していくことが望まれるので、大きな組織としての総合的なスポーツクラブの場合にはクラブの経営をリードする人材が必要となる。このクラブのマネジャーによってクラブの事務局が統括され、地域住民の代表からなる理事会等の意志決定機関が決定した事業を遂行していくことになる。このような場合にはスポーツ経営の専門性をもったプロがこの任に当たることが望まれるし、全国的にこのような状況が展開されることによって新しい専門家の仕事市場（ジョブマーケット）が形成されることが期待できる。

⑹　**国および都道府県行政における体育・スポーツ振興担当職員**

　行政主導のスポーツ経営から運動者主導型のスポーツ経営への転換が求められていることはすでに述べたとおりであるが、そのような状況への転換を促進するためには、国や都道府県の体育・スポーツ行政の意識改革が必要となる。学校や地域社会におけるスポーツの振興は基本的に市区町村行政の支援のもと

に遂行されるから、都道府県や国は、市区町村の体育・スポーツ行政をサポートしたり、市区町村ではできない事業を実施する役割を演じることになる。国としての制度上の基本を定めたり、長期的な国の体育・スポーツ政策の立案に果たす専門家の役割は大きいし、都道府県レベルにおいては広域的な体育・スポーツ行政の推進役としてやはり体育やスポーツの経営学を修めた専門家の活躍が期待される。

(7) 民間非営利スポーツ組織のリーダー

NPO（Non-Profit Organization＝非営利組織）が活躍する社会が到来してきている。スポーツに関連するNPOも多数誕生してきており、これまでの何でも税金、何でも行政に依存する社会から脱皮し、市民が主体的に社会を創る社会へと移り変わろうとしている。スポーツに関連する様々な活動はまちづくりや福祉関連と極めて密接な関係にあり、ボランティアの参加によってその目標の達成が可能となる。NPOを創りリードしていくことのできるプロフェッショナルとしてスポーツ経営の専門家の存在が重視されるようになるであろう。

(8) 民間スポーツ組織・団体のリーダー

運動者主導のスポーツ社会の実現には民間スポーツ組織とりわけ、スポーツ種目団体の自律的な行動が求められる。これまでのような行政に保護され支援される対象としてのスポーツ団体・競技団体から、スポーツの振興、とりわけ競技力の向上のために自らの経営資源を蓄え、我が国の競技スポーツの振興に貢献できる力をもった組織への成長が求められる。その際必要となるのが、組織・団体のリーダーに求められるスポーツの経営・管理の能力である。これまでこの仕事はボランティアによって行われたり、行政職員が実質的に担ってきたが、今後はプロフェッショナルがあたるべきであろう。

> **調べてみよう**
> 体育・スポーツ経営の知識や能力を生かせる職種ごとに、どんな人材養成の方法がとられているか調べてみよう。

<八代　勉>

Lecture 2

体育・スポーツ経営とは

学習のねらい

　どんな学問にも、その学問に固有の専門用語というものがある。それは、その学問の内容を理解するために最低限必要な言語であり、その学問の特徴を表すキーワードでもある。体育・スポーツ経営学の場合は、「体育・スポーツ経営」という用語こそ最も基本的な概念であり、その解明こそ体育・スポーツ経営学のすべてであるといってもよい。

　本講では、「体育・スポーツ経営とはどのような営みか」について理解する。「経営とは何か」「体育・スポーツ経営は何を目的にしているのか」「その営みはどのような仕組みによって成り立っているのか」「体育・スポーツ経営が円滑に進められるためにはどんな働きが必要か」といった一連の問いについて論じていく中で、体育・スポーツ経営の概要を筋道だてて理解すると同時に、体育・スポーツ経営学で用いられるその他の主要な専門用語についても学習する。

学習のポイント

①経営の4条件に即して、体育・スポーツ経営の概念を説明できる。
②スポーツ行動の成立にはどのような条件が必要か理解する。
③体育・スポーツ経営の仕組みを図に表して説明できる。
④体育・スポーツ経営におけるマネジメント機能の役割とマネジメントサイクルについて説明できる。
⑤体育・スポーツ経営を行う経営組織にはどんなものがあり、それぞれの組織ではどんな目的を持っているのかを理解する。

キーワード

　体育・スポーツ経営、体育・スポーツ経営の目的、体育・スポーツ経営の構造、体育・スポーツ経営の実践領域、マネジメント機能

1.「体育・スポーツ経営」理解の難しさ

「体育・スポーツ経営学ってどのような学問なのですか」という質問をしばしば受ける。このような疑問の生じる背景には、いくつかの理由が考えられる。1つは、この学問の知名度の問題である。体育経営学という学問名称が用いられるようになったのは1970年代前後からであり、その誕生からわずか約30年余しか経ていない若い学問である（スポーツ経営学の成立はさらに新しい）。しかし、近年では、大学の教員養成カリキュラムやスポーツ指導者の養成カリキュラムにも体育・スポーツ経営学を基幹的な講義科目として組み込むことがごく当たり前な状況となっており、体育・スポーツ界ではその重要性が広く認識されてきている。

　2つ目の理由は、体育・スポーツ経営という用語から直観的にその内容をイメージすることが難しいという事情である。スポーツ科学の他分野、例えば、「スポーツ心理学」「スポーツ運動学」「スポーツ生理学」は、いずれもその名前を耳にしただけでおおよその内容を想像することが可能である。スポーツ心理学はスポーツにおける心理現象を心理学的方法を用いて研究する分野であるし、スポーツ運動学はスポーツにおける身体運動現象を運動学的方法を用いて解明しようとする分野である。つまり、これらの学問は、いずれもスポーツ現

●**体育・スポーツ経営学のあゆみ**　体育・スポーツ経営学は、新しい学問ではあるが、30年ほど前に突如として現れたわけではない。それ以前は、体育管理学という名称のもとで長い歴史をもっている。体育管理学では、主に学校の体育活動を有効に進めるための「体育における管理の仕事」に関心があった。具体的には、人（指導者）の管理、施設用具の管理、財務管理など、まさに管理問題がメインテーマとされていた。しかし、もともと体育管理とは、体育活動を実施するのに必要な条件整備の働きを指す。この管理の働きを「体育現象の中の管理」「体育経営の中の管理」「体育行政の中の管理」の三層に分けて整理し、その内、「体育経営の中の管理」を体育管理学の中心テーマに据えることで体育・スポーツ経営学への発展を理論的にリードしたのが宇土正彦である。宇土の著書『体育管理学』に示された理論体系は、今日の体育・スポーツ経営学にもほぼそのままの形で受け継がれている。

象の一断面をある特定の研究方法を用いてアプローチしようとする研究分野である。しかし、体育・スポーツ経営学の場合はそれらの学問とは事情が異なる。体育・スポーツ経営学は人間の運動・スポーツ現象そのものではなく、体育・スポーツ経営という現象を問題にする。この体育・スポーツ経営という用語がまだあまり一般化されていないことや、体育・スポーツ経営学を学ぶ者自身に、体育・スポーツ経営の経験が乏しいこともあいまって、体育・スポーツ経営学の理解を難しいものにしている。

　体育・スポーツ経営という用語の直観的な理解を妨げている今ひとつの原因は、通常使用される「○○経営」という熟語との用法の違いである。例えば、企業経営、病院経営、ホテル経営、学校経営という言葉からはほとんど違和感なくその意味するところを理解することができる。それは、経営の主体（誰が経営するのか）と経営の目的（何のために経営するのか）が明確だからである。企業経営は、企業が企業の目的をよりよく達成するために経営をするのであり、学校経営といえば、学校教育の目的を達成するための学校による経営を指す。このように容易に理解できるのは、企業、病院、ホテル、学校という言葉の中に経営の主体と経営の目的が含まれているからである。しかし、体育経営の場合には、体育という目的は理解できるものの誰が経営するのかは明示されていないし、スポーツ経営では経営の主体も経営の目的も不明確なままである。体

●**経営学と体育・スポーツ経営学**　　（企業）経営学は、一般に収益性をいかにしたら高められるかを研究する。したがって、経営学の知識は、営利目的を常に意識しなければならないプロスポーツ球団の経営やフィットネスクラブの経営にも役立つ。しかし、プロスポーツ組織やフィットネスクラブは、決して経済的利益を得るためだけに社会に存在しているわけではないし、そのことだけを経営の目的にしているわけではないはずである。プロスポーツ組織やフィットネスクラブがいかにしたら人々の豊かなスポーツ生活の実現や文化としてのスポーツの発展に貢献できるのか、そのためにどのような事業をどのように進めたらいいのかという体育・スポーツ経営学の知識も必要である。つまり、営利目的をもつスポーツ組織は、企業経営学の研究対象であると同時に体育・スポーツ経営学の研究対象でもある。そして、実際にそれらのスポーツ組織の経営に当たる者には、経営学の知識と体育・スポーツ経営学の知識の双方が必要となるのである。

育・スポーツ経営学では、経営の主体と目的をどのように考えているのか、このことは本講を学んだ後に理解できるであろう。

　一方で、経営という言葉から、経済的利潤の追求行動、要するに「金儲け」のための行動を連想する人も多いであろう。この人たちは、スポーツ経営というと、スポーツを通じて金銭的な利益を得ようとすることだと解釈するためか、例えば、プロスポーツ組織の経営や営利目的のスポーツクラブ経営などをイメージすることが多い。我が国では、経営＝企業経営＝経済的利潤の追求として日常的に用いられることが多いから、そうした解釈がなされてしまうのも無理はない。しかしそれが、極めて狭く偏った経営理解であることは、学校経営という営みを金儲けと結びつけて理解することが適切でないことから明らかである。もちろん経営を行うためには、一定の金銭的コストがかかるから、それをどこから調達し、どのように配分するかは体育・スポーツ経営にあっても大切な問題領域ではある。しかし、金銭的な収益を得ることが最も優先されるというのでは、企業経営学以外に体育・スポーツ経営学は存在意義を持たないことになる。

　以上に述べたように、体育・スポーツ経営学にとって最も重要な概念である「体育・スポーツ経営」が何を意味するのかを直観的に理解するのは容易ではない。したがって、この用語を理解するところから体育・スポーツ経営学の学習は始まるのである。

　以下では、体育・スポーツ経営という構成概念を「体育・スポーツ」と「経営」に分解して、各々のタームについて考えてみよう。

2．2つの運動現象、2つのスポーツ現象

　本書では、体育とスポーツをそれほど厳密に区別して用いることはしない。本来的には、スポーツ経営の一部分に体育経営が位置づけられるのであるが、いくつかの理由からあえて体育・スポーツ経営という表現を選んでいる。

　スポーツ経営と言った場合には、先に触れたようにスポーツを営利の手段として用いる経営をイメージしがちであり、この言葉の本来の意味合いを見失ってしまう危険性がある。後に詳しく述べるように、スポーツ経営の実践には、

学校や自治体のように営利とは全く無縁な目的（主に体育という目的）をもってスポーツの振興に携わっている組織も含まれており、また今後もそのような組織がスポーツ経営の重要な担い手であり続けることは間違いない。したがって、学校や地域社会における体育・スポーツ活動を無視することがないように、ということを強く意識して「体育・スポーツ」という表記を本書では用いている。

　スポーツについて若干の補足をしておこう。人間の運動には、自然的運動現象と意図的運動現象の2種類がある。このうち後者の意図的運動現象全般をスポーツと呼ぶことにする。現代社会では、労働および生活の機械化・情報化・効率化に伴って著しく自然的運動現象は少なくなり、かわって意図的運動現象であるスポーツが求められるようになっている。スポーツ参加の量的な増大は、必然的にスポーツ現象の質的な変化を生じさせる。その質的な変化を示したものが表Ⅰ-2-1である。表の右側に示したスポーツ現象は、人々が日常生活の中で健康・楽しみ・生きがいなど生活の豊かさを求めて行われるスポーツであり、これを「生活スポーツ」と名付けることができる。一方、表の左側にあるスポーツ現象は、一部の選ばれた人たちが勝利や高水準の技術・記録をめざして行われるスポーツであり、これは「チャンピオンシップスポーツ」と呼ばれるものである。また別の見方をすれば、前者のスポーツはすべての人々にとって「行うスポーツ」として存在し、後者は「みるスポーツ」として多くの人々はかかわることになる。なお、Lec.1で述べた「支えたり、創ったり」するかかわりは、両方のスポーツに関係している。

　以上のことから、体育・スポーツ経営は、生活スポーツ・行うスポーツのた

> ●2つの運動現象　　われわれ人間の身体運動は、2種類に大別される。一つは、通勤・通学のために道を歩いたり、階段を上ったり、電車に乗り遅れないように走ったり、などというように仕事や生活の必要に迫られて行う身体運動である。これを自然的運動現象という。これに対し、体を動かすこと自体を目的として行われる身体活動を意図的運動現象という。この意図的運動現象には、一般にスポーツと呼ばれる活動以外にも、健康のために車を使わないで歩いて買い物に出かけたり、家の中で体操やトレーニングを行うなどの身体運動も含まれる。

表1-2-1　スポーツのとらえ方（現代のスポーツ現象）

〈これまでのスポーツ〉		〈現在・これからのスポーツ〉
男性中心のもの 体力のある若者の行うもの 運動の上手な人達のもの 選ばれた人（一部の人）のもの	スポーツを行う人 （誰が）	性別を問わず行うもの 生涯を通じて行うもの 技能の優劣にかかわらず みんなのもの（スポーツ権）
学校や企業で行うもの	スポーツを行う場 （どこで）	各自の生活に即した場や機会で行うもの
勝利・記録達成や教育をめざして	スポーツの目的 （何のために）	各自の目的に合わせて
多くのことを犠牲にして 昼間に行うもの	スポーツの行い方 （どのように）	自らの生活に適切に位置づけて 自分の生活に適した時間に行う

↓　　　　　　　　　　　　　　　　　↓
チャンピオンシップスポーツ　　　　　生活スポーツ
↓　　　　　　　　　　　　　　　　　↓
みるスポーツ ←－－－ 深いかかわり －－－→ 行うスポーツ

めの経営と、チャンピオンシップスポーツ・みるスポーツのための経営に大別される。スポーツの振興にあっては、両方とも重視されなければならないが、本書ではLec.1で述べたように主に生活スポーツ・行うスポーツの経営を中心に論じていくことにする。

3．経営とは何か

　体育・スポーツ経営という用語の理解を妨げている源をたどると、結局は経営という用語の偏った理解にあるようだ。そこでここでは、経営とは何かについて考えてみよう。

　経営という用語が、文字通り人間の何らかの"営み"を指すことに間違いはなさそうである。つまり、経営は正確には経営実践である。しかし、人間のすべての営み・行為・実践を経営と呼ぶわけではない。他方で、金銭的な利益を得るための行動やテクニックというようにあまりにも狭く理解することも妥当ではない。経営とは次の4つの条件を満たした人間の営みである。

＜経営の4条件＞
①目的志向の活動であること

　第1に、経営は目的（purpose）を成果として実現する営みである。目的のない経営はあり得ない。目的は経営という営みの始点であり、その達成をめざして経営がなされるのである。企業経営、学校経営、病院経営はそれぞれ、企業目的、学校の目的、病院の目的が経営の目的となる。ただし、この目的にも長期的・究極的・抽象的なビジョン・スローガンのような目的もあれば、身近で具体的な数値目標のような目的もある。大きな目的に到達するためには、そこに至るまでの身近な目標を立てて階段を上るように、一歩一歩大きな目的に近づいていくのである。大目標にとってみれば中目標は手段であり、中目標にとって小目標は手段となる。これを「目標・手段の連鎖」という。経営は、このような大小様々な目的を設定し、その達成を常に意識しながら進められる営みである。

②組織の活動であること

　第2に、経営は、組織（organization）の活動である。経営は目的を成果として実現する活動であったが、目的の設定からその達成に至る一連の活動は組織によって担われる。つまり、組織は経営の主体である。誰が経営するのかと言えば、組織が経営するのである（企業経営は企業組織、学校経営は学校組織が経営の主体である）。組織とは、複数の人間が共通の目的を達成するためにつくる協力の仕組みである。

③事業を行うこと

　第3の条件は、目的を達成するために事業（enterprise or business）を営

●**経営理念―経営目的―経営目標**　経営理念、経営目的、経営目標は、いずれも経営活動のめざす方向を示す用語であり、混同しやすい。経営学者の高田は、この3つの用語を次のように整理している。まず、経営理念は、経営者が経営するに際して抱く信条（creed）信念（belief）理想（ideal）など遠くて大きな目的であり、経営活動を大筋で規制する哲学のようなものである。次に、経営目標（goal, objective）は、経営理念に向けて設定される一定期限内の到達水準を示した長期・中期・短期の目的であり、日常的な経営活動の指針として働く。最後に、経営目的は、経営理念と経営目標の合成体である。

むことである。第1・第2の条件を満たす人間の活動には様々なものがある。例えば、スポーツのチームには、チーム目標があり、メンバーが役割を分担し、互いにコミュニケーションを図りながら組織的に活動することで目標を達成しようとしている。しかし、それは経営という営みには含まれない。なぜならこの第3の条件が欠落しているからである。事業は、経営を理解するために最も重要な概念の一つである。事業とは、「人間生活に必要な物あるいはサービスを継続的・反復的に提供する仕事」(事業の定義)である。経営は、人々に何らかの物やサービスを提供することによって自らの目的を遂げようとする営みなのである。企業経営では、一般的に製造事業を、病院経営では診療・治療事業を、学校経営では教育事業をそれぞれ営んでいる。各経営の目的は、これらの事業を通して達成される。

④合理性・効率性を追求すること

経営の第4条件は、事業を合理的・効率的 (efficiently) に営むことである。事業は、物やサービスを反復的・継続的に提供する仕事であったが、物やサービスという最終的な産出物は、資源を調達しそれらを組み合わせたり、変換することによって作り出される。この意味から事業とは、そうした資源の変換過程であるといえる。

効率性を追求するということは、事業活動において調達・投入される資源

●資源変換過程としての事業　自動車の製造事業を営む会社を例にしてみよう。この企業の最終的な産出物は完成された自動車である。自動車会社はこの自動車を人々に提供する仕事を会社の事業としている。自動車を造るためには、まず、造る人(ヒト)がいなければならず、造る設備(モノ)が必要であり、さらに自動車の部品(モノ)が必要である。また、それら一切を購入・調達するための金(カネ)も必要であるし、自動車製造の技術・ノウハウ(情報)がなければならない。これらが自動車を造るために必要となる資源(インプット)である。入手した部品は、会社の人々の労働及び自動車製造の設備と技術を用い、一定の工程を経て組み立てられ、自動車が完成する。このプロセスから明らかなように、できあがった自動車(アウトプット)は、調達された資源が変換され、形を変えて生み出されたものである。すべての事業は、このように資源を組み合わせたり、変換させることによって人々の生活に必要な物やサービスをつくり出すのである。

（インプット）と産出される生産物（アウトプット）との比率（アウトプット／インプット）を高めること（より少ない資源でより多くのアウトプットを生み出すこと）に他ならない。そして、そのための働き（機能）をマネジメント：管理という。要するにマネジメントとは、経営の目的を達成するために、事業が合理的で効率的に営まれるようにするための作用である（マネジメントの具体的内容については後述する）。

4．体育・スポーツ経営の概念

　ここまで、「体育・スポーツ」および「経営」という各々の概念について個別に説明してきた。では、これら複数の用語を組み合わせた構成概念「体育・スポーツ経営」はどのように理解したらよいであろうか。先にも述べたように、体育・スポーツ経営は、運動現象やスポーツ現象そのものではないし、直接人々に接して運動やスポーツを教え導く指導現象でもない。むしろ、一般に広く経営現象といわれるものの特殊な形と考えた方がよかろう。したがって、先に見た経営概念を構成する4つの条件について、体育・スポーツ経営ではどのように具体化したらよいかを考えることによってその概念を明らかにすることができる。

　経営の第1条件は「目的志向の活動」であった。体育・スポーツ経営は何をめざした営みなのであろうか。まずは、体育・スポーツ経営の目的を明らかにするところから体育・スポーツ経営の概念に迫ってみよう。

(1) 体育・スポーツ経営の目的：何のために

　果たしてわれわれ人間は、なぜスポーツを行ったり、みたり、教えたり、支えたりするのか。この問に対して様々な角度から答えることができるが、最もオーソドックスな回答は、「人間はスポーツという文化にかかわることによって何らかの価値あるものを得ることができるから」である。文化としてのスポーツには様々な望ましい価値（例えば、心身の健康、人間的成長、良好な人間関係、自己実現など）が含まれていることは確かだ。しかし、単にスポーツが社会に存在しているというだけでは何の価値もそこから得ることはできない。文

化としてのスポーツの価値がわれわれにとって有益に働いてくれるためには、何よりもまず人間がその文化と直接かかわるという現象が生まれなければならない。つまり、スポーツを実際に行ったり、スポーツをみたりなどといったスポーツ行動（スポーツ実践）が生まれなければならない。また、年に一度限りのスポーツ行動では、スポーツの価値を得ることは期待できないから、生起したスポーツ行動は長期にわたって維持されなければならず、そのことによってスポーツは生活の重要な一部分に位置づけられることになる（スポーツの生活化）。さらに、スポーツの行われ方によっては、スポーツ行動から得られる便益の質も異なるから、スポーツの価値を広くあるいは深く享受するためには、質の高いスポーツ行動に発展していくことが必要となる。このような文化としてのスポーツと人間との直接的なかかわりあいを実現し、スポーツのもつ文化的な価値が多くの人々に享受されるように促す働きが体育・スポーツ経営である。

> 体育・スポーツ経営は、スポーツ行動の成立、維持、発展を通して人々の豊かなスポーツ生活を実現させることを目的とした営みである。

話し合ってみよう

体育・スポーツ経営が目的とする「豊かなスポーツ生活」とは、具体的にどんな生活を指しているのだろうか。「豊かさ」の反意語は「貧しさ」であり、貧しい生活といえば、経済的に困窮している生活を連想する。しかし、豊かな生活は、必ずしも経済的に余裕のある生活だけを意味するものではないことも明らかであろう。では、豊かなスポーツ生活はどのように考えたらよいだろうか。「豊かな食生活」をヒントにして互いにそのイメージを言葉で表現しあい、討議してみよう。（Lec.3参照）

(2) 体育・スポーツ経営における事業：何を

次に、体育・スポーツ経営は、人々の「スポーツ行動の成立・維持・発展」のためにどのような仕事（事業）をするのか、経営の第3条件「事業を行うこ

図Ⅰ-2-1　スポーツ行動の成立条件

と」について考えてみよう。

　人はどんな条件の下でスポーツ行動を起こすのだろうか。このことを一つの手がかりにしながら、体育・スポーツ経営の目的を果たすための事業を具体的に検討していくことにしよう。スポーツ行動が成立するための条件（スポーツ行動の規定要因）には様々な条件があり、また、人によってその重要さの程度も異なることは言うまでもないが、およそ以下の4つの条件に整理することができる（図Ⅰ-2-1）。

スポーツ行動が成立するための条件

❶ **スポーツを行う人自身の条件**

　そもそも、スポーツとは自発的に行われる身体運動であるから、スポーツ行動はそれを行う人にスポーツへの興味・関心、スポーツをしたいという欲求、スポーツの必要感などがなければ成立しない。また、スポーツを行いうる健康状態になければならないし、ある程度の運動技能やスポーツ経験がある方がスポーツ行動が起きやすいであろう。このようなスポーツを行う人自身の条件を総称して主体的条件と呼ぶ。

❷ **生活や社会の条件**

　スポーツを行うためには、まとまった時間が必要となる。自分の生活時間の中でこのまとまったスポーツのための時間を確保できなければスポーツ行動は成立しない。また、スポーツを行うには、施設の利用や用具・用品・ウエアの購入等々に費用がかかる。スポーツにどれだけの時間と経費がかけられるかは、その人自身の生活状態（家計と生活時間）によって異なる。そして、人間の生活状態は、社会の状況によって決まるところが大きい。今日、スポーツを行う人々が多くなってきたのも、社会全体の生産性が高まって経済的に豊かになり、余暇やレジャーに投資できるだけの時間的・経済的ゆとりが生まれたことも大きな要因となっている。

❸ **スポーツの条件**

スポーツ行動は、人間がスポーツと直接的にかかわりあう行動であるから、人間がしたいと欲するスポーツが存在しなければスポーツ行動は生じえない。今日、女性や中高齢者あるいは障害者など少し前まではスポーツと縁遠かった人たちのスポーツ参加が急速に広がってきている。こうした現象は、ニュースポーツや障害者スポーツ種目の開発が誘発したものと見ることができよう。人々のスポーツに対するニーズや価値観の多様化が著しい今後の社会では、ますます、新しいスポーツの創造が、求められることになる。

❹**スポーツにかかわる環境条件**

運動やスポーツを行うための施設・用具が整えられていること、スポーツを共に行う恒常的な仲間（クラブ、サークル）があること、スポーツを行うためのプログラム（教室、イベント）が提供されること、スポーツにかかわるアドバイスや指導をしてくれるスポーツ指導者がいること、スポーツにかかわる様々な情報が提供されること、などといったスポーツにかかわる環境条件は、人々のスポーツ行動の成立・維持・発展を支える重要な条件である。どれほどスポーツが好きで、スポーツをするための時間に恵まれている人であっても、スポーツを行う施設がなれければスポーツ行動は成立しない。逆に、近所にテニスコートができたおかげでテニスを始める人もいる。また児童生徒は、当たり前のように体育の授業や運動部活動でスポーツに親しんでいるが、そのような運動の機会がなかったとしたら多くの児童生徒がスポーツから遠ざかってしまうであろう。このようにスポーツを行いやすい環境を整えることもスポーツ行動の成立には不可欠の条件である。

以上の4つの条件はいずれも、スポーツ行動が成立し、その行動が継続され、さらに質の高い豊かなスポーツ実践に発展していくために欠くことのできない条件である。このうち❶は、まさにスポーツを行う人自身が整えることを原則とする。❷の条件は、社会全体のしくみ（例えば労働条件）と密接にかかわっているが、同じ労働条件であってもスポーツを行う人と行わない人がいるように、結局はスポーツを行う人自身が個人の力で整える条件に含まれる。これに対し、❸と❹の条件は、スポーツを行う個人の努力で整えることが困難であり、社会の力で整えることが必要となる。この働きを社会の中で果たすのが体育・スポーツ経営である。

> 体育・スポーツ経営とは、人々のスポーツ行動の成立・維持・発展に必要なスポーツそのものおよびスポーツにかかわる環境条件を提供する社会的営み（これを体育・スポーツ事業という）である。（体育・スポーツ事業については Lec.4、Lec.5 で詳しく述べられる。）

<体育・スポーツ事業と体育・スポーツサービス>

　事業の定義に忠実にならえば、体育・スポーツ事業とは、「人々のスポーツ生活に必要な物やサービスを継続的・反復的に提供する仕事」である。この定義に示されるように、体育・スポーツ事業によって提供されるサービスをスポーツサービスという。体育・スポーツ事業の詳細については、Lec.3以下で学ぶことになるが、ここでは、体育・スポーツ経営の目的にとって最も基本的なスポーツサービスについて触れておこう。

　スポーツ行動の成立・維持・発展にとって最も重要な環境条件といえば人々が運動・スポーツを行う機会や場であろう。そのような機会がなければスポーツ行動は成立し得ないし、スポーツの機会が身近なところにあるほどスポーツ行動は生まれやすいと考えられる。

　さて、我々がスポーツを行う場合、利用できる運動の機会や場は次の3つである。そして、それぞれに対応したスポーツサービスは、運動の場を人々に開

> ●**スポーツ産業とスポーツ事業**　まず産業は、業種別に見た事業の集合体であり、第一次産業、第二次産業、第三次産業という産業分類はその典型である。一般に産業分類は、生産される製品・サービスの種類や生産方法によって分類されるが、スポーツ産業（sport industry）はそうした一般的な分類法にはなじまない特殊な産業である。スポーツ産業とは、スポーツやスポーツにかかわる財やサービスの生産と提供を事業内容とする産業を指す。つまり、建設業、製造業、小売業、通信業、サービス業など各産業分野を横断し、これらの業種からスポーツに関連するものを取り出してまとめた集合体として名付けられている。したがって、スポーツ産業の中にはスポーツ事業も当然含まれるが、スポーツ事業以外の事業（スポーツ行動の成立・維持・発展には直接関係しない事業）も多く含まれている。

き、その場に近づきやすくしたり、そこで展開される運動・スポーツ活動の質をより高めたりする働きをもつ。この意味でスポーツサービスは、人々のスポーツ行動の成立・維持・発展に直接かかわる基本的な条件であるといえる。

①施設開放という運動の場－エリアサービス（A.S.）

スポーツ施設は、クラブ・サークルの活動、スポーツ大会やスポーツ教室の開催、といった利用のされ方以外に、広く一般に開放されることで、施設や用具を使用して自由にスポーツを親しめる場となる。このような運動の場を提供する営みをエリアサービスという。

②スポーツプログラムという運動の場－プログラムサービス（P.S.）

スポーツ活動に必要な諸条件（施設用具、仲間、時間、活動内容、指導者）がセットになって組み込まれている運動の場をスポーツプログラム（例、スポーツ教室、スポーツ大会、スポーツイベント）といい、これを提供する営みをプログラムサービスと呼ぶ。

③スポーツクラブという運動の場－クラブサービス（C.S.）

同好の仲間同士が共通の目的をもって継続的にスポーツ活動を共にする運動の場がスポーツクラブであり、これを提供する営みをクラブサービスという。

⑶ 体育・スポーツ経営における組織：誰が

続いて、経営の第2条件「組織の活動である」について考えていこう。体育・スポーツ経営の直接的な目的は、人々のスポーツ行動を成立・維持・発展させることにあり、その目的を実現するための仕事が体育・スポーツ事業であった。このスポーツ事業は、非常に多くの業務から成り立っている。例えば、スポーツ教室というスポーツプログラム（スポーツ教室は体育・スポーツ事業によって提供されるスポーツサービスの一つ）を提供するためには、使用する施設や用具の選定・購入・配置とそれに伴う財務活動、指導者の選定と配置、種目や指導内容の検討とそのための知識・情報収集、広報活動、参加者のニーズや要望の把握等々、様々な仕事が必要であり、それら課業のつながりによって教室が営まれる。さらに一回限りの開催ではなく、年間を通じて、様々な種目の教室を、様々な特性をもった人々に提供しようとすれば、教室の数もバラエティも多くなるから、とても個人の力でなしえる仕事ではない。スポーツ事業は、

複数の人たちが協力しながら組織をつくって行われるべきものである。スポーツ事業の担い手、体育・スポーツ経営の主体が体育・スポーツ経営組織である。（体育・スポーツ経営組織については、Lec.5で詳しく述べられる。）

> 体育・スポーツ経営とは、体育・スポーツ経営組織の活動である。

＜体育・スポーツ経営の実践領域＞

表Ⅰ-2-2は、現代社会の中で体育・スポーツ事業を営む働きを担っている組織の種類を示したものである。例えば、学校組織（その中心は教員組織）は、自校の児童生徒を対象に、彼らのスポーツ行動の成立・維持・発展をめざして、体育・スポーツ事業（具体的には、体育の授業、体育的行事、運動部活動など）を営んでいる。このようにある特定の組織がある特定の経営対象に対し、体育・スポーツ経営の目的にそって体育・スポーツ事業を営む場のまとまりを「体育・スポーツ経営の実践領域」と呼ぶ。

表Ⅰ-2-2　体育・スポーツ経営組織の種類と体育・スポーツ経営の実践領域

体育・スポーツ経営組織	具体例	経営対象	実践領域	領域固有の経営目的
学校の体育経営組織	教員組織と児童生徒の組織	児童生徒	学校の体育・スポーツ経営	教育的・体育的成果
地域の非営利スポーツ経営組織（運動者団体等）	体育協会、レクリエーション協会、スポーツ事業団、財団、クラブ連合、総合型地域スポーツクラブなど	地域住民	地域の体育・スポーツ経営	地域社会の活性化 コミュニティづくり
体育・スポーツ行政組織	教育委員会の生涯スポーツ部局等	地域住民		
民間営利スポーツ経営組織	フィットネスクラブ、ゴルフ場	顧客	企業のスポーツ経営	経済的利潤
職場スポーツ経営組織	福利厚生のための部課	従業員	職場のスポーツ経営	生産性の向上

表Ⅰ-2-2に示した4つの実践領域は、いずれもその経営対象とする人たちのスポーツ行動を成立・維持・発展させるという体育・スポーツ経営の目的を共通にもっている。しかし他方で、各々の実践領域は各領域に固有の目的を同時に有している。例えば、学校の体育経営の領域では、児童生徒のスポーツ行動を成立させるだけでなく、そのスポーツ行動の成果に教育的・体育的な価値（生涯スポーツのための基礎的資質・能力）を伴うことが求められる。地域のスポーツ経営であれば、スポーツ活動を通じて豊かな地域コミュニティをつくることが、職場スポーツ経営であれば、スポーツによる健康管理、人的交流などを図ることで従業員の帰属意識や志気を高め、欠勤率を低下させ、ひいては本業の生産性向上に寄与することが目的となる。また、民間フィットネスクラブなどスポーツ（サービス）を商品として供給する営利スポーツ経営組織では、顧客のスポーツ行動の成立・維持・発展を通じて収益性や成長性などの経済目的も同時にめざされる。営利スポーツ経営組織では、そうした経済性の観点から提供されるスポーツ商品も選択される。

　このように、各実践領域に固有の目的があること、そして経営の対象となる人たちの特性が各々の領域で異なっていることから、実際の経営にあたっては、体育・スポーツ経営の一般理論とともに各実践領域の状況に即した知識や技術も必要とされる。

(4) 体育・スポーツ経営におけるマネジメント：どのように

　体育・スポーツ経営では、スポーツ事業を営むことが主要な活動であるが、そのスポーツ事業は多くのタスク（課業）から成り立っている。それは、まず、事業活動に必要な経営資源（一般にヒト、モノ、カネ、情報の4大資源に分類される）を調達するところから始まり（調達）、それらの資源を活用してスポーツサービスをつくり（生産）、これを人々に提供する（供給・販売）という一連の事業過程を経て進められる。この事業過程を経験や思いつきだけにたよって進めたのでは、資源の無駄遣いが起きたり、資源が途中で不足したり、あるいは提供したサービスに誰も参加しなかったりなど、様々な負の事態を招きかねない。こうした事態に陥ることを未然に防ぎ、体育・スポーツ事業を合理的・効率的に進めるための働きがマネジメントの機能である。人間にたとえれば、事業

が身体であるとすればマネジメントは身体の動きを司る神経の働きに相当する。

＜3つのマネジメント機能＞

　事業活動を合理的・効率的に進めるためのマネジメントには、次の3つの機能がある。

1）意思決定の機能——目的設定と計画

　事業を進める際、どのような資源を、どのように使って、どんなサービスを、誰に、どのような形で提供するのか、など判断・選択に迫られる場面に数多く直面する。このような事業活動の目的とその達成に至る道すじ（シナリオ）を事前にメンバー間で議論して決め、共通理解を得ておかないと、場当たり的な活動に陥り、企業であれば、赤字経営となってたちまち倒産に追い込まれてしまうであろう。様々な問題状況に際して、体育・スポーツ経営組織がとりうる行動のバリエーションは多様にありうる。多くの選択肢の中から、内外の環境状況と体育・スポーツ経営の目的に照らしてとるべき行動を選択する働きを意思決定の機能という。意思決定の機能は、その対象（何を決定するか）によって2種類に大別される。

① 　目的の設定

　目的の設定とは、体育・スポーツ事業を実施した結果、経営対象となった人々にどのような望ましい変化を望むのかを体育・スポーツ経営組織の立場から示すことである。例えば、学校の体育・スポーツ経営であれば、「児童生徒にこんな能力を身につけてほしい」「児童生徒がこんなスポーツ生活を送るようになってほしい」などといった体育・スポーツ振興上の目的と、「運動部活動に参加して運動をする生徒を〇〇％にまで高める」「昼休みに運動をする児童を〇〇％にする」などのように、体育・スポーツ経営組織が実施した体育・スポーツ事業に対する児童生徒の行動レベルでとらえた目的がある。目的設定の働きは、経営活動の起点である。

② 　計画の策定

　もう一つの意思決定は、事業活動の進め方にかかわる計画の策定である。設定された目的は、単なる夢や希望で終わらせることなく、その実現に向けて確固たる根拠をもたなければならない。計画とは、「目的を達成するためにとる

べき行動の道筋」「目的達成のために必要な手段・方法の段階的なシナリオ」である。体育・スポーツ経営で策定されるべき計画には、実に多種多様な計画があるが、それらを大まかに分類すると、次のような計画がある。

a）計画の内容による分類

ⅰ）スポーツサービスの計画

どのようなサービス（サービスの種類や内容）を、いつ（サービスの実施時期や実施期間）、誰に（サービスの対象）提供するのかなど、スポーツサービスそのものにかかわる意思決定を示した計画。

ⅱ）経営資源の計画

もう一つは、スポーツサービスを提供するために必要な経営資源にかかわる計画である。具体的には、どのような経営資源が、いつまでに、どのくらい必要なのか、現時点で不足している資源をどの程度の期間でどのような方法によって確保するのか、保有する経営資源をどのスポーツサービスにどのように活用するのかといったことにかかわる計画である。この経営資源にかかわる計画には、経営資源の種類に応じて、財務計画、施設整備計画、人の採用・研修計画などがある。

b）計画の時間的長さによる分類

意思決定はいずれの場合も、体育・スポーツ経営の未来の姿に目を向けた決定であるが、どのくらい先の未来に照準をおいた決定であるかによって区分することができる。

ⅰ）基本計画（マスタープラン）

遠い将来のあるべきビジョン（経営理念や長期目標）とそこに至るまでの長期間の大まかな見通しを描いた計画。例えば、学校の体育・スポーツ経営であれば、児童生徒が入学してから卒業するまでの6年間ないし3年間を見通した目的と計画がこれに該当する。

ⅱ）アクションプラン

当面の到達目標（経営目標や短期目標）とこれに至るための具体的な実施展開計画であり、経営組織のメンバーにとっては自らの行動指針となる行動計画である。学校の場合には、年間計画（年次計画）や単元計画、行事の運営計画、運動部活動運営計画が該当する。

> **考えてみよう**
>
> 学校の体育・スポーツ経営を合理的・効率的に進めるためにはどんな計画が必要か。計画の種類を挙げると共に、それぞれの計画の作成手順についてフローチャートに描いてみよう。

2）組織化の機能―人員配置と動機づけ

　体育・スポーツ事業の遂行には多くの組織メンバーが携わる。それぞれのメンバーが思い思いに勝手に仕事をしていたのでは、とても共通の目的など達成できまい。組織化の機能とは、メンバーの力をうまく引き出し、組織全体として一定の目的に向かっていけるような協力の仕組みをつくる働きである。

① **人員配置（組織構造）**

　誰がどのような仕事を担当し、それぞれの組織メンバーは互いにどのような関係にあるのか（例えば、誰から指示を受けたらいいのか、仕事の進行状況は誰に報告するのか、自分の仕事に必要な情報は誰から得られるのかなど）を決めることで、組織メンバーの間に適切な協力の仕組みを作る。人員配置の機能によって、仕事の重複をなくしたり、メンバーの能力を最大限に引き出したり、組織内のコミュニケーションがスムーズに行われたりなど事業の効率化が促進される。

② **動機づけ**

　どれほど立派な目的をもち、その実現のために周到に練り上げられた計画があったとしても、それを実行するのは組織を構成する一人一人のメンバーである。メンバーにやる気がなければ目的は達成できまい。したがって、事業活動を効果的かつ効率的に進めるためには、組織のメンバーが共通の目的に向かって協力しようという意識を常にもち、各自の仕事に積極的に取り組めるよう個人の努力を引き出すことが必要となる。動機づけの機能によって、メンバー各

> ●**マネジメント対象による分類**　体育・スポーツ経営におけるマネジメントは、管理の対象によって、経営資源のマネジメントと体育・スポーツ事業のマネジメントに分けられ、さらに前者は経営資源の分類に対応して財務管理・労務管理・施設管理・情報管理が含まれる。例えば、施設管理の内容は、施設用具の整備・拡充、補修、配置、活用などにかかわるマネジメント機能である。また後者のスポーツ事業のマネジメントは、事業活動のプロセスに応じて、調達・購買管理、生産管理、販売管理に分けられる。

自の協働意欲（組織目的の達成のために貢献しようとする意欲）が高められ、組織構造を生きた協同体にする。この動機づけ機能に果たすマネジャー（管理者）の役割は大きい。

> **話し合ってみよう**
> 　組織化や集団のメンバーを目標に向けて動機づけるために、マネジャーやリーダーはどんなリーダーシップをとることが望ましいだろうか。様々な体育・スポーツ経営組織やスポーツ集団を想定しながら具体的な行動レベルで話し合ってみよう。

3）評価・統制の機能

　評価・統制の機能とは、事業活動の事中・事後において、事前に決定されている目的や計画を基準として、進行状況や実施結果をチェック・点検・診断し、問題が見つかれば適切な修正・改善を施す働きである。

　事業活動の事前に決定された目的や計画は、未来予測に基づいて選択された道筋であり、必ずしも常に正しい目的や計画が選択されるとは限らない。また、現実の経営活動では、描いたシナリオ通りに進まないこともしばしば生じるし、たとえ計画通りに進んだとしても思うような成果が表れないこともある。こうした、事業活動のプロセスとその結果において生じた問題点を整理し、次回の事業活動に活かすことで、より合理的で効率的な体育・スポーツ事業が生み出

> **●スポーツマネジメントと体育・スポーツ経営**　スポーツの供給にかかわる活動を研究する分野は、その国のスポーツをめぐる状況や背景によって研究内容の幅や研究関心の持ち方が異なる。アメリカでスポーツマネジメントと呼ばれる学問は、我が国の体育・スポーツ経営学とよく類似した内容を扱っているが、しかし、まったく同一ではない。北米スポーツマネジメント学会によるとスポーツマネジメントは、「あらゆるセクターによって事業として行われるスポーツやエクササイズ、ダンスそしてプレイに関連したマネジメントの理論と実践」と定義される。この定義に表れているように、スポーツマネジメントの対象は、スポーツに何らかの関連があるすべての事業（我が国のスポーツ産業という用語に近い）が広く含まれている。これに対し、体育・スポーツ経営学では、あらゆるスポーツ産業を対象としたマネジメント現象ではなく、人とスポーツとの結びつき（スポーツ行動）に力点をおいたスポーツ事業を研究の核として、そのためのマネジメントや組織の研究が進められている。

されていくのである。

＜マネジメントサイクル＞

　上に述べた3つのマネジメント機能は、一定の順序によって執行される。マネジメントの機能が発揮される手順・過程をマネジメントプロセスという。第1の段階は、意思決定の機能によって目的と計画を明らかにする段階である。第2段階は、目的と計画を実施するのための組織化を図る段階である。第3段階は、目的・計画に沿って事業活動が進められているかを点検・評価する段階である。マネジメントの仕事は、どんな事業を営む場合にも、この手順を確実に経て進められなければならない。

　もう一つ強調しておきたいことは、第3段階の評価・統制の段階から第1段階の意思決定へのフィードバックの必要性である。体育・スポーツ経営における事業は一回限りで終わるものではない。事業の定義（p.23）に示されているように反復的・継続的に行われるところにこそ事業の本質がある。事業活動が反復的に継続される過程において、マネジメントの過程も一方通行ではなく、統制・評価の機能が意思決定の機能へ活かされることでマネジメント本来の機能（事業の合理化・効率化）を果たすことが可能となるのである。

　この意味で、マネジメントプロセスは、事業活動が続く限り、循環し続けることが大切である。これをマネジメントサイクルという。

⑤　体育・スポーツ経営の定義

　以上、体育・スポーツ経営の概念について、経営の4条件に照らして考えてきた。これまで述べたことを総括すると、体育・スポーツ経営は以下のように定義される。

体育・スポーツ経営とは
　①体育・スポーツ経営組織が
　②人々のスポーツ行動の成立・維持・発展をめざして
　③体育・スポーツ事業を
　④合理的・効率的に営むことである。

5．体育・スポーツ経営の構造

　本講では、体育・スポーツ経営の概念について述べてきた。図Ⅰ-2-2は、ここまでの内容を総括する意味で、体育・スポーツ経営という営みの構造を描いたものである。

　体育・スポーツ経営の目的は、繰り返し述べてきたように人々のスポーツ行動（実践）を成立させ、さらに維持・発展させることによって人々の豊かなスポーツ生活を実現するとともに文化としてのスポーツの発展を促すことである。図では、このことを「人とスポーツとの結びつき」によって表している。そし

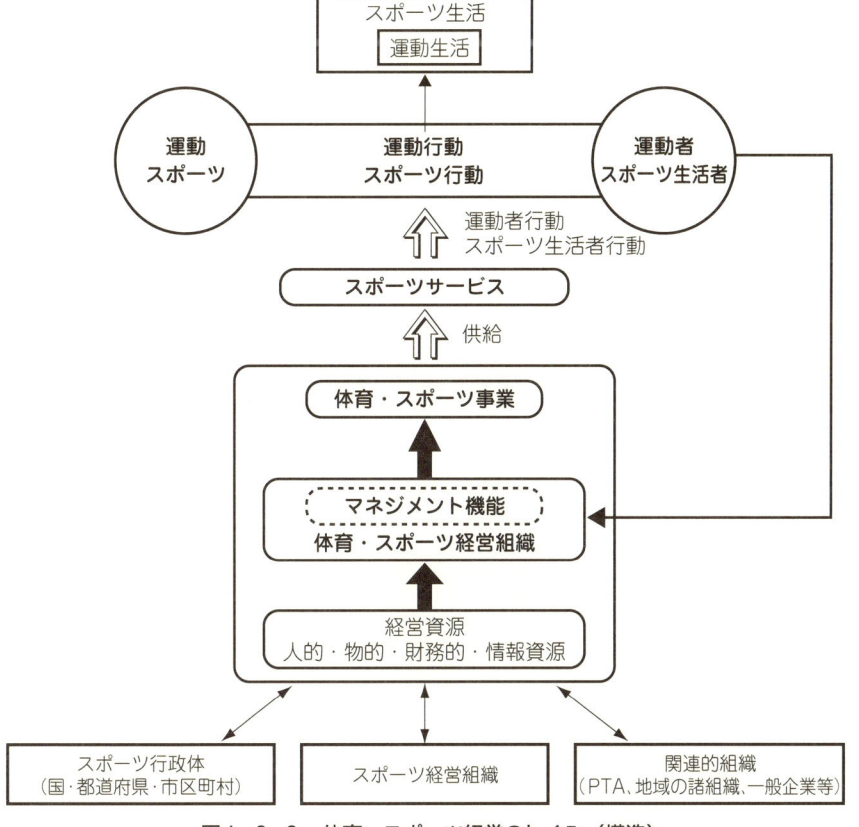

図Ⅰ-2-2　体育・スポーツ経営のしくみ（構造）

て、人とスポーツの結びつきが生まれ、スポーツ行動が成立するためには、スポーツを行う場や機会に運動者が接近しなければならない。このスポーツの機会として作り出された体育・スポーツ事業の産出物がスポーツサービスである。体育・スポーツ事業は、このスポーツサービスを人々に継続的・反復的に提供するために、経営資源を調達し、資源を活用してサービスを生産し、これを運動者に供給する。この一連の事業活動を担うのが体育・スポーツ経営組織である。体育・スポーツ経営組織は、マネジメント機能を司ることで体育・スポーツ事業を合理的・効率的に営む体育・スポーツ経営の主体である。

　ここまでが、本講で学習してきたことの要約である。しかし、最後にもう一点だけ付け加えておきたい。それは、体育・スポーツ経営は、「環境に開かれた営み（open-system）」であるということである。この環境とのかかわりということでいえば、体育・スポーツ経営にとって最も重要な環境要素は運動者（スポーツ生活者）である。体育・スポーツ経営は、体育・スポーツ事業を通じて運動者という環境に働きかけ、彼らのスポーツ行動を生起させたり、スポーツ行動の質を高めるように意図的に働きかけることで環境を変容させる（環境創造）。したがって、体育・スポーツ経営が成功するためには、運動者の特性や要求を常に把握し、体育・スポーツ事業が運動者に受け入れらるように創意工夫が施されなければならない（環境適応、マーケティング的思考の重要性）。

　また、Lec.1で述べたように体育・スポーツ経営学では、運動者を単なるサービスの受益者（サービスを与えられる人）ととらえるだけではなく、重要な体

●**構造とは**　人体の構造、家の構造、産業構造など、「〇〇の構造」という場合の構造とはどのような意味で用いられているだろうか。例えば、人間の顔の構造を説明する場合、まず、目と耳が2つあり、口と鼻が1つあるというように顔という全体を構成している部分要素をまず挙げる。しかし、要素を取り出しただけでは顔の構造を説明したことにはならない。なぜなら、目が顔の上下に配置されていたり、耳が目の上にあったりしたのでは人間の顔にならないからである。つまり、取り出された要素間の関係を説明しなければならない。この例で明らかなように構造とは、全体を構成する部分としての要素とその関係を意味する。構造の類似語にはシステム、仕組み、機構などがある。スポーツ経営を構成する要素とその要素間の関係を示したものがスポーツ経営の構造である。

育・スポーツ経営の担い手（サービスをつくる人）としての位置に高めていくことが大切であると考えている。図の中で、運動者から体育・スポーツ経営組織への矢印は、このことを表している。

さらに加えて、体育・スポーツ経営組織は、事業活動に必要な経営資源を全て自前で賄うわけではない。例えば、学校という体育・スポーツ経営組織は、体育・スポーツ行政体（この場合は教育委員会）、父母、地域社会など様々な組織・団体（これらも経営組織にとっては環境）から経営資源を受け取り、これを活用して体育・スポーツ事業を実施する。したがって、そうした組織・団体の意見や要望にも耳を傾けて体育・スポーツ経営の実践が行われる必要がある。また、経営組織が実施する体育・スポーツ事業の質・量両面において体育・スポーツ行政体から規制・指導を受けている。このように体育・スポーツ経営という営みは、環境から隔離された閉ざされた営みではなく、様々な人々、組織・団体に開かれ、相互に協力的な関係を築いていくことも大切なことである。

> **考えてみよう**
> 「図 I-2-2 体育・スポーツ経営のしくみ」を参考にしながら、地域の体育・スポーツ経営のしくみを図に表して説明してみよう。

<清水紀宏>

●**運動者とスポーツ生活者** 図中では人の部分に「運動者」および「スポーツ生活者」という用語を使用している。これは、「消費者」という用語が「消費」という角度から見た人の呼び名であり、「学習者」という言葉が「学習」という側面からとらえた人を指すのと同じように、運動という角度から見た人間の総称が運動者、スポーツ生活を営むという側面から見た人のことを「スポーツ生活者」という。具体的にいえば、運動者は、単に運動している人だけでなく、運動をしていない人も含めた行うスポーツ経営の対象となるすべての人を指す。また、スポーツ生活者は、行うスポーツのみならずスポーツを見たり、支えたり、教えたりなど様々なスポーツとのかかわりを含めてトータルなスポーツライフの創造者を指す。例えば、まったく運動はしないが、毎日スポーツを見るという形でスポーツ生活を営む人、週単位でスポーツを行い、時々はスポーツ観戦に出かけ、その上に月に数回スポーツの指導に携わっている人、などスポーツライフスタイルは様々である。

Lecture 3

スポーツ生活と運動生活

学習のねらい

　体育・スポーツ経営は、人々の豊かなスポーツ生活を目的とし、その目的を達成するために様々な運動の「場」や「機会」を整え、提供する営みである。人々のスポーツ生活は、そうした運動の「場」や「機会」に参加したり、利用したりすることでつくられていく。

　本講では、スポーツ生活や運動生活とは何か、またそれはどのように分類することができるのか、さらにどのような条件が満たされていれば豊かなスポーツ生活、運動生活といえるのかを学習する。そして最後には、運動生活の実態をとらえることが、体育・スポーツ経営の課題を発見したり、経営方法を見直すためにいかに重要であるかを理解する。

学習のポイント

①スポーツ生活の概念及び豊かなスポーツ生活について、人間とスポーツの多様なかかわりを理解した上で説明できる。
②スポーツ生活、スポーツ生活者と運動生活、運動者の概念上の区別ができる。
③運動者行動をいくつかの視点から分析できると共に、そのような分析の意義について理解できる。
④豊かな運動生活の条件を説明できる。
⑤調査結果に基づいて運動生活を類型化したり、階層化することができ、さらにそこから体育・スポーツ経営の課題を見つけ、改善点を提案することができる。

キーワード

　スポーツ生活、スポーツ生活者、運動者、運動者行動、運動生活、運動生活の類型と階層

1. 豊かなスポーツ生活とは

　体育・スポーツ経営の目的は、スポーツや運動に関する需要に対して、様々な条件を整備することを通して人々のスポーツ生活を豊かにすることである。今日、人々のスポーツや運動に関する需要は多様になっており、豊かなスポーツ生活の実現のために、体育・スポーツ経営には多様な条件整備が求められている。

　ところで、豊かなスポーツ生活とは一体どのような生活状態を指すのだろうか。「豊かな」という用語は好印象を与えるとても便利な用語であるが、よくよく考えるとその具体像が見通せなかったり、また、人によってそのとらえ方が異なったりする。しかし、体育・スポーツ経営が豊かなスポーツ生活をめざす限り、経営に携わる者はこの点についてきちんと理解しておくことが必要不可欠である。

(1) スポーツ生活者

　スポーツ生活の主役は誰か。それは、自らの生活を営む一人一人の人間である。人によって、生活のしかたや内容が異なるのも、生活の主役である一人一人の価値観や嗜好などが異なるからである。しかし、個人の力だけでスポーツ生活を営むことは難しい。なぜならば、スポーツ活動を行うためには様々な環境の整備が必要だからである。このことから、体育・スポーツ経営は、人々が自らのスポーツ生活を豊かに創りあげるために支援をする仕事であると言い換えることもできる。スポーツ生活者とは、体育・スポーツ経営の対象となるすべての人を総称する用語であり、スポーツにかかわる生活を主体的に創りあげる人である。

　人間の行動や生活を研究する様々な分野が存在し、それぞれが「人間」に対して固有の呼び方をしている。経済や商業の世界では、人を「消費者」としてとらえているし、教育においては「学習者」という呼び方で働きかけの対象をとらえる。体育・スポーツ経営（学）においては、その働きかけの対象となる人を総称して「スポーツ生活者」と呼び、さらに「行うスポーツ」の供給に限

定した場合の対象者を「運動者」と呼ぶ。まずスポーツ生活者の定義をしておこう。

スポーツ生活者
多様なスポーツ現象とのかかわりでとらえる人間をスポーツ生活者と呼ぶ。
---

(2) スポーツ生活の概念

　人間生活の全体は、多様な部分生活から構成されている。例えば、衣食住生活というのは生存にとって最も基礎的部分となる生活であり、この生活を適切かつ健全に営むことのできる環境が整っていなければ貧しい生活を余儀なくされることになる。しかし、そうした基礎的な生活部分だけが満たされたとしても「より良く」生きていることにはならない。生存ぎりぎりの生活でとどまるのではなく、より人間らしい生活、つまり楽しく、生きがいを感じることができる生活を送るためには「文化的生活」と呼ばれる部分も重要である。この「文化的生活」を構成する大きな柱となるのがスポーツ生活である。スポーツ生活とは人間のすべての生活現象の中からスポーツにかかわる局面を切り取ったときに成立する生活であり、生活におけるスポーツとの相互作用やかかわり方の総体を指す。より具体的にいえば、どこで、誰と、どんな目的で、いつ、どんなかかわり方で、どんなスポーツに親しむのかなど、個人個人の生活におけるスポーツの取り入れ方をトータルにとらえたスポーツにかかわる生活である。(図Ⅰ-3-1)

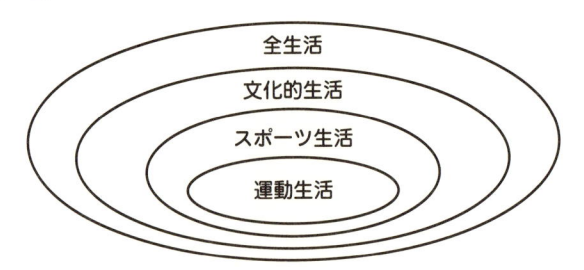

図Ⅰ-3-1　人間生活とスポーツ生活

　スポーツに対する需要が量的に拡大し、質的にも多様化の著しい今日、スポーツは単に「行う文化」の域をこえて広い可能性に開かれた文化となりつつあ

る。人々は次に示すようにスポーツとの様々なかかわりをもちながら、それぞれのかかわりによって生み出される楽しさや喜びを味わうと共に、身体的・精神的・社会的効果など文化的価値をも享受することができる。

スポーツと人との多様なかかわり
1. スポーツを行う（学ぶ、競う、高める、交流する、安らぐなど）
2. スポーツをみる（競技場での観戦、テレビ視聴）
3. スポーツを創る
    ①スポーツ自体を創る（地域ルールの開発、ニュースポーツの考案）
    ②スポーツの機会や「場」を創る（企画する・運営する）
    ③スポーツを支える（教える・伝える・世話をする）

このような、「行う」「みる」そして「創る・支える」といった多様なスポーツとのかかわりが、一人一人の生涯生活の中にバランスよく取り込まれることで、スポーツの文化的価値を存分に享受している生活こそ、体育・スポーツ経営がめざすところの豊かなスポーツ生活と呼ぶにふさわしい。そして、そうしたスポーツ生活は、生活づくりの主体であるスポーツ生活者とスポーツ生活の環境を整える体育・スポーツ経営の協働によって実現するのである。

2．豊かな運動生活とは

ここからは、スポーツと人間の多様なかかわりの中から、本書で特に重視している「行う」というかかわり方を取り出して、体育・スポーツ経営の立場から、「行うスポーツ」に対する人々の行動や生活のとらえ方について詳しく考えてみることにしよう。

(1) 運動者の概念

運動者は、「行うスポーツ」の経営対象となる人々を指す用語であり、次のように定義される。

運動者
「運動（行うスポーツ）」という視点からとらえられる人間を運動者と呼ぶ。

したがって、「運動者」の中には、現在運動をよく実践している人はもとより、時々運動する人、今はしていないが運動したいと思っている人、さらにはまったく運動に無関心な人まで含まれる。その意味で、運動・スポーツが好きな人や得意な人を意味するスポーツ愛好家、運動競技者などの用語とは明確に区別する必要がある。もちろん、具体的な体育・スポーツ経営の領域においては、学校ならば児童生徒、地域社会では住民、さらに職場においては従業員と呼べばよいのであるが、それらの体育・スポーツ経営に共通して人間をとらえる用語として運動者という概念を用いるのである。運動者は先に述べたスポーツ生活者概念の一部分をなしていることは言うまでもない。

(2) 運動者の行動

運動者がとる行動には、二種類のものがある。運動行動と運動者行動がそれである。運動行動は、走ったり、ボールを投げたりといった運動場面でとる身体運動そのものを指す用語である。体育・スポーツの指導・コーチングにおいて高い関心がよせられるのはこの行動である。一方、体育・スポーツ経営では運動者行動にもっぱら関心が注がれることになる。

---運動者行動---
「運動(行うスポーツ)」の「場」をめぐって運動者がとる行動

運動者にある運動の「場」あるいは「機会」が与えられた場合、運動者はその「場」に接近したり、接近しなかったり、さらには別の運動の「場」から移ってきたりなど運動の「場」をめぐって様々な行動をとる。運動クラブという運動の「場」を例に取ってみると、あるクラブに加入するあるいは加入しない、加入していたクラブを脱退する、別のクラブに入り直すなどというような行動がある。このように行うスポーツの「場」に対する接近行動、移動行動あるいは逃避行動を総称した用語が運動者行動である。

ところで、行うスポーツの「場」は体育・スポーツ事業によってスポーツサービスとして創出される「場」である。このことから、運動者行動とは、体育・スポーツサービスに対して人々がとる行動ということもできる。体育・スポーツ経営は、体育・スポーツサービスの提供を通じて人々のスポーツ行動の

成立・維持・発展を促進することを直接の目的にしているのであるから、提供されたサービスに対して人々がどのような行動をとっているのかを知ることは経営をより効果的かつ効率的に進めるために極めて重要なことである。

(3) 運動者行動の分析視点

体育・スポーツ経営学において運動者行動を問題にするのは、単に人間の行動を説明できることが重要なのではなく、体育・スポーツ事業の改善に役立つかたちで人間の行動を問題にするところに意味を求めることができるからである。

運動者行動は、次のようないくつかの視点から分析をすることができる。

1）運動の場への接近―逃避行動

運動者行動を、行うスポーツの「場」への接近・逃避という最も基本的なとらえ方で問題にしようとする視点である。運動の「場」や「機会」は 3 種類に大別できる。1 つは、運動クラブ（Club）という運動の「場」であり、2 つ目は運動プログラム（Program）、3 つ目は施設開放（Area）という運動の「場」である。人々の運動現象は、いかなる場合にもこの 3 つの「場」において生じている。

接近行動とは、こうした運動の「場」に参加したり、利用したりする行動を指している。逆に、逃避行動とは運動の「場」や「機会」があるにもかかわらず、それに近づかず参加しない、利用しないという行動である。体育・スポーツ経営の立場からは、多くの人々が接近行動をとっている状況にあることが望ましいことは言うまでもない。

3 つの運動の「場」にかかわる接近―逃避行動の視点から、運動者を次のように分類することができる。

――運動の場と運動者――

「運動（行うスポーツ）」の「場」をめぐって運動者がとる行動
運動クラブへ接近行動をとっている者：C 運動者
運動クラブへ逃避行動をとっている者：non C 運動者
運動プログラムへ接近行動をとっている者：P 運動者

運動プログラムへ逃避行動をとっている者：non P 運動者
施設開放へ接近行動をとっている者：A 運動者
施設開放へ逃避行動をとっている者：non A 運動者
※C・P・Aの記号は、それぞれ C.S. P.S. A.S. という3つのスポーツサービスからきている。

2）運動者行動の実質性・形式性（接近行動をめぐって）

　行うスポーツの「場」に接近行動をとること自体は好ましいことではあるが、運動やスポーツを行うことで得られる効果との関係からは、その行動が定期的・継続的にあらわれることで初めて行動の意味が大きくなるといえる。例えば、運動クラブからの効果が、形式的・名目的に所属することによってではなく、練習に実質的に参加することによって得られることは明らかである。

　そこで、接近行動を、体育・スポーツ事業のねらいとの関係から心理学的・生理学的・社会学的にみて、スポーツの効果が期待できる行動と、そうでないものに分けようとするのがこの視点であり、図Ⅰ-3-2のように分類することが可能である。

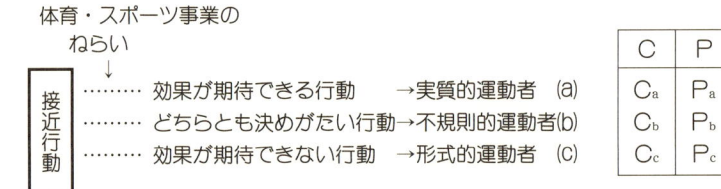

体育・スポーツ事業の
　ねらい
　　↓
接近行動　……　効果が期待できる行動　　→実質的運動者　（a）
　　　　　……　どちらとも決めがたい行動　→不規則的運動者（b）
　　　　　……　効果が期待できない行動　　→形式的運動者　（c）

C	P	A
C_a	P_a	A_a
C_b	P_b	A_b
C_c	P_c	A_c

図Ⅰ-3-2　接近行動の実質性・形式性と運動者

　具体的には、C運動者の場合には1週間の活動への参加程度、P運動者の場合には運動プログラムへの参加回数やそのための練習の程度、A運動者の場合には1週間の運動日数によって、実質的接近行動か形式的かの判断を行うことになる。豊かなスポーツ生活を求める立場からいえば、いずれの運動の「場」についても実質的な運動者であることが望ましいということになる。

　ただ、どのくらいの頻度で運動・スポーツを行えばその効果が期待できるか否かの判断基準自体はそれほど明確にされているわけではなく、今後の研究に

まつところが大きい。運動・スポーツの効果を、ただ単に身体的な効果だけでなく、精神面（ストレス解消・心の成長など）や社会面（良好な人間関係づくり）への影響をも考えようとすればなおさらである。さらに、運動者の発達段階や体育・スポーツ経営の領域をも考慮した判断基準となると、その問題は一層複雑になると言わざるをえない。こうした中にあって、体育・スポーツ経営の組織、すなわち学校や地域の経営組織においては、自己にとって都合のよい判断基準を独自に作成し、体育・スポーツ経営の改善に向けての努力が望まれる。

> **考えてみよう**
> 身近な運動クラブを思い起こし、運動者行動の実質性・形式性の判断基準をつくってみよう。

3）運動者行動の可能性（逃避行動をめぐって）

行うスポーツの「場」に対して接近行動を起こさない人、言いかえれば逃避行動や離脱行動をとる人も、なぜ、そうした行動をとるかの原因・理由を調べることによって、逃避行動や離脱行動が防げるであろうし、また、そうすることが体育・スポーツ経営のねらいでもある。

そこで、人々が行うスポーツの「場」になぜ接近行動を起こさないかの原因・理由を調べ、接近行動への抵抗となっている条件のうち、取り除けるものは取り除こうとするのがこの視点である。つまり、抵抗条件を取り除くことによって、接近行動を起こす可能性が出てくるであろうという考え方である。この抵抗条件によって運動者を次のように分類することができる。

運動者行動の可能性
①体育・スポーツ事業やその運営に抵抗条件がある運動者…C_1　P_1　A_1
②運動者の主体的条件に抵抗がある運動者　　………………C_2　P_2　A_2
③自然的または社会的条件に抵抗がある運動者　…………C_3　P_3　A_3

ここでの基本的な考え方は、接近行動を阻害している抵抗条件が体育・スポーツ経営のはたらきの範囲内にあるものか、それとも範囲外にあるかに向けられている。体育・スポーツ経営の手が及ぶ範囲内にある抵抗条件なら、接近行動に変えることが大いに期待できようが、その範囲外の抵抗条件であるなら、

その困難性は大きくなるからである。すなわち、抵抗条件が、経営組織側の経営条件そのものにある場合、運動者の主体的条件にある場合、そして経営条件でも主体的条件でもない社会的条件にある場合という3つの異なった条件でとらえようとするのである。

したがって、①の運動者については、体育・スポーツ経営の工夫によって何とか接近行動を実現させたい運動者と言わねばならず、一方、特に③の運動者については、体育・スポーツ以外の領域に問題の中心が移ってしまっており、接近行動実現の期待はもちにくいといえる。

> **話し合ってみよう**
> 可能性によってP運動者を分類した場合、それぞれどんな抵抗条件（理由）が考えられるか話し合ってみよう。

4）運動者行動の自律性・他律性（接近行動をめぐって）

運動者に豊かな運動生活を獲得・維持させることが、体育・スポーツ経営の基本的なねらいである。したがって、場合によっては、自主的活動へつなげるための手段として強制的に運動させることもあろうが、あくまでも、運動者の自主的・主体的活動を奨励・援助することを基本姿勢とすべきである。

そこで、接近行動が運動者の自主性（自由意思）によって生じたものか、それとも他から強制されて生じたものかを区別しようとするのが、この視点である。

―― **運動者行動の自律性・他律性** ――

自律的行動 ―― Voluntary な行動
　　　　　　（その運動を支えている条件を運動者自身で整えている場合）
　　　　　└─ Motivated な行動
　　　　　　（用意された「場」に動機づけられる場合）
他律的行動 ── Required な行動
　　　　　　（他から強制されて運動する場合）

これらの接近行動のうち、Voluntary よりも Motivated のほうが、Motivated よりも Required のほうが経営側の意思どおりに条件を設定でき、

運動者の行動のチェックもしやすいため、管理が容易ということになる。しかし、今後のスポーツを考えた場合、いま以上に Voluntary な行動は重視されねばならず、そこに至るステップとしての Motivated な行動はますます意味深いものとなる。ここに体育・スポーツ経営の重要性の一面があるといえる。

学校における体育・スポーツ事業の中に強制的・必修的な参加を求める事業が多いのは、人々の運動に対する主体的な行動への基礎・基本をすべての運動者に身につけてほしいという願いが込められているからである。しかしながら、すべての事業が Required という性質のものであっては、自主性や主体性をもった行動へは結びつきにくいであろう。

(4) 運動生活の概念ととらえ方

先に述べたスポーツ生活は、「行う」「みる」「創る・支える」という3つのかかわり方をすべて含んだ生活であったが、運動生活はこのうち、「行う」というかかわり方にスポットを当てたスポーツ生活の一大部分である。

さてここまでは、運動者行動をとらえる4つの視点に基づいて運動者を分類してきた。こうした運動者行動による分析は、個々の運動の「場」に対して人々がどのような行動をとっているかを把握する上で有益であり、体育・スポーツ経営組織がその実態を知ることによって、3つの運動の「場」を今後どのように改善したり、工夫したりすればよいかを知る手がかりとなる。しかし、一人一人の運動者に注目すると、実際にはそうした行動を組み合わせることで「運動（行うスポーツ）」を生活の中に取り込んでいる。例えば次に示すような様々な運動者行動の組み合わせがある。

運動生活の例

例1) クラブに所属して実質的な活動を続けながらも、運動プログラムがあればそれにも参加し、休日には家族と公園で運動を楽しんでいる者

例2) もっぱら運動クラブの活動には積極的であるが、それ以外の運動の「場」には参加しない者

例3) クラブには参加していないが、定期的に施設開放を利用して友人たちと運動している者

例4) いずれの運動の「場」にも接近行動をとっていない者

運動生活とは、行うスポーツの「場」をめぐる運動者行動が個人の生活の中にどのように組み合わされて定着しているかという「運動」という角度から見たまさに運動者の生活である。そこで次に、運動生活をとらえる代表的な方法を取り上げてみよう。

1）運動生活の類型的把握

　行うスポーツの「場」をめぐる接近―逃避行動を単純に組み合わせて分類したものが、運動生活の類型的把握である。前述のように、運動者にはただ１つの運動の「場」にしか接近行動をとらない者と、２つ、３つの「場」に接近行動をとっている者とがいる。この組み合わせを整理すると表Ｉ-3-1のように運動生活は8類型に分けられることになる。例えばCAPは、３つの運動の「場」すべてに接近行動をとっている者、Cは運動クラブには接近行動をとっているものの他の２つの「場」には逃避行動をとっている者、Sはいずれの運動の「場」にも接近行動をとっていない者である。

表 I - 3 - 1　運動生活の類型と階層

類型	CAP	CA	CP	C	AP	A	P	S
C運動者	○	○	○	○	/	/	/	/
A運動者	○	○	/	/	○	○	/	/
P運動者	○	/	○	/	○	/	○	/

　　　　　　C階層　　　　A階層　P階層　S階層

　運動生活の類型的把握は、学校と地域社会、地域社会と職場というような、複数領域にまたがる運動生活をとらえやすくするとともに、多人数の集団的把握に便利という長所をもつ反面、接近行動か逃避行動かだけを問題にするため、運動の程度を加味したとらえ方はできないという短所をもつ。

2）運動生活の階層的把握

　豊かな運動生活のための条件をどの程度高いレベルで充足できるかという観点から、運動生活の豊かさをランクづけしようとするのが、運動生活の階層的把握である。そこでまず、豊かな運動生活の条件について触れておかねばなら

ない。

豊かな運動生活とは

　先に豊かなスポーツ生活とは、スポーツの文化的価値（便益・効用）を存分に享受している生活と定義したが、この考え方を前提としながら、「行うスポーツ」に特定した場合、次のような条件が満たされた時、スポーツを行うことから得られる様々な効果が大きくなると考えられる。つまり、次にあげる4つの条件は、運動生活を豊かにするための条件ということができる。

❶スポーツ活動の継続性

　スポーツ活動は、心身への様々な効果を我々にもたらしてくれるが、そうした諸効果は、運動が生活の中でつづけて定期的に行われることで得られる。この意味で、スポーツが生活の大切な一部分をなしていること（スポーツの生活化）は、スポーツの価値を享受する上で必要条件である。

❷スポーツ活動の合理性

　スポーツ活動がある一定の効果を生むためには、適切な段階をふんで正しく行われなければならず、また、そうなるように外からの働きかけが入りやすい活動が好ましいといえる。合理的な活動によって効果があらわれればさらなる意欲も湧き、スポーツの深い楽しさを味わうことを可能にする。

❸スポーツ活動の組織性

　共にスポーツを楽しむ仲間が互いに協力し、支え合いながら活動を展開する時、スポーツの喜びは一層大きなものになる。頻繁なあたたかいコミュニケーションの中から生まれた良好な人間関係は、学校のみならず地域社会や職場等においても、今後ますます重視される必要がある。

❹スポーツ活動の自律性

　スポーツ活動が運動者の自発的・主体的意思によって行われることである。スポーツ活動を支える場所や用具、活動仲間、活動内容などの条件を自らの力で整えようとする姿勢とともに、他者の運動環境の整備にも協力しようとする姿勢の重要性は、強調してもしすぎることはない。

　こうした4つの条件を備えた生活こそが豊かな運動生活であり、そうした運動生活を人々に実現させるためにこそ、体育・スポーツ事業の提供・運営ならびに指導が行われなければならない。

　表Ⅰ-3-1は、以上のことをふまえて運動生活を階層化した例を示したもの

である。C階層は、運動クラブへの参加によって運動生活を形作っている階層であり、CAP、CA、CP、Cの4類型から構成される。同様に、A階層は、C階層を除いた者の中で、施設開放を利用して運動している階層（APとAの2類型）、P階層は、C階層とA階層を除いた者の中で運動プログラムに参加している者の階層、S階層は、いずれの運動の場にも接近行動をとっていない運動とは無縁な階層である。

さて、この4階層について、前述の4条件をどの程度満たしうるかという観点から比較すると、豊かな運動生活に最も近づきやすいのがC階層であり、最も遠いのがS階層であることは明らかである。したがって、C階層の運動者が多く、S階層が少ないという状態をつくりだすことが体育・スポーツ経営の具体的な目標となる。ただし、A階層とP階層のどちらが豊かな運動生活であるかの判断は、それほど単純ではない。それは、運動プログラム参加者の取り扱いをめぐって生じる問題があるからである。運動プログラムと一口に言っても実に多様な種類のものが含まれているが、運動生活の豊かさという観点から見ると、運動プログラムの実施期間に最も配慮しなければならない。つまり、一般に〇〇教室などと呼ばれるプログラム（P_L、L：Long Programの略）は、かなり長期間にわたる運動の「場」となり得るのに対し、〇〇大会と称されるような短期間で終了する行事的なプログラム（P_S、S：Short Programの略）もある。この2種類のプログラムへの参加者を同じP階層としてしまってよいかとなると、やはり運動生活の豊かさをランク付けしようという意図からすると区別して示した方がよいということなるであろう。このようなことを考慮して、どのような体育・スポーツ経営の領域においても共通して適用できる運動生活の階層的把握を示すと表I-3-2のようになる。

表I-3-2　運動生活の4階層（一般的な場合）

階層		運動生活の類型
I	C	Cに関係するすべての運動者
II	P_L＋A	Long Programに参加する運動者およびAに関係する運動者
III	P_S	Short Programに参加する運動者
IV	S	S運動者

運動生活の階層的把握には、豊かな運動生活との関係を個人的にも集団的にも把握できる長所があるが、複数領域にまたがる運動生活の把握が困難であったり、階層化自体に困難さを伴ったりといった短所がある。

3）運動生活の実質性―形式性

たとえば、ある運動者は運動クラブに所属しているがあまり活動には参加しない Cc 運動者であり、施設開放を週5日以上定期的に利用して運動している Aa 運動者であるとしよう。この場合、先の類型的把握では CA、階層的把握では C 階層の運動生活を送っている者ということになる。しかしこの人のスポーツ活動の中心的な拠り所となっているのは施設開放であり、施設開放の利用によって意味のあるスポーツの効果を得ている人である。このことから実質的な運動生活の実態をとらえることが必要となる。

表 I-3-3 運動生活の実質的類型と実質的階層

類型	CAP	CA	CP	C	AP	A	P	S
C_a運動者	○	○	○	○	/	/	/	/
A_a運動者	○	○	/	/	○	○	/	/
P_a運動者	○	/	○	/	○	/	○	/

（CAP・CA・CP・C：C階層　AP・A：A階層　P：P階層　S：S階層）

表 I-3-3 は、こうした実質的な運動生活の類型的把握および階層的把握の方法を示したものである。先の把握方法が運動の「場」への接近―逃避行動のみに注目した方法であったのに対し、こちらは運動者行動の実質性―形式性の観点をも組み込んだ、より経営側にとっては意味のある把握方法であるといえよう。

> ●**運動生活の構造的把握** 運動生活は、日常的な生活行動から非日常的な行動を含んだ重層的な構造をなすものである。すなわち、毎日の単位（Daily）でとらえることのできる、そしてとらえることに意味がある活動から、週単位（Weekly）、月単位（Monthly）そして1年（Yearly）を基本的な単位でとらえるべき活動がそれぞれ存在しており、それらが重層化・総合化されて我々の運動生活は形成されているというとらえ方である。
> 　この構造的な把握の持つ意味は、豊かさを1年間という単位でとらえたときに、単に運動頻度の多寡だけでなく、質的な豊かさを表現するものであり、人々の豊かな運動生活をデザインする際に用いると好都合である。一般にクラブの活動（C行動）や自由時の個人的な活動（A行動）はDまたはWのレベルで行われるのが基本であろうし、体育・スポーツ行事など（P行動）の多くはMあるいはYの単位で行われる活動とみることができる。この把握のしかたは、行うスポーツの「場」への接近頻度（運動の程度）から運動者の生活をとらえたものであるが、今後は、スポーツ生活全体をこの方法でとらえていくことが重要となろう。例えば、スポーツを創るかかわりの一つであるボランティア活動などはWのレベルで行われることを理想としたいものである。

⑤ 運動者行動・運動生活調査と体育・スポーツ経営

　体育・スポーツ経営の対象となる人々の運動者行動や運動生活の実態を数量的なデータとしてつかもうとするために開発されたのが運動生活調査（巻末資料参照）である。この運動生活調査によって運動者行動や運動生活を把握すること自体にも意味のあることではあるが、その調査結果を、体育・スポーツ経営の改善に活用するといった、より積極的な姿勢が必要と思われる。つまり、調査結果を基にして体育・スポーツ経営体としての課題を導き出すことこそが重要であろう。ここでは、運動者行動に関する表Ⅰ-3-4のような簡単な調査結果を例に、経営体として何を課題とすべきかについて考えてみたい。

表Ⅰ-3-4　運動部活動への参加状況（例：中学校）

	平成8年度	平成9年度	平成10年度	平成11年度	平成12年度
C	65%	65%	70%	70%	75%
C_a	90%	85%	75%	70%	60%
C_b	10%	10%	15%	10%	15%
C_c	0%	5%	10%	20%	25%

この表からは、運動部（C.S.）への加入率は徐々にではあるが高まっていることがわかる。運動部に対して接近行動をとる生徒の比率が高くなっているのであり、好ましい傾向とみることができる。それでは、この中学校は今のままの運動部経営を続けていけば良いのであろうか。

　そこで、運動者行動の実質性・形式性に目をやると、実質的運動者の比率が徐々に低下し、その逆に形式的運動者の比率は高まり、平成12年度には、運動部員の4人に1人が形式的運動者であることがわかる。

　つまり、5年間の傾向としては、運動部に加入する生徒の比率は高まった一方で、実質的運動者が減少し、形式的運動者が増加しているのである。学校としては、運動部員の比率を維持しながらも、実質性を高めることが経営上の課題といえよう。その際、なぜ形式的運動者になるかについては、運動者行動の可能性の視点が参考になろう。

> **考えてみよう**
>
> 　A校とB校の生徒を対象に運動生活調査を実施したところ下表のような結果であった。この結果から、両校の体育・スポーツ経営の課題を考えてみよう。
>
> | | 全生徒数 | 実質的階層 | | | 形式的階層 | | | Cの内訳 | | | Cの可能性 | | |
> |---|---|---|---|---|---|---|---|---|---|---|---|---|---|
> | | | C | A | P | C | A | P | C_a | C_b | C_c | C_1 | C_2 | C_3 |
> | A校 | 1000 | 480 | 60 | 60 | 800 | 90 | 90 | 480 | 170 | 150 | 100 | 50 | 60 |
> | B校 | 450 | 216 | 84 | 60 | 270 | 90 | 80 | 216 | 34 | 20 | 30 | 100 | 120 |
>
> ※単位はすべて「人」

<中村　平>

Lecture 4

体育・スポーツ事業と経営資源

学習のねらい
　豊かな運動生活を実現するためには、体育・スポーツ活動の「場」や「機会」の整備が重要となるが、その「場」を提供する営みが体育・スポーツ事業である。また、体育・スポーツ事業は、運動の直接的な「場」を提供する「基本的体育・スポーツ事業」とその効果を高めるための「関連的体育・スポーツ事業」とに分けて理解する必要がある。特に、直接的な場を提供する、C.S. P.S. A.S. はその基本となる。あわせて、各種事業の提供に必要となる経営資源についても理解する。経営資源には人的資源、物的資源、財務的資源、情報資源がある。経営資源としての人的資源は、運動の質を高めたり、よりよい体育・スポーツ事業を創造する際に欠かすことはできない資源である。また施設は、各種事業の基盤となる資源であり、その整備の考え方・進め方を理解しておく必要がある。また、情報資源も今後ますます重要な資源として扱われるようになる。

学習のポイント
①体育・スポーツ事業の概念が理解できる。
②基本的体育・スポーツ事業と関連的体育・スポーツ事業の種類をあげることができる。
③学校における体育・スポーツ事業が分類できる。
④4つの経営資源が理解されて、その具体的な例をあげることができる。

キーワード
　体育・スポーツ事業、基本的体育・スポーツ事業と関連的体育・スポーツ事業、エリアサービス、プログラムサービス、クラブサービス、経営資源

1．豊かな運動生活を支える体育・スポーツ事業

(1) 体育・スポーツ事業の概念

　運動やスポーツを日々の生活の中に取り込み、豊かな運動生活を形成し維持することによって、運動やスポーツのもつ様々な効果を獲得できるような状況を創造することが、体育・スポーツ経営の基本的課題である。そのためには、運動者が運動やスポーツに接近しやすいスポーツ環境を整える必要がある。例えば運動やスポーツを行いたくても、日常生活圏の中に気軽に利用できるスポーツ施設がなかったり、スポーツをする仲間がいなかったりするとスポーツの生活化は困難なものになる。このような運動者行動を制約する条件には、運動やスポーツへの興味・関心がなかったり身体が弱いといった運動者の主体的条件から、利用できるスポーツ施設が整備されていなかったり、参加したいプログラムやクラブがないといった、運動者行動の生起に直接かかわる環境条件が整備されていないことに起因するものまで多様である。これら諸条件の整備は、運動者個人の力で解決できるものもあるが、多くはその整備に向けた組織的な取り組みを必要とするものである。このように体育・スポーツ経営の目的を達成するためには、体育・スポーツ環境を整えるための組織的な活動が必要となるが、それら組織的な条件整備の活動を体育・スポーツ事業と呼ぶ。

　体育・スポーツ事業は、体育・スポーツ経営という営みの中で最も中核的な仕事であり、その意味で体育・スポーツ経営とは体育・スポーツ事業を営む活動であるといっても過言ではない。

> **話し合ってみよう**
> 　運動者行動を阻害する抵抗条件を出し合って、それらを分類してみよう。また、それらの抵抗条件を改善するための条件整備の方法について話し合ってみよう。

⑵ 体育・スポーツ事業の分類

1）行う機会を創る事業と見せる機会を創る事業

　運動やスポーツに対する人々の必要や欲求の多様化や高度化は、人々とスポーツのかかわり方にも変化を及ぼしている。このような人々とスポーツとの多様なかかわり方を背景に、体育・スポーツ経営でも、従来から問題にしていた「行うスポーツ」の機会をつくる体育・スポーツ事業以外にも、大きなスポーツイベントやプロスポーツなどの「みるスポーツ」マネジメントが問題にされるようになってきた。特に、テレビメディアの普及とスポーツのグローバリゼーション、そしてその背景にある企業活動のグローバル化は、スポーツの高度化とグローバル化を取り込む形でスポーツビジネスと強い関連を持つようになってきており、企業スポーツやプロスポーツなど「みるスポーツ」の様相に大きな影響を与えるようになってきている。

　このような見せる機会を創造する事業も体育・スポーツ事業として考慮しなければならないものの、「行うスポーツ」がもつ様々な効果や人々の運動生活の現状を考慮すると、依然として行う機会を創造する体育・スポーツ事業の展開が期待されており、ここでは主に「行うスポーツ」とそれにかかわる「創る・支えるスポーツ」に焦点を当てることにしよう。

> **調べてみよう**
> 人々のスポーツとのかかわり方について、「行うスポーツ」「みるスポーツ」「創る・支えるスポーツ」それぞれの現状を調べてみよう。

2）基本的体育・スポーツ事業と関連的体育・スポーツ事業

　人々の運動者行動を誘発し、豊かな運動生活の形成を促す環境条件には、スポーツ施設や設備・用具といった活動空間に関するものから、スポーツ情報やスポーツ指導者、予算といった様々な条件がある。これらの条件には、経営資源それ自体であったり、その経営資源を活用して創造されたスポーツの場や機会、そしてスポーツの場や機会がよりその機能を発揮できるようにするものも含まれている。しかし、そうした様々な条件は、人々の運動者行動の成立・維

持・発展に直接かかわる条件と間接的な条件とに分類することができる。例えば、身近なスポーツ施設でスポーツ教室が開かれれば、これに魅力を感じた人たちの運動者行動をダイレクトに引き出すことができる。一方、スポーツ指導者という条件はスポーツ教室の開催を可能にしたり、スポーツ教室の質を高めることに役立つ条件であると考えられる。つまり、前者は運動者行動の成立に直接関係している条件であるのに対し、後者はスポーツ教室という条件の働きを促進するための条件として意味を持っていることがわかる。こうした、スポーツにかかわる環境条件の分類に応じて、基本的体育・スポーツ事業と関連的体育・スポーツ事業とに区別されることを理解するのが体育・スポーツ事業を学ぶ第一歩である。

① **基本的体育・スポーツ事業**

　基本的体育・スポーツ事業とは、運動やスポーツの成立・維持・発展に必要となる直接的な場や機会を整備し提供する活動である。ここでいう運動・スポーツの直接的な場や機会とは、スポーツ施設の提供、運動プログラムの提供、運動仲間やクラブの育成や支援を基本的なものと考える。すなわち、「行うスポーツ」の様相を大別すると、一人あるいは数名で開放されたスポーツ施設を自由に利用しての活動、事前に用意された各種のプログラムに参加しての活動、運動仲間が組織化されたスポーツクラブやサークルでの定期的な活動に分けられる。このような人々の運動の機会となる「場」を整える活動を基本的体育・スポーツ事業と総称する。その具体的な事業は次の3種類である。

　a）エリアサービス事業（Area Service ; A.S.）

　運動施設やスポーツ施設で可能なスポーツの内容など施設のもっている物理的な場の魅力や、施設のもつ機能で運動者行動を導こうとするサービスをエリアサービスという。例えば、グランドを開放しサッカーボールをいつでも使えるようにしておけば子どもたちはサッカーを始めるように、スポーツの物理的条件だけをサービスとして提供する事業である。一般的には既存のスポーツ施設や学校体育施設といった物的資源を広く自由に利用できる施設開放事業がエリアサービスに該当する。もちろん、開放事業に指導者が配置されワンポイントの指導や助言がなされることもあるが、運動者行動の最大の誘因は施設自体の魅力にある。

このようなエリアサービスに必要な経営資源を調達し、その資源を活用しながらエリアサービスの内容や提供方法を検討し、運動者に提供する一連の活動をエリアサービス事業という。

b) プログラムサービス事業（Program Service ; P.S.）

プログラムサービスとは、運動やスポーツの成立に必要な「運動の内容（どのような運動やスポーツを誰とどのように行うか）」と「時間（いつどこで）」とが企画されたプログラムをスポーツの機会として提供するスポーツサービスである。運動者のニーズは多様であるが、それらのニーズに応じた魅力あるスポーツプログラムをサービスとして提供することで運動者行動の成立を促進する事業である。またプログラムサービスの中にはスポーツ指導者という人的資源の魅力が参加に大きく影響するものもあり、多様で質の高い資源活用によってプログラム自体の魅力や機能を創造すべきである。

スポーツプログラムは、プログラムの目的（競技・健康・体力の保持増進・学習など）やプログラムの長さ（年間にわたるものから1日で終了するものまで）、プログラムの形態（複数種目と単一種目など）によって実に多種多様な種類がある。そうしたバリエーションに富んだプログラムの中から、運動者のニーズや特性に合わせて有効なプログラムを選択し、その実施に必要な経営資源を調達・活用してプログラムを提供してゆく営みをプログラムサービス事業という。

c) クラブサービス事業（Club Service ; C.S.）

スポーツには個人で行えるものもあるが、運動の仲間や集団で行う種目も多いし、仲間と一緒に楽しんだ方がスポーツの持つ社会的便益がより深まる。またクラブやサークルでの活動は定期的で継続しやすく、組織的にしかも自主的に活動が展開されることなどから豊かな運動生活の形成には欠かすことのできない活動形態である。

クラブサービス事業とはこのような運動仲間の組織化によってスポーツクラブやサークルを育成しその集団を維持する支援を行う事業である。例えば地域の運動者の中には運動欲求が高く、スポーツの経験や知識もあるが、運動仲間が確保できないために運動者行動が成立できないでいる人もいる。また、スポーツ教室でスポーツの学習はしたが、教室終了後に運動仲間がいないために習得したスポーツが継続化しない運動者もいる。そのような運動者を募りスポー

ツクラブを形成したり、形成されたスポーツクラブを円滑に運営していくためにクラブの施設利用に対する団体割引などの財務的援助やクラブ指導者の研修会、競技会の開催や各種情報提供などの支援策がとられてきている。

② 関連的体育・スポーツ事業

関連的体育・スポーツ事業とは、運動やスポーツの場や機会を提供する基本的体育・スポーツ事業を効果的に展開するために必要となる事業である。

まず第1に、情報提供事業（Information Service）は欠くことのできない関連的体育・スポーツ事業である。情報提供事業は、基本的体育・スポーツ事業に関する情報を提供することで事業への動員力を高めたり、運動やスポーツの効果や行い方に関する情報を提供することで運動者のスポーツへの動機づけ・啓発などの効果が期待される。またそれらの情報提供は、体育・スポーツ事業を提供する経営体の活動に関する情報公開となるため、運動者や関連機関・団体との良好な関係づくり（パブリックリレーションズ Public Relations）にも機能する。

第2に、人的な経営資源としての実技指導者や組織指導者の養成事業も、基本的体育・スポーツ事業の成果を左右する重要な事業である。実技指導者や組織指導者は、運動者行動の成立に直接働く条件ではなく、また運動者によっては必ずしも必要となるものではないものの、スポーツ活動が安全にしかもより合理的・効果的に展開されるよう活動の質を高める際には、欠かすことのできないものとなる。また組織指導者の養成も有効な体育・スポーツ経営の展開には不可欠な人的資源となる。運動やスポーツへの欲求が多様化・高度化する中で、これらの質の高い人材養成の必要性はますます高くなってきている。

この他にも、基本的体育・スポーツ事業によって提供される運動の場をより活発にしたり、安定的に運営できるようにするために、運動者やスポーツクラブそしてスポーツ指導者に対する経済的な支援や表彰事業などの関連的体育・スポーツ事業がある。

> **調べてみよう**
> 学校体育にかかわる関連機関や団体を整理し、そのパブリックリレーションズのあり方を考えてみよう。

⑶ 体育・スポーツ事業のマネジメント

　基本的体育・スポーツ事業と関連的体育・スポーツ事業は、各種事業ごとにマネジメントサイクルに沿って提供される必要があり、さらに事業間の相互関連を持ちながら展開される必要がある。

　体育・スポーツ経営の核となる基本的体育・スポーツ事業は、その分類とともに合理的な正しい手順によって進められなければならない。例えば、スポーツ教室という学習プログラムを提供する際には、その教室の対象とねらいが明確にされ、具体的な指導計画案を立てるとともに、教室の指導にあたる人材確保や組織化、施設確保、予算の手当などの仕事が必要になる。また、あわせて教室の参加者を確保するための情報提供も行わなければならない。さらにそのスポーツ教室を将来にわたってより充実させるためには、教室のねらいの達成度や改善点を明確にしておくことも重要である。このように各種の基本的体育・スポーツ事業の特徴に応じたマネジメントやその過程の在り方もあわせて事業の提供方法が検討されねばならない。

　また、各種体育・スポーツ事業は、単独で提供されることも多いが、相互関連性をもって系統的に提供されることでより効果が上がると考えられる。例えば、基本的体育・スポーツ事業においては、エリアサービスとクラブサービスは相互に関連して展開されるべきであるし、スポーツ教室からクラブづくりへといった方式は一般的になっている。また、各種競技会のような競技プログラムもクラブの活動を活性化する機能をもち、クラブサービスと関連している。

　このように各種の体育・スポーツ事業が独立的に展開されるのではなく、体系的あるいは関連的に展開されるためには、体育・スポーツ経営に関する基本計画（マスタープラン）が明確にされ、基本計画に従った実行計画（部分計画あるいは短期計画）が示されていることが前提条件となる。そうした体系的な計画に基づく事業展開と評価・修正活動が、より効果的な体育・スポーツ事業には欠かせない。

2．経営資源の整え方

　体育・スポーツ事業による条件整備は、事業の主体となる経営組織が保有し

活用できる資源の量や質によって制約を受けることとなる。例えば、スポーツへの参加を促進するために運動者にスポーツ教室というスポーツプログラムを提供する場合、スポーツ教室の開催の基礎条件となるスポーツ施設、スポーツ教室の指導者、教室を企画する専門的組織や必要となる予算などの状況によって事業展開は異なってくる。基礎的な資源が豊富に保有されていれば多彩なスポーツ教室を円滑に展開できるが、資源に制約がある場合には、スポーツ教室の内容が制限されたり、新たな資源の確保を迫られることにもなろう。

このような体育・スポーツ事業に利用されるすべての資源を経営資源という。一般的に経営資源は、その形態によって人的資源（ヒト）、物的資源（モノ）、財務的資源（カネ）、情報資源（ジョウホウ）の4つに分類される。以下では、より具体的に各々の資源としてどのようなものを整えたらよいかについて詳しくみていくことにしよう。

(1) 人的資源としてのスポーツ指導者

1) 運動指導者と組織指導者

人的資源では、体育やスポーツの指導を担う運動指導者が代表的である。すなわち体育・スポーツ事業の中で、運動者の体育・スポーツ活動に直接かかわり、安全を確保しながら効果的にスポーツ技術や楽しみ方・マナーなどを指導する運動指導者は、体育・スポーツの質的向上に不可欠なものとなる。一方、体育・スポーツの技術や楽しみ方などは直接指導はしないが、体育・スポーツ事業を企画運営したり、体育・スポーツ経営組織を組織化し運営する人材も、欠かすことのできない人的資源である。このような企画運営や組織の経営に携わる指導者が組織指導者である。

2) 体育・スポーツ経営の領域と人的資源

このような人的資源の状況は、後に扱われる体育・スポーツ経営の領域によって特徴がある。例えば、学校体育経営をめぐる人的資源は教員免許状をもつ教師がその中心となる。したがって、児童生徒の教育という側面に関しては専門的な人材とみることができるものの、全員が保健体育科の免許をもつ者では

ないため人的資源の能力向上と組織化が課題となる。また、地域のスポーツ経営をめぐっては、現在、「スポーツ指導者の知識・技能審査事業」が行われており、地域スポーツ指導者（スポーツ指導員）、スポーツプログラマー、少年スポーツ指導者、野外活動指導者といった指導者が養成されている。またあわせて競技力向上指導者（コーチ）の養成も行われている（巻末資料参照）。地域スポーツをめぐっては、その他にも都道府県や市区町村が独自で指導者養成を行っていたり、都道府県が派遣社会教育主事（スポーツ担当）を市区町村に派遣しているところもある。

　また、体育・スポーツの振興ではこれらの資格をもった指導者や組織指導者の養成が重要であるとともに、資格の有無にかかわらずその振興にかかわるボランティアも重要視されねばならない。特に、運動者が主体的に体育・スポーツ経営にかかわる状況、すなわちスポーツを支えたり創造するというかかわりが重視される中で、新しい人間関係や地域コミュニティの形成を期待するならば、ますますボランティアへの関心が寄せられねばならない。

　商業的なスポーツ施設においても運動指導者と組織指導者は必要となるが、この領域における人材育成に関しては、先の「スポーツ指導者の知識・技能審査事業」で商業的スポーツ施設における指導者（教師）やフィットネストレーナーが養成されている。また別の機関が出している健康運動指導士といった資格もある。しかしながら、それらの資格を保有した専門的能力がなければ採用されないということはなく、各企業は独自に社内研修や日常業務の中で（オン・ザ・ジョブ・トレーニング）専門性の向上を図っている。

(2) 経営資源としての施設

1）運動施設の概念

　運動施設（Area & Facility）とは、人々が運動を行う際に必要となる物理的な空間あるいは物理的な環境を総称したものである。ここで大切なことは、運動を行う際にという、運動のとらえ方によって運動施設の概念は広くも狭くもなるということである。次の図は人々が運動をするプロセスを示している。運動をする際に誰もが通る道すじである。

```
━━━━━━━━━━━━━ 運動のプロセス ━━━━━━━━━━━━━
  往路    →   更衣   →   運動   ,   更衣   →   談話   →   帰路
アクセス道路  ロッカールーム  プール              ミーティングルーム
点字ブロック  シャワールーム  ジム               クラブハウス
駐車場     レンタルウエア  コート              医務室
                ボール・ラケット         レストラン
```

　運動を行う際にという場合に、この全プロセスを考えるか、「運動」という局面だけを考えるかによって、それを支える施設条件は変わってくる。これまでの施設の整備に関しては、運動局面を構成する施設に限られることがほとんどであった。しかしながら、学校はもちろんのこと、地域におけるスポーツも、民間あるいは公共スポーツ施設における運動を考える際にも、この全プロセスを快適にかつ効果的に進めるための物理的な空間や環境を整えて初めて、「文化としての運動に触れる」というように施設の整備のあり方が検討されることになる。

　また、運動が実践されるその空間そのものの機能を高める（高機能化）ための設備や機器の設置に関する検討も必要になる。特に運動の質を高めたり、快適な運動実践を保障するために考案された設備は多種多様にある。例えば、プールの浄化槽などはどこのプールでも必ず設置されている設備の一例であるが、プール浄化の方法自体の改革や水中の掃除をする機器の開発もみられる。さらに、冷暖房の空調や音響装置、採光等の配慮も必要となる。図Ⅰ-4-1で示した、施設を支えている機器・設備は付属設備として運動施設をサポートする重要な内容を構成している。

```
 ┌──────────┐   ┌──────────┐
 │ ①運動施設  │───│ ②付帯施設 │
 │  設備     │   └──────────┘
 │  用具     │
 └────┬─────┘
      │
 ┌────┴─────┐
 │ ③付属設備 │
 └──────────┘
```

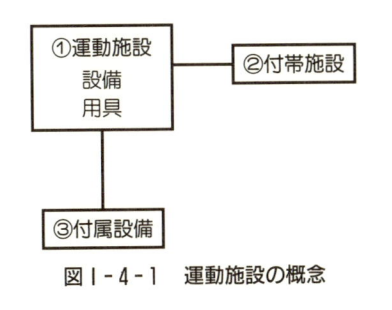

①運動施設：各種の運動を行うために必要な必須の空間、および設備や用具。
②付帯施設：運動の前後あるいは過程において利便性を提供する施設。
③付属設備：運動施設に付属して運動施設の高機能化を促進する設備

図Ⅰ-4-1　運動施設の概念

2）施設整備の留意点
① 施設の性格

　運動施設は人々の運動の成立・維持にとって極めて重要な役割を果たすが、施設が施設としての自らの働きによって運動者を誘致し体育・スポーツ現象を生起させる働きをする施設と、スポーツ行事等のスポーツ事業を営むための基礎的な条件として働く施設とに大別できる。例えば、芝生に覆われた運動広場に子どもたちが出会ったとき、子どもたちはいろいろな遊びに興ずる。誰からの指示がなくても芝生の遊び場が子どもたちのいろいろな遊びを引き出す働きをする。いわば施設が主体的に人々を誘致し、運動を引き出す働きをするわけである。このような施設の性格をとらえて、主体的施設という。一方、人々が運動をしているのは施設の誘致力ではなく、クラブサービスやプログラムサービスによってもたらされたものである場合、この施設はプログラムサービスやクラブサービスの基礎的な条件として働いているのであり、この性格をとらえて従属的施設とよんでいる。施設の種類や規模・規格等々、この性格によって内容が異なるので、施設の種類やタイプを問題にする際には、いずれの性格の施設かを明確にしなければならない。

② 施設の種類

　運動施設の種類を問題にするのは、どのような施設を整えるかが問題になるからである。例えば、運動施設は設置者や体育・スポーツ経営の領域によって様々な分類論が展開できる。

　このような分類論とあわせて、スポーツの性格や領域に応じて必要とされる施設の体系化を検討することが重要である。特に地域社会におけるスポーツ振興をめぐっては、施設のもつ誘致距離によってスポーツ振興の範囲（ゾーン）が規定されるため、地域における主体的施設の体系的な整備が求められる。その場合施設整備の考え方が重要になるが、運動者行動の特徴を反映した考え方がなされなければならない。すなわち利用の主体である運動者の運動者行動の範囲内にスポーツ施設が整備されるという考え方が求められる。

　例えば、文部省（現文部科学省）が整備指針として平成元年に提示した施設の分類論と体系では、地域におけるスポーツ施設を、①住民の日常的なスポーツ活動のための身近な施設としての地域施設、②市区町村全域を対象に、各種

スポーツ競技会・スポーツ行事、指導者養成等に機能する市区町村施設、③都道府県全域を対象に、国内的・全県的スポーツ競技会・選手の養成、指導者の養成、情報の収集と提供等の機能をもつ都道府県域施設に分類している（巻末資料参照）。なかでも、地域住民の日常のスポーツ活動の拠点となる地域施設をあげている点に留意すべきである。この考え方は、地域における主体的なスポーツ施設は運動者の年齢や生活圏・行動圏を前提とした施設整備を意図したものである。さらに、就学前の幼児の行動圏を考えると遊び場や児童公園などの施設も考慮する必要が出てくる。

③ 施設の規格・規模

運動施設には必ず規格がある。体育館やグラウンド、プールやコートなどは規格や規模を決めて建設にあたるし、ボールなどの用具も用途に応じて大きさ・重さ・形状等が決められている。施設や設備用具の規格や規模はそこで展開される運動やスポーツの性質によって異なってくる。公式的なスポーツの競技会を開催するための施設は厳密な規格が求められるし、観客席の数までも決められていることもある。一方、地域社会を範囲に展開される生活スポーツの場合には施設の規格や規模は柔軟性をもっている。

④ 施設の数量

施設や用具の数量は運動やスポーツのあり方を基本的に左右するものである。施設の整備計画においては、達成目標としてよく用いられるのがこの数量に関する目標である。町にどのくらいの児童公園を設置したらいいか、市内に地域レベルの体育館を何カ所設けるべきかなどの問いは、この数量の問題である。数量を算出するための基礎は、そこで展開される体育やスポーツ活動のあり方、スポーツ事業の質や量をどのように考えるかということにおかれることが重要である。

⑤ 施設の配置・ロケーション

施設をどこに設置するかという配置・ロケーションの問題である。アクセスのよいところに設けるのはどのような施設においても極めて重要なことであるが、特に主体的な施設とそのエリアサービスにとってはアクセシビリティ（accessibility）はその機能を発揮する際に決定的な要因となる。また、設備の配置についても、例えば鉄棒の設置でさえも昼休みや業間の利用を考えると

無視できない。

3）付帯施設・設備

　体育の授業を効果的にするためには、テレビ、ビデオそしてコンピュータなどを接続したり即座に再生できる施設や設備、およびその機器を設置した体育室・学習室が、運動施設に隣接して設けられることが望まれる。地域のスポーツクラブを盛んにしていくためには、運動施設に付属したクラブハウスが必需となる。それぞれの施設を設置する際に、様々な利活用を考慮して必要な付帯施設や設備を建築計画に盛り込んでおくことが大切である。

> **調べてみよう**
> 　我が国のスポーツ施設の整備の変化を調べるとともに、昭和47年度の保健体育審議会答申と平成元年度の保健体育審議会答申をもとに、施設整備の考え方の特徴を調べてみよう。

4）関係的運動施設の開発

　もともと運動施設として建設されたものではないが、運動施設として利用される施設がある。河川敷の空き地がサッカーフィールドや野球場などの運動施設になったり、地域の空き地が子どもの遊び場になったり、駐車場が夜間はテニスコートになったり、というように特に施設が不足している都市部においては、運動空間の確保へ向けて様々な努力がなされている。

(3) 情報資源と財務的資源

1）2つの情報資源

　情報化社会における資源としての情報は、体育・スポーツ経営をより効果的で効率的に、そして環境適応的に展開するためにも極めて重要な資源となっている。情報資源は体育・スポーツ経営の目的や方針、経営戦略、体育・スポーツ事業を決定する際に欠かすことはできない。また、体育・スポーツ経営体における経営過程は情報伝達の過程でもあり、経営組織の行動様式やコミュニケ

ーションの様式でもある。このような経営資源としての情報資源は、情報の「内容」や情報がもつ「価値」という情報資源と、保有する情報やその他の経営資源を活用して体育・スポーツ事業を創造する「組織能力」としての情報資源に分類できる。

2）内容・価値としての情報資源

体育・スポーツ経営を進めるにあたって必要となる価値をもつ情報には、以下のようなものがある。

① 運動者に関する情報

体育・スポーツ経営の対象は運動者とその運動生活にあるため、対象となる運動者に関する情報がなければ経営はスタートしない。その内容としては、人々の運動者行動や運動生活の状況、抵抗条件や運動欲求の内容や程度、健康・体力の状況といった情報が基本的なものとなる。さらにこれらの情報とともに各運動者の性・年齢、スポーツ経験、家族構成などのデモグラフィック（人口統計学的）情報が加わることによって事業の対象が明確になり、より綿密な計画に基づく効果的な事業展開が可能となる。

② 経営資源に関する情報

体育・スポーツ事業の展開に際し利用可能な物的資源や人的資源など経営資源に関する情報は、事業の内容を規定するものとなる。運動者に関する情報が蓄積され、新たな体育・スポーツ事業の必要性が認識されても、事業に活用できる経営資源が不足していればその事業は机上のプランで終わってしまう。体育・スポーツ経営組織が保有する経営資源に関する認識はもとより、組織の外部にある経営資源の情報も必要になる。

③ 体育・スポーツ事業に関する情報

体育・スポーツ事業は、運動者に関する情報に基づきながら、常時検討されていなければならない。例えば、健康づくりに関する新しい指導法やプログラム、スポーツクラブの育成方法など、新たな知識・ノウハウの収集がなされることが体育・スポーツ事業の発展につながる。陳腐化・硬直化した事業を繰り返しているだけでは運動者行動を起こすことはできないし、運動者の経営組織に対する信頼や評価を高めることもできない。

④ 法律や制度に関する情報

　体育・スポーツ経営は、法律や制度に強い影響を受ける。例えば、学校体育は学習指導要領に沿って展開されるし、地域スポーツ経営でも、スポーツ振興法はもとより、体育・スポーツを直接扱ったものではない地方分権化推進法や特定非営利活動促進法（NPO法ともいう）などの影響も受ける。また、法的な拘束力はないが保健体育審議会答申のような各種の答申に沿った体育・スポーツ行政と経営が行われてきた経緯もある。商業的スポーツ施設の経営においても、商法をはじめ建築基準法や労働基準法などの規制を受ける。体育・スポーツ経営を円滑に進めるためには、体育・スポーツ経営が展開される領域に応じた法律や制度に関する情報を保有し、整理しておかねばならない。

⑤ 社会・経済環境に関する情報

　運動者にかかわる情報以外でも、多様な環境情報の蓄積が求められる。例えば、商業的スポーツ施設経営の場合には競合関係にある施設に関する情報は極めて重要になるし、学校体育や地域スポーツでも近隣の学校や自治体の体育・スポーツ経営に関する情報も必要である。

　さらに、社会全般をめぐる消費動向や消費性向、スポーツに対するニーズの変化や健康に対する認識など、将来的に体育・スポーツ事業に影響する多様な環境情報の収集と蓄積が求められる。

3）組織能力としての情報資源

　内容や価値をもつ情報資源が蓄積されていても、他の経営資源とミックスして活用しなければ意味をもたない。それらの情報資源をどのように生かしながら体育・スポーツ事業を提供してゆくかという意思決定や組織固有の情報活用のパターンがある。それらは経営体がもっている固有のコミュニケーションの仕組みであったり、組織文化としての考え方や行動パターンである。例えば、学校組織、行政組織、企業組織とでは、明らかに意思決定の方法やシステムは異なるし、組織成員の行動パターンも違っている。

　このような現象は、長期にわたる体育・スポーツ経営の活動の中で経営組織に蓄積されたノウハウであり、組織文化である。そのような組織体の固有な意思決定の方法や行動パターンとしての組織文化は、成員のコミュニケーション

の方法と動機づけを通して体育・スポーツ経営の効果や効率に影響を及ぼす組織能力、あるいは組織知ということができる。このような組織能力としての組織知も、情報資源として把握しておかねばならない。

　もちろんこの情報資源は、外部から借りてくることもできないし、短期に蓄積することのできない資源である。体育・スポーツ経営体がより高い成果を上げるためには、この組織能力としての情報資源を自らが改善し、新しい組織知を蓄積するマネジメントが求められる。

4）体育・スポーツ経営と情報技術

　このような情報資源と関連して、情報技術（IT；Information Technology）の発展も無視することはできない。情報技術の発展は、体育・スポーツ事業の成果向上や事業の効率化に欠かすことはできなくなった。例えば、運動者に関する情報はコンピュータで管理されたり運動者のニーズの把握に活用されるようになってきた。また、指導者情報や施設の空き情報の提供なども従来に比べて格段と提供しやすくなり、体育・スポーツ経営体のパブリックリレーションズの形成に役立っている。さらに、これら情報技術の発展は、場合によっては体育・スポーツ経営の組織構造を変化させる働きをもつまでに至っている。例えば、特に企業のスポーツ経営では、組織の中に情報管理を担当する新たな部門が設置され、専門的な人材が配置されることもある。

5）財務的資源

　財務的資源は、体育・スポーツ事業に充当することのできる経済的な財である。経済的な財としての財務的資源の財源には、行政が支弁する公的な財源と、スポーツクラブの会費あるいは行事や教室への参加費など、経営体が独自に運動者から徴収する私的な財源などがある。財務的資源に関しても、体育・スポーツ経営の領域によって特徴がある。学校体育経営においては、基本的には公的な財源で運営される。また学校規模に応じた予算配分となるため、予算は大きく変動することはないものの、予算規模は潤沢とはいえない。また、地域スポーツ経営においても、これまではスポーツ事業にかかる経費、特に施設整備費などには多くの公的財源が当てられてきたが、事業への参加費の徴収など一

部私的財源によっても賄われていた。しかし、運動者の受益者負担意識は高いものとは言えず、依然として公的財源に頼る傾向がある。商業的スポーツ施設経営では、いわゆるクラブの入会金や会費で施設経営が展開されており、ほとんどが私的財源で賄われている。

　このように財務的資源のあり方については各領域で特徴はあるものの、体育・スポーツ事業の量的拡大と質的向上をめざす際には、人的資源、物的資源、そして情報資源を調達するための財務的資源と、事業の運営にかかわる財務的資源という両面の充実が重要である。

> **話し合ってみよう**
> 学校における経営資源を整理し、その特徴について話し合ってみよう。

> **調べてみよう**
> 体育・スポーツに関する指導者資格にはどのようなものがあるか。また、それらの資格の特徴や講習内容を調べてみよう。

＜柳沢和雄＞

Lecture 5

体育・スポーツ事業の進め方

学習のねらい
　人々は様々な欲求や必要、あるいは能力や適性をもっており、さらにいろいろな環境の中で生活しており、運動の成立や維持ということに関しても、多様な事業で対応する必要がある。これら体育・スポーツ事業にはどのようなスポーツサービスがあり、それはどのように分類されるかを理解し、さらに各種スポーツサービスの特徴とその運営方法や留意点について、経営過程の視点から理解する。また、この事業論は体育・スポーツ経営学の心臓部にあたるほどの重要性をもっているので、学校、地域社会、民間商業スポーツ施設等、経営の各領域に即してできるだけ具体的に理解する。

学習のポイント
①体育・スポーツ事業の概念が理解できる。
②3つの事業の目的や内容を理解することができる。
③3つの事業の事業としての特性や運動者にみられる特性が理解できる。
④事業の運営に必要な共通のポイントとそれぞれの事業に応じた重要事項について理解できる。
⑤3つの事業を効果的に運営するためのマーケティングの考え方が理解できる。

キーワード
　体育スポーツ事業、エリアサービス、プログラムサービス、クラブサービス、インフォメーションサービス、スポーツマーケティング、プロモーション、経営過程＝マネジメントサイクル、

1. エリアサービス事業

(1) エリアサービスの概念と事業特性

　エリアサービスという言葉は、体育事業の一つとして宇土によってすでに昭和29年には使われていた言葉であり、運動施設（Area & Facility）を個人ないしは未組織的な人々へ提供するというサービスである。一般的には施設の個人開放ないしは一般開放と呼ばれるサービスのことである。施設はもともと人々の運動の成立維持にとって不可欠な条件であるが、施設と運動の成立維持の関係を追求してみると、下の例で示すように大きく3つの場合が考えられる。プールを例にしているが、これらを比較すると、運動の成立に最も直接的に施設が関係しているのは③の場合であることがわかる。すなわち、①の場合には、クラブやサークルがその人の運動行動の直接的な支えとなっているし、②の場合には水泳教室や水泳の競技会あるいは記録会があるから運動行動が成立しているのである。（このことについては、施設の性格ということで経営資源の項で述べられている）

　それに対して一般開放や個人開放の場合には、施設の開放によってその人の運動行動が成立しているのである。他の場合にも施設がなければ運動は成立しないのは同じであるが、最も大きな力で働いているのは①の場合にはクラブ、②の場合にはプログラムということになり、施設はそれらを支える基礎条件となっている。③の場合には施設そのものがその人の運動行動を誘発・誘致したことになる。このような施設の誘致機能を利用したサービスをエリアサービスと呼ぶ。

スポーツサービスと施設

①クラブやサークル活動	C.S.のための施設
②水泳教室や水泳大会・記録会	P.S.のための施設
③一般開放・個人開放	A.S.のための施設

●エリアサービス　体育事業論の創始者宇土正彦は、体育施設の開放という仕事をエリアサービスという呼び方で提案してきたが、なぜエリアというのか、関連してなぜサービスというのかについて簡単に紹介しておこう。
　米国では施設用具という事項に関してArea & Facilityという用語が一般に使われている。氏のいうArea Serviceは、このAreaを採用したものである。サービスに関しては、今日いわれている財としてのサービス、あるいはサービス財としてのサービスというのではなく、事業の意味でサービス（Service）という語を用いている。このときヒントを与えたのがHealth Service＝保健事業であったという。その後、体育事業をPhysical Education Serviceと呼称し、3つの事業をそれぞれClub Service、Program Serviceそして Area Serviceとして今日に至るまでこの用語が使われてきているのである。サービス財を扱うことが我が国の経済の中で大きな割合を占めるようになった今日、宇土が用いたのとは違う意味でサービスが用いられることが多くなり、その概念の整理・調整の必要が生じている。

⑵　エリアサービス利用者（A運動者）の特性

1）利用にみる運動者行動の不安定さ

　エリアサービスの問題点の一つに、利用者の予測が難しく、開放施設が非常に混雑するときと、その逆に利用者が非常に少ないときがあるという問題がある。団体開放の枠がほとんどを占める学校開放で、個人開放枠を設けたところ利用者がほとんどなかったり、曜日やその日の天候によって利用の偏りがあるために、非効率という理由で廃止された例がある。利用のしかたが個人的であったり非組織的であるがゆえにこのような事態を招くこともあるが、それゆえにこのような利用特性を考慮した運営の工夫が求められる。

2）主体的条件にみる諸特徴

　愛好する運動種目や運動の形態をみてみると、クラブに参加する人々（C運動者）に比べて、一般にA運動者は運動欲求が低く、運動技能も低いことが多い。さらに運動に対する知識もそれほど豊かではない。また、愛好する運動種目も個人的あるいは対人的な運動種目や体操系が多い傾向にある。運動の形態についても、公式的なゲームよりもその種目の部分的な技能（例えば、キャッ

チボールやシュート) を好んで行うことも多い。したがって、運動に要する時間も組織的な運動者に比べて短いという特徴をもっている。

3) 誘致距離が短い

　C運動者と比較すると施設と運動者との距離（誘致距離）は短い。その理由は運動欲求の強さとも関係するし、運動の成立が個人と施設との関係だけで生じるA運動者に比べて、C運動者の場合にはともに運動をする仲間が行動の成立に最も大きな影響を与え、施設のアクセシビリティは第二次的な要因になるからであろう。

(3) エリアサービスのポイント

1) アクセシビリティをいかに高めるか

　施設の開放によっていかに多くの人々をひきつけ、満足を与え、繰り返し利用したり、あるいは、よりレベルの高い運動生活を営むようになる、といったエリアサービスの成果を高めるためには、開放されている施設への近づきやすさが何より重要である。この近づきやすさのことをアクセシビリティ（Accessibility）と呼んでいる。アクセシビリティを高めることがエリアサービスを成功させる一つの鍵である。

　近づきやすさといった場合、まず考えられることは物理的に近いということであろう。歩いて行ける距離にある、便利な交通機関がある等はその代表例であろう。また、施設そのものが高い魅力をもっていると、距離的には離れていても心理的には近づきやすいと感じることもあろうし、逆に物理的にはすぐ近くにありながら何の魅力もなかったとしたら、アクセシビリティは低くなるであろう。いずれにしても施設と運動者との物理的な距離ないしは時間的な距離が、アクセシビリティを規定する第1の要件である。したがって、建設前の計画時点で施設をどこに設置するかということを、特にエリアサービスを利用する人々の特性を考慮しながら、慎重に考慮した上で決定しておくことが重要となる。一般にC.S.利用者やP.S.利用者に比べて、A.S.利用者は誘致距離が短いとされており、それだけに設置場所（ロケーション）を決定することがA.

S.の成否を決定的にする。

　施設の条件そのものの工夫も、アクセシビリティを高める上で効果的である。明るく入りやすいフロントであったり、快適な空調がなされた運動空間をもつ施設や、A.S.利用者に特有の個人的な利用に供する設備を多数整えることなども勧められるところである。

　なお、アクセシビリティは単に物理的な近さだけでなく心理的な近づきやすさも重要な要素として含まれる。明るいフロントの応対、簡便な利用手続き、もちろんフィットネスルームへのパーソナルトレーナーの配置や、適切な指導やサポートができるスポーツ指導者の存在など、アクセシビリティを高めるための配慮事項は多々ある。時間的な配慮もその一つである。施設が開放される曜日や時間帯の運動者のニーズへの適合度は重要な配慮事項の一つである。クラブやプログラムの利用を優先し、余った時間を開放するという方式はA運動者を無視した開放といえる。先にも触れたようにA運動者の運動欲求は必ずしも高いものではなく、それはC運動者に比べれば一般的には低いといえよう。したがって、欲求の低い運動者の都合を優先した時間設定が何より重要であるし、学校などでは、例えば昼休み時間の施設開放ではC運動者の利用に一定のコントロールを加える場合もある。

> **話し合ってみよう**
> 　学校の施設あるいは地域社会の施設を例にして、アクセシビリティの善しあしを話し合ってみよう。また、アクセシビリティを高める方法を考えてみよう。

> **調べてみよう**
> 　町に設置されている児童公園を取り上げ、誘致距離がどのくらいかを調べてみよう。

2）運動施設のアメニティをいかに高めるか

　エリアサービスに限らず、運動施設の快適性（アメニティ amenity）を高めることは大切なことである。とりわけエリアサービスにとっては、アメニティの高さは施設の魅力要因でもあり、アクセシビリティを強化する働きもするのである。また、日常生活圏に存在する地域レベルのスポーツ施設以外に、エリ

アサービスを主要なサービス内容とするゴルフ場やスキー場などの郊外型大規模施設があるが、ここではアクセシビリティよりもアメニティが成功の鍵を握っているといってもよい。以下では、アメニティ空間の構造、アメニティ演出の条件、アメニティの構成要素について検討する。

① アメニティ空間の構造

アメニティとは一般に、「生活における様々な空間がそこで活動する人々に対して与える快適感や魅力」と定義されている。このことから、運動施設がそれを利用する人たちに与えるアメニティを高めるためには、まず第1に、空間の広がりを設定しなければならないことになる。どれほど大きく立派な体育館であってもシャワー施設がなかったり、駐車場が狭かったりするならば、施設全体から受けるアメニティは低いレベルに止まってしまう。要するに運動をしているときにだけ快適であればよいのではない。

運動施設は、通常3つの空間から構成されると考えられている。第1は、スポーツやフィットネスが実際に展開される「スポーツ空間」、第2は、更衣・談話・軽食など運動前後の活動が展開される「スポーツ外空間」、第3は運動施設に来るまでないしは運動施設から帰るまでの「移動空間」である。運動施設のアメニティを高めるためにこれらの3つの空間に対する配慮がなされていなければならない。

② アメニティ演出の条件

次に、アメニティを演出するためには、施設的条件、自然的条件、人的条件、情報的条件の工夫が必要である。スキー場を例にとれば、施設的条件にはゲレンデ、リフト・ゴンドラなどスキーそのものに必要な施設と、レストラン、娯楽施設、駐車場、宿泊施設などゲレンデ外空間を構成する施設も含まれる。自然的条件には、運動施設が立地する周辺の自然の景観・気候・風土などが含まれ、郊外型施設の場合には特に大切な条件である。人的条件とは、運動施設に滞在するすべての人が含まれる。その中には、施設に勤める職員・パート・アルバイトだけでなく、利用客やその地域に住む住民も含まれる。特に、マナーの悪い利用者のいる運動施設は、アメニティも下げてしまうことに気をつけなければならない。情報的条件には、ポスターや案内板、パンフレット、コンピュータなど施設の情報を利用者に知らせる各種メディアと情報内容が含まれる。

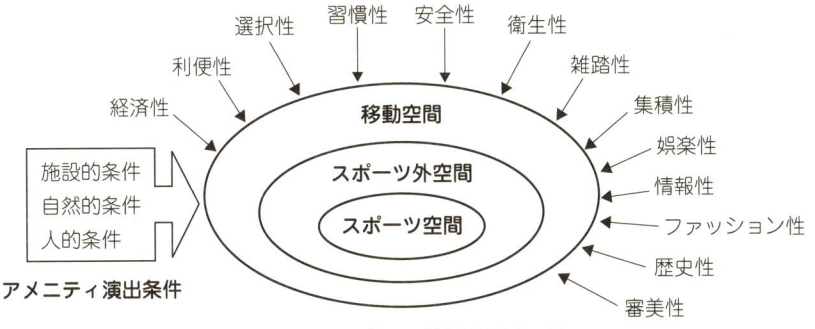

図Ⅰ-5-1　スポーツ施設のアメニティ

スポーツエリア事業では、こうした多種多様な条件を操作することでアメニティを創り出すことが主要な仕事となる。

③ アメニティの構造要素

最後に、人々が運動施設から感じるアメニティは、図Ⅰ-5-1に示したように様々な要素から成り立っている。この図は、スキー場を例に示したものであるが、アメニティの構成要素は施設の種別や規模によって一様ではない。例えば、娯楽性やファッション性といった要素は、郊外のリゾート施設では重要であるが、地域レベルの施設ではそのような要素よりも習慣性や快適性が重視されるであろう。また、施設を利用する人の特性によってアメニティ感覚、つまりアメニティ要素の相対的な重要性が異なることにも配慮しなければならない。一般に運動者の運動経験や技能レベル、活動仲間、活動目的などによってどの要素に強く魅力を感じるかが違ってくる。エリアサービス事業では、エリアサービスの企画・実施にあたり、運動者の特性に合わせて、誘因となるアメニティ要素に重点をおくことで全体としての施設の魅力を高め、運動者を誘致するように創意工夫することが求められる。

> **話し合ってみよう**
> 学校・大学のスポーツ施設をアメニティの角度から検討し、改善の方策について話し合ってみよう。

⑷　エリアサービスの事業の進め方

エリアサービスの具体的な展開に際しては、計画、組織、そして評価の3つ

の機能・過程が重要である。

1）エリアサービスの事業計画の立案
① エリアサービスに関する目標・方針の決定

　経営体が提供すべきスポーツ事業におけるエリアサービスの位置づけを明確にし、エリアサービスの基本方針を決定することがまず重要である。

　誰のためにサービスするか、エリアサービスの対象を明確にする必要がある。エリアサービスをどのような位置づけで行うかは、対象となる運動者の運動生活の実態やニーズ等の情報を手がかりにして決定すべきである。クラブに入って運動するほどの欲求はないが、身近な運動施設が使えるものなら運動してみたいという人々に適したサービスであるから、そのような人々がどの程度存在するかを把握しておく必要がある。また、エリアサービスに用いる施設の決定、施設の時間帯、指導者の配置の必要性等、具体的なエリアサービスの内容についての決定も、運動者情報が最も重要である。

　例えば、小学校においては、このサービスは最も重視すべき事業であるし、始業前や業間そして昼休みの時間などにできるだけ多くの施設を開放すること、そして、特定の運動者による独占使用を排するための規制も必要となるだろう。中学校で、多くの男子生徒が運動部に入るという状況であれば、部活動に入っていない生徒、特に女子生徒を優先したエリアサービスを、そして高校については、部活動への参加をしない男女生徒を優先したサービスや彼らを意識した施設の整備までが必要となろう。民間商業スポーツ施設におけるプールやテニスコートもクラブメンバーへの使用だけでなく、ビジターへの開放をすることによって経営を豊かにすることもできる場合があるので、経営資源の活用の程度をもとにして、エリアサービスの可能性を検討することが勧められよう。

② エリアサービス事業の年間事業計画の立案

　エリアサービスの年間の事業量と年間の配列を決定することが必要である。［使用施設・活動可能な種目・開放時間数・時間帯・配置すべき指導者やトレーナー］を1つのユニットとして、1年間にどの程度のユニットを配当すべきかを決定することである。なお、1年間のエリアサービスの結果がどのような経営の成果を生むかどうか、例えば、クラブへの入部行動を導いたり、サーク

ルを結成する人々がでてきたりなど、人々の運動生活の改善への貢献等についての目標も設定しておくことが望ましい。

③ **エリアサービスのための資源の整備充実**

エリアサービスの事業量は使用可能な施設用具の量が決定要因である。そういう意味では経営資源の充実策を常に検討しながら、エリアサービス固有の施設整備をはじめ、新しいニーズに応えるような施設空間の開発、あるいは必要に応じて他の事業への利用を押さえてもエリアサービスを優先的に活用する方策等、エリアサービスのための物的な資源の整備充実がまず大切である。一方、エリアサービスは単に施設の開放にとどまらず、スポーツやトレーニングのノウハウをも提供するサービスであるから、遊び場のプレイリーダーやトレーニングルームのトレーナー（必要に応じてパーソナルトレーナー）の配置ができるよう人的な資源の整備や調整も必要となる。

④ **具体的な期間計画の作成**

1週間の計画、月の計画、4半期の計画、学期の計画、夏期休暇・冬期休暇等の長期休暇における開放計画等、期間的な計画を具体化しておくことも必要である。この計画段階では、月日、曜日、時間帯、開放施設、開放種目、貸与施設、開放対象、担当管理者・指導者の有無等が一望できる開放予定表を作成して運動者にもわかるようにしておくことが望まれる。

⑤ **安全管理計画**

施設の安全管理および利用者の管理はエリアサービスにおいては非常に重要である。年度当初には、施設毎に点検項目・内容や点検期日（期間）点検責任者等に関する計画を立案しておかねばならない。エリアサービスの利用者は不特定な運動者、個人的な利用をする運動者等が多く、クラブの利用とは違って管理が難しいといわれている。したがって運動者の行動、例えば、長時間独占して施設を使用したり、乱暴な使い方をしたり、他人に迷惑がかかるような使い方をしているものに対する管理のしかたを予め決めておく必要がある。

2）エリアサービスの運営組織と実践

エリアサービスの運営組織は、施設の個人開放・一般開放という事業の運営にあたる組織であり、エリアサービスコミッティ（Area Service Committee：A.S.C.）と呼ばれる組織である。

　学校においては、昼休みや業間あるいは放課後などの自由時間に運動施設や遊び場の開放を促進したり、開放時の管理や運営にあたる組織である。基本的には教職員の組織と児童生徒の組織とをつくり、児童生徒が自治的に施設の貸出業務や管理業務を行うことができるように、教員組織が指導・支援していくという形が実現していく方向が望まれるが、小学校においては教職員の組織が中心になって運営にあたるというのが一般的であろう。

　年間の運営計画の策定等、基本的な方針や事項の決定については、両者の合同の会議が望まれる。教員組織においては学級担任の代表、児童生徒に関しては学級の体育委員の代表などが中心となって構成される組織である。小規模な学校においては、独立してこの組織を設けるよりも、課外活動委員会（C.S.C.とP.S.C.とA.S.C.を兼ねた組織）にこの組織の機能をもたせるというのも現実的である。

　地域社会における場合には、施設のレベルによっても違いがあるが、地域レベルの場合には住民の組織がこの業務に当たることが望ましい。具体的な組織としては、施設開放運営委員会を組織し、その中にA.S.C.の機能を組み込むということになろう。学校開放に関しても同様のことがいえ、日常的な施設開放時の管理業務に当たるとともに、年間の運営計画に関して行政や学校との連絡を密にしながら、地域住民の個人的・未組織的なスポーツ活動を支援するという大切な事業であるエリアサービスの基本的な事項の決定にあたる。

　なお、地域においては、公共スポーツ施設の運営に関して協力したり、事業そのもののあり方等に関して意見を具申する組織として、利用者団体協議会などの組織を設けてエリアサービスに意味のある活動を行っているところも多い。

　この組織の基本的な業務をまとめておこう。

A.S.C. の基本的業務

①エリアサービスに関する基本方針の決定
②年間計画の作成（開放計画・施設の拡充計画・施設の補修計画など）
③年間を通してのエリアサービスの運営
④利用者（A運動者）の把握（A_a、A_b、A_c、A_1、A_2、A_3の分析）（Lec.3参照）

④アクセシビリティの促進対策など（マーケティング活動、施設の魅力化の促進対策）

> **調べてみよう**
> トレーニングルームにどのようなインフォメーションサービスが行われているか、改善を要することは何か話し合ってみよう。

3）エリアサービスの評価

エリアサービス事業の評価は、経営成績の評価と経営条件の両面で行うことが望ましい。

●**エリアサービスのための広報活動**　エリアサービスをめぐる広報活動ないしはインフォメーションサービスの重要性は、①施設の利用促進、②施設の効果的な利用の促進の2点から指摘できる。

エリアサービスにおいては、次のような事項を利用したい人に情報として届けるように努力することが重要である。

> 開放施設：施設名、所在地（できれば地図で）
> 開放時間帯：月日・曜日・時間帯
> 活動できる運動種目：特定の種目か、すべてに対応か
> その他：指導者の有無、用具の貸与の有無、利用料等
> 　　　　利用制限の有無（例　在住在勤、運動部活動はだめ等）

上記の情報を届ける手段としては、ポスターや掲示板、マスメディア、広報誌そして最近ではIT機器など多様な方法がある。このような方法に関しても施設のレベルによる違いが考えられる。当然広範囲に機能する都道府県レベルあるいは市区町村レベルの施設と身近な地域施設とでは、インフォメーションの内容や方法が異なることは理解できるであろう。なお、開放中の施設には「個人開放開放中・一般公開中」という表示が施設の適切な場所に表示されることも大切である。

一方、例えば、トレーニングルームなどにおいて、トレーニングに際しての諸注意やアドバイスを表示したり、個々の機器ごとに安全に効果的な使用の方法を表示している例がある。初めて利用するものにも熟達した実践者にもそれぞれ有効なアドバイスが表示されることによって、そこで展開されるトレーニングが効果と安全を保障することになる。同様の方法は子どもの遊び場においても有効である。

評価の時期は、基本的には月ごとに行うものとし、さらに一定時期に総合的に評価を行うことが望ましい。学校であれば学期ごと、地域や商業スポーツ施設においては四半期ごとに、他の体育・スポーツ事業も含めて総合的な経営評価・経営診断を行うことが勧められる。

① **経営成績の評価**

　開放施設別に次のような利用状況や利用に関する諸情報を収集し評価する。

　ａ）利用状況からの評価

　利用状況については、過去の利用状況との対比で評価する。総利用者数だけでなく、利用者の性別・年齢別分布や居住地域別分布についても、経年的に資料を集積しておいて、利用状況の評価に活用するとよい。また、同じく開放施設ごとの曜日別・時間帯別利用状況に関する情報も、その後の開放計画に手がかりを提供するデータである。

　ｂ）行動に見る質的な評価

　利用者の数量的な評価だけでなく、運動（遊び）の質を評価することも大切である。主として観察法によって、運動の行い方が安全やマナーの面で問題がないかどうか、危険な遊び方や自分勝手な行動がみられないか、などに関する情報を収集する。

　また、施設やサービスに関する満足度や改善を要すること等に関する利用者の感想を質問紙等で収集することも望ましいことである。

　ｃ）その他

　事故発生件数、事故の内容、施設破損件数等に関する情報を整理して、評価するようにする。

② **経営条件の評価**

　経営条件の評価に関しては以下のような情報に基づいて行われるべきであろう。

　ａ）開放実績　どの施設をどれだけの時間開放したか

　ｂ）開放に要した費用、年間予算

　ｃ）開放に要した人員（専門的指導者。ボランティア）

　ｄ）開放事業の運営組織（A.S.C.）の活動状況

> **調べてみよう**
> 学校あるいは地域社会において、エリアサービスを求める人々はそれぞれの施設に何を求めているか、調べてみよう。エリアサービスの管理指導員を体験してみよう。

＜武隈　晃＞

2．プログラムサービス事業

(1) プログラムサービスの概念

　運動の成立・維持に働きかけるための「運動の機会」を整える営みをプログラムサービスと呼ぶ。ここでいうプログラムとは、運動の機会を構成する「時間の条件」と「内容の条件」とが結合されたものであり、プログラムの目的によって時間や内容の条件は多様に変わる。プログラムという呼び方について、創始者である宇土によれば、単なる Plan（計画）と混同することは避けなければならないとしながら、次のように説明している。

> **―プログラムと行事―**
> わが国でよく用いられる「行事」とほぼ同じとみているが、行事の概念規定は必ずしも明確でないようである。しかし後述のプログラムの種類をすべて含むほど、行事を広く解することが許されるならば、もちろん同じ概念になる。
> （宇土正彦『体育管理学』大修館書店，1970，p.57）

　行事という用語にプログラムをあてるべきかイベントはどうだろうか、等の論議があったようであるが、今日に至るまでプログラムサービスという語が用いられてきており、体育・スポーツ経営の領域においてもかなり広く浸透してきている。

(2) プログラムサービスの特性

　①プログラムサービスは、人々の運動の成立に必要な「時間」の条件とその「時間」の中身としての「運動の内容や運動の楽しみ方・行い方」が結びつけられ、様々な特徴がある運動の機会（タイプ）を整えるというサービスである。

```
┌──────────┐      ┌──────────┐
│   時間   │      │   内容   │
│   いつ   │      │ 運動の内容│
│ 時期・期間│      │行い方・楽しみ方│
└────┬─────┘      └────┬─────┘
     │   ┌──────────┐  │
     └──→│マネジメント│←─┘
         └────┬─────┘
              ↓
    ┌───────────────────┐
    │経営資源（人・もの・情報）│
    └───────────────────┘
```

図 1-5-2　プログラムの構造

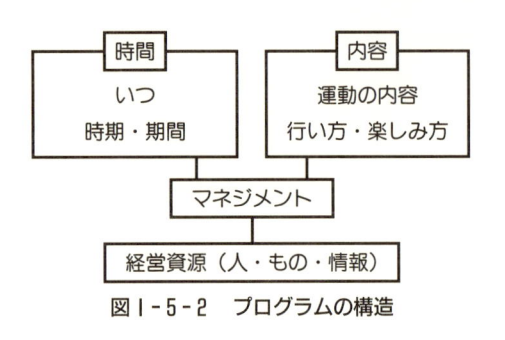

②いろいろな運動を「楽しむこと」をベースにしながら、「学ぶ」「試す」「競う」「鍛える」「発表する・表現する」等の機会を提供するのがプログラムサービスである。このようにプログラムの意味や目的・内容・行い方・楽しみ方および形態が極めて多様性に富んでいるところにプログラムサービスの特性があり、人々のいろいろな欲求やニーズに応えることのできるサービスということができる。

③プログラムサービスは「つくられた運動の機会」であるから、つくる側の供給量や質によって、それを享受する運動者の運動生活が左右されるという性質をもっている。そのような意味では、A運動者やC運動者に比べて、運動生活が多分に他律的あるいは他者依存的な性格をもつ傾向がある。

④多くの人々を同時に誘致・収容できるところにプログラムサービスの特性の一つがある。例えば、大きな競技会では数千人あるいはそれ以上の人々を対象にしてプログラムが企画されることがある。このような大きな規模の事業はC.S.やA.S.では不可能である。この特性があるが故に、スポーツ人口を増やしたり、スポーツを通しての人々の交流を広げていくのに活用されるのである。

⑶　**プログラムのタイプと運営のポイント**

プログラムサービスはプログラムの目的によって様々な種類が存在するが、おおよそ次の6つのタイプにわけることができる（表1-5-1）。タイプによって、ターゲットとすべき対象が特定できたり、逆に対象によってその運営に工夫を要したりするし、また、形態的な特徴と深い関係をもつものである。

表 1-5-1　プログラムのタイプとその特性

タイプ	特性	具体例
①競技 P	競う（競争・競技・記録）	校内競技
②レクリエーション P	運動すること自体を楽しむ集い交わる楽しみ	地域の運動会、キャンプダンスパーティ
③学習 P	学ぶ・高める	体育授業、スポーツ教室
④テスト P	試す・確かめる	スポーツテスト会
⑤トレーニング P	体や心を鍛える・高める	歩こう会
⑥発表 P	発表―観る・鑑賞	ダンス・民謡の発表会

1）競技プログラム

　スポーツはその本質において競争を含んだ活動であり、スポーツを継続する上で競争欲求が絶えず満たされることは極めて重要である。あわせて、スポーツを楽しむ過程でいろいろな人々と競い合うこと自体を楽しむのは至極当然のことであり、このような競争的なスポーツを楽しむ人々の自然な欲求を満たすために仕組まれた運動の機会が競技プログラムである。「運動行動が勝敗問題に向けられるようにしくまれたプログラム」（宇土正彦『体育管理学』大修館書店，1970，p.83）とあるように、スポーツがもつ勝敗を競うこと自体を楽しみたい、勝敗を楽しみながらチャンピオンをめざしたいという人々に適合するタイプのプログラムである。学校における校内競技会、地域社会で行われる各種スポーツ競技会をはじめ、地域レベルから、都道府県、地方そして全国レベルさらには国際的なレベルにおいて様々な種目の競技プログラムが展開されている。

―― 競技プログラムの構造 ――
時間：どのような期間をかけて
内容：[種　目]　　どのような種目のスポーツを
　　　[競技形式]　どのような競技の方法で勝敗を決するか
　　　[競技者]　　誰と誰とが競争するのか
　　　[ルール]　　どのようなルールを用いて競争するか

　高い競技レベルのプログラムは、競技者にとってはめざす目標として機能し、日常の活動に具体性を与えるものとなるが、一方で、みる人たちへの楽しみや

感動を与えるという側面を強くもっており、いわゆるチャンピオンシップスポーツあるいは高競技力スポーツを振興する上で、欠くことのできない手段・ツールとして機能している。

　競技プログラムそれ自体は一日で終わるものもあれば、一定期間を通して行われるものもあるが、一般的には単発的なプログラムである。しかし、図1-5-3に示したように、競技プログラムを楽しむと同時に、事前の練習を豊かにしたり、さらには終わった後もそのおもしろさや魅力にとりつかれてその運動を行うようになれば、競技プログラムによってかなり豊かな運動生活がもたらされることになる。したがって、競技プログラムの企画に際しては、プログラムの前、できればプログラム後の活動が豊かになるための工夫をすることは有効である。例えば、事前の練習が豊かに行われるようにするには、プログラムの開催に関する情報（インフォメーションサービス）を2ないし3か月前には提供しておくべきであるし、また事前の練習を可能にするための配慮、学校に例を取れば、練習時間や場所の提供などがまず考えられよう。地域社会などにおいては、広報活動によって、チーム作りが始まったり、事前の練習が展開されることになるようにする。多くの楽しさや喜びといった満足度を与えたプログラムは、終了後に継続的な活動が展開される可能性を高くもつだろう。

　学校における校内競技の多くは、競争そのものを楽しむことを通して競争のあり方を学んだり、競技プログラムの運営のしかたを学ぶ機会として機能している。クラブにとっては、めざす競技プログラムが自分達の力に適合した高さのものであれば、日常の練習活動を活性化する働きがある。

図 I-5-3　競技プログラムと前後の活動

話し合ってみよう

①学校や地域で行われている競技プログラムにはどのようなものがあるかをあげ、そのあり方について話し合ってみよう。
②少年期のスポーツと競技プログラムのあり方について、その効果や問

題点を話し合ってみよう。

2）レクリエーションプログラム

　スポーツやダンスは、行うこと自体やその活動に没頭すること自体が楽しい運動である。その楽しさを生かして、たくさんの人々が楽しめるように仕組まれたレクリエーションプログラムは、学校や地域社会をはじめいろいろな経営の領域において多様に用いられている。先の競技プログラムとの違いは、同じスポーツ種目を用いた場合、競技することに共通点はあるが、参加する側に、競争の結果を第一に考えるか、結果は大きな問題ではないとするか、という点に大きな違いがある。このことは具体的なプログラムの組み方にも大きな違いをもたらすものであり、この違いをわきまえないでプログラムを作ったり、参加者がその趣旨を間違えたりすると、レクリエーションプログラムの特性を台無しにしてしまうことになる。活動自体を楽しむように仕組まれたプログラムであり、運動そのものを喜びとするとする点がレクリエーションプログラムの特性である。大勢の人々を同時に楽しい雰囲気にしたり、技能の高低や好み・得意とする種目を越えて、いろいろな立場や種目の人々が同時に交流を図ることができるのも、事前の練習などをしなくても、自分が持っている力に応じて楽しむことができるのも、レクリエーションプログラムの特性である。

> **話し合ってみよう**
> 地域社会と学校におけるレクリエーションプログラムの例をあげて、運営上留意すべきことはなにか話し合ってみよう。

3）学習プログラム

　各種の運動の技術や知識、ルールやマナーを学習する機会を提供するプログラムである。体操・フィットネス、スポーツそしてダンスというようないろいろな運動は、それぞれの技術や理論あるいは人間への効果や文化として価値をもっている。それらを一定の時間をかけて学んでもらおうとする時間と内容の組み合わせ、これが学習プログラムである。学校における体育の授業は最も代

表的な学習プログラムであり、地域スポーツにおけるスポーツ教室や体操教室、民間商業スポーツ施設におけるスイミング教室やフィットネス教室など、多種多様な運動種目において学習プログラムが開発され普及している。

　我が国のスポーツの普及に果たしてきたスポーツ教室の貢献度は非常に高い。スポーツやフィットネスの導入段階にスポーツ教室を通して技能や知識を身につけ、その後自律的にスポーツを実践するようになった人々、クラブやサークルを結成してその後の活動を継続した人など、新しいスポーツ人口を育てる上でスポーツ教室の果たす役割は極めて大きい。さらに、民間スイミングスクールにみられるように、単に初心者だけでなく、中級者あるいは上級者までを育て上げるシステムとして、スポーツ教室が蓄積してきた知識・ノウハウは極めて大きいといえる。

　学習プログラムの作成および運営において最も重要なことは、対象に応じた学習目標や内容の選択・決定とその学習過程の組み方にあるといえる。参加者がスポーツの楽しさを享受しながら、技能を高めたり、マナーさらには人間関係を深めていくと行った学習過程が種目を越えて求められるところである。

> **話し合ってみよう**
> 　スポーツ教室からクラブへ発展した事例をさがし、なぜ発展していったか、その道すじや条件について話し合ってみよう。

4）テストプログラム

　健康の基礎であり、運動技能の基礎となる体力や運動能力の状況を一定の時期に測定し、その結果から日頃の活動を反省したり評価したり、さらにはその後の改善の方法をみつけだすための機会として、テストプログラムは有効である。運動者にとっては、現状を測定することを通してその後の運動の行い方に関する各種の情報がもたらされ、それによって運動実践に改善がみられて初めてこのプログラムの効果が評価できる。

　このプログラムはトレーニングプログラムと結びつくことによってその機能を高めることができるほか、各種の運動の技能をチェックする機能を備えていれば、日常の練習のあり方へのフィードバック効果も期待できる。

> **話し合ってみよう**
> 学校で行われるスポーツテスト会の意義と問題点について話し合ってみよう。

5）トレーニングプログラム

　健康の保持・増進や体力の向上を直接ねらったプログラムである。主としてこの目的の達成に役立つ、あるいは開発された体操・フィットネスが用いられるが、各種の運動も用い方によってはトレーニングプログラムの内容として有効になることもある。手軽に利用しやすく、楽しい運動であれば長く続けて行われるようになり、結果として身体的な効果が出てくることもあり、そのような意図で行われるならばトレーニングプログラムとみなすこともできよう。

　健康や体力に自信がない人々が多い現代社会において、重要な意味をもつプログラムではあるが、行う人にその必要感がもたれない限り、その成果を大きく期待することは難しいがゆえに、いかにして動機づけるかに課題がある。テストプログラムはその一つの適切な例といえる。なお、この種のプログラムの効果は長く続けることによって初めて得ることのできるものである。したがって、時間的な条件からすれば、一定の期間をもつことが必須の要件となる。歩け歩け大会などは1日で行われる行事ではあるが、その日をめざして歩くことをトレーニングしている人々が参加できるように大会を位置づけるか、この日が契機となってトレーニングに励むようになるという効果も期待できるので、このカテゴリーに含めるのが妥当であろう。

6）発表プログラム

　ダンスや体操、その他パフォーマンスを発表する機会をもつことは、行っている人々にとっては活動の目標になると同時に、見る人々にも楽しみや刺激を与えるものである。同じ発表でもコンテストやコンクールとなると一種の競技プログラムとなるが、成績の優劣・順位を決めるしくみをもっていない場合に限りこの種のプログラムとなる。発表というパフォーマンスそのものを楽しむ、その日のために練習を重ねるというのが、このプログラムの特性である。

(4) プログラムの形態

プログラムの分類としては、先に述べたプログラムの目的から見たタイプ論とは別に、次に示すような形態的な特徴から検討することが有効である。

1) 単独プログラムと総合プログラム

具体的に実施されているプログラムサービスの中には、1つのタイプで構成されるプログラムと2つ以上のタイプが混在しているプログラムがある。前者を単独のプログラム、後者を総合プログラムという。例えば、学校における運動会を例にするならば、徒競走やリレーといった各種の競技プログラムとダンスや組み体操の発表、そして様々な楽しいレクリエーションプログラムがミックスされて運動会というプログラムを特徴づけており、児童生徒あるいは保護者、地域住民の多様な満足を提供している総合的なプログラムの代表例である。単独か総合かは、単にタイプの視点だけから問題にするべきではなく、参加者の年齢、能力、住区等、様々な視点から検討すべきであろう。単独に比べて総合のプログラムの方が企画に十分な検討が必要であろうし、運営のための入念な準備が求められるであろうが、それゆえに、単独では得ることのできない成果も期待できる。

2) 単発的プログラムと継続的プログラム

プログラムの「時間」的な要素に着目すると、1日ないしは短期間で終了するプログラムと一定の長い時間、継続的に行われるプログラムとがある。プログラムのタイプと関連させてみると一定の原則をみることができる。

単発的なプログラムは単発がゆえに意味があるわけで、例えば、学校などで球技大会を開催するのは、日常生活にアクセントや節目をつける意味がある。単発的にやるからこそ、新鮮さが出たり、日常活動の目標として機能する。また、テスト会などは毎日行っても意味がないものである。逆に、学習プログラムやトレーニングプログラムは、必然的に一定の長い期間（体育の授業では単元規模と呼ばれるもの）継続して行われることによってその目的を達成が達成できる。

なお、継続的なプログラムに関して、1日では終了しないがそれほど長くな

いプログラム（P_S）と継続性の高いプログラム（P_L）とを区別することが勧められる。

　この単発的・継続的という視点はプログラムの目的の達成との適合性から判断されるものであるが、個々人の運動生活の形成にどのように関係するかという視点をも提供している。継続的なプログラムに参加する人はそれなりに、そのプログラムが運動生活の維持を支えている、いわば独立して運動生活を支える事業としてとらえることができる。スポーツ教室に支えられた運動生活などはその代表的な例である。しかし、競技プログラムだけに支えられた運動生活となると日常性・継続性に欠けると判断すべきであり、それだけでは、豊かな運動生活というわけにはいかない。競技プログラムはそれ自体では運動生活の形成に単独で機能するとは言えない事業ということになる。しかし、クラブ活動と結びつくことによってクラブライフそのものをより豊かにする機能をもつ事業として、競技プログラムに勝るものはないということができる。

> **考えてみよう**
> 　身近に行われているプログラムを取り上げて形態の観点からその妥当性を論じてみよう。

⑸　プログラムサービス事業の進め方

　スポーツ経営の領域による特徴的な違いはあるものの、おおよそ共通して取り組むべき具体的な事業の進め方について述べてみよう。大きく分ければ、プログラムサービス事業の計画と組織および統制・評価の3つの過程・機能がそれであり、もう一つは、事業に関連する経営資源の整備に関する仕事である。

1）プログラムサービス事業の計画

　プログラムサービスを運営するために必要な計画には、年間計画と年間をいくつかの期間に分けた期間計画、そして、個々のプログラムごとの個別計画がある。

　年間計画は、1年間にどのようなタイプのプログラムをいつ、どのくらいの期間（時間）をかけて実施すべきかを決めた計画である。また、地域社会そし

て商業スポーツ施設のスポーツ経営においては、年間と同時に期間の計画が経営計画として重要な意味をもつ。いずれの場合にも、各プログラムのタイプごとの目標を考慮しながら、年間の事業量を決定し年間あるいは期間ごとにそれぞれを配列することになる。

年間計画あるいは期間計画を立案する際に、必要な事項および立案のために必要な資料は次のようである。

プログラムサービスの計画に求められる資料
①プログラム事業の目標
②タイプ別の目標および内容（参加対象・種目）、実施時期、期間、使用施設、予算
③立案の基礎資料：前年度までの実績、運動者のニーズ、利用可能な経営資源等。

年間（期間）計画は、一覧表にしておくことが必要である。個別計画は、一つ一つのプログラムの実施計画であり、タイプごとに整理されて具体的な計画が立案される必要がある。例えば、競技プログラムであれば、大会名、参加対象、競技種目および競技方法、競技規則、期日、期間、参加諸規定、開催場所、広報活動・参加申し込み方法および人的・物的条件、予算等が盛り込まれる必要がある。学習プログラムでは、種目ごとに対象、目標・内容および学習過程、学習方法、指導者、開催場所、時期・期間、申し込み方法、広報活動等が計画の内容として必要である。

2）プログラムサービスのための運営組織

個々の経営体においては、プログラムサービスに関する運営組織として、プログラムサービスコミッティ（Program Service Committee：P.S.C.）を設置することがまず重要である。この組織は、P.S.の運営に関する基本的な方針の決定をはじめ、具体的な年間計画の作成に関する業務、個々のプログラムの計画から運営・評価に関する基本的な手順の策定、P.S.に関する経営資源の整備充実に関する計画と実践、広報活動をはじめとするマーケティング活動の方針・計画の決定と実践、というように、組織のM.M.（Middle Management

の略。Lec.6参照）の位置にあって事業実践の中枢的な役割を果たすことが期待される。この組織とは別に、個々のプログラムごとの組織を形成する必要がある。学習プログラムやトレーニングプログラムの場合には年間を通して仕事をする組織が必要であるし、競技的なプログラムやレクリエーションプログラムなど単発的なプログラムについては、プロジェクト組織（Lec.6参照）を形成することになる。

3）プログラムサービスの経営評価

　プログラムサービスの評価は、年間を通して行った事業の総括的な評価と個々のタイプ別、さらには個々のプログラムごとの評価が必要となる。いずれの場合にも、次年度、次期の事業の計画立案に重要な手がかりを提供するので、定期的に評価活動をすることが望まれる。評価の実際は先に述べた,P.S.C.および、個々のプロジェクト組織ごとで実行されることになる。評価の内容は基本的には経営成績と経営条件に分けて構成する。

　経営成績については、参加の状況をタイプ別総参加者数、性別、年齢別、居住地域別、初参加者数等の分析を行い、タイプごとの目標到達度を評価する。

　経営条件にかかわる評価は、プログラムサービス事業に投じた資源の総量、経営過程等が評価の対象となる。

4）プログラムサービスと経営資源

① 人的資源

　個々のタイプごとにどのような人的な資源が必要となるかの検討が重要となる。その際、サービスに活用できる人材に関して、専門性、特技能力、ボランティア（経験年数）・職業的指導者、運動実技指導者・組織指導者、等を基本的な観点としながら、検討し整えることが重要である。もちろんリーダーバンクの活用も考慮するとよい。タイプごとの人材は次のようである。

―――――プログラムのタイプと人材―――――
競技プログラム：審判や運営にあたる多数の人々
レクリエーションプログラム：プレイリーダー、レクリエーションリーダー、
　　　　　　　　　　　　　　コーディネーター

> 学習プログラム：教師、インストラクター、コーチ
> トレーニングプログラム：トレーナー
> テストプログラム：テスト測定員・判定員、カウンセラー

② **物的資源**

　経営体が保有する物的資源によって提供可能なサービスの対応や種類、形態および具体的なプログラムの内容が決定される。プログラミングにあたっては、利用可能性のある施設や設備・用具を他のスポーツ事業への利用等を考慮に入れながら、あらかじめ確保しておく必要がある。なお、物的資源の整備に関するマスタープランの策定にあたっては、プログラムサービスの理念・目標および将来の実施要望等を十分加味したものにすることが望まれる。

③ **財務的資源**

　プログラムサービスに必要な経常的な支出に必要な財源と、資源を整えるための資本的な支出に必要な財源に分けながら、プログラムサービスに必要な単年度予算および経営資源調達のための長期予算をもって望むことが必要である。なお、各プログラムの実施に伴う参加料、講習料等の収入見積もりもここで問題にする。

④ **情報資源**

　プログラムサービスのタイプに応じて必要となるノウハウ、データ等は異なるので、タイプごとのどのような情報資源が求められるか、現在のストックと今後の整備充実の必要性等の検討をすることが大切である。他の資源に比して、この情報資源はサービスを提供する際に必ず必要な資源であると同時に、サービスの終了後には、新しい資源として再生産されるという特性をもつので、資源の管理、資源創造に特別な処理が望まれる。

> **まとめてみよう**
> プログラムのタイプに応じて必要となる経営資源を整理してみよう。

<橋本豊司>

3．クラブサービス事業

⑴ クラブおよびスポーツクラブの概念

　クラブは、「主として娯楽、レクリエーションを目的として結成される人為的、自発的な近代的集団であって、社会集団の類型としては、アソシエーション、ゲゼルシャフト、あるいは第二次集団などのいわゆる機能集団の一つ」である。もともとは、17、8世紀のイギリスで社交の場として生まれたといわれる。またClubには（ある目的のために）団結（協力）する；（金などを）出し合う、持ち寄るという意味がある。つまりクラブは、娯楽やレクリエーションなどの文化的な楽しみを協働して達成するために、自発的にいろいろなものをもち寄って結成される集団である。したがってスポーツクラブは、「スポーツという文化的な楽しみを協働して達成するために、自発的にお金や労力・知力などを持ち寄って結成される集団（運動仲間）」であるということができる。スポーツクラブには、学校運動部やママさんバレーボールクラブに代表されるような小さな集団（任意団体）から、何千という会員をもつ法人としてのクラブまで、様々な規模や形態がある。またそれらクラブのもつ働きとして、クラブ会員のスポーツ欲求を充足するスポーツ活動を目的とした集団としてのクラブから、クラブ会員やクラブ会員以外の運動者に各種の体育・スポーツ事業を提供するという、体育・スポーツ経営体としての機能をもつクラブまである。
　ここでは、主にクラブサービスに対応して形成されるスポーツ集団としてのクラブを対象として解説し、様々なスポーツ事業を営む体育・スポーツ経営体としてのクラブは第Ⅱ部で論じることにする。

⑵ クラブサービスの概念と特性

１）クラブサービスの概念

　スポーツクラブが自発的に結成されるスポーツ集団であるとしても、積極的にクラブ育成をはかるためには、経営体の事業として、クラブ結成のきっかけ

をつくったり、クラブが維持・発展してくために働きかけたりすることが必要になる。運動・スポーツ行動の成立のための条件としての運動仲間をスポーツクラブとして成立させ、その維持・発展を支援する営みをクラブサービス（Club Service）という。スポーツクラブに支えられた運動生活は、活動の継続性、組織性および合理性などの観点から大きな効果が期待できる。

　クラブサービスを契機として成立・維持されるスポーツクラブは、共通の目的をもって、継続的に運動行動をともにする集団であり、「部」「クラブ」「サークル」「同好会」など、様々な名称で呼ばれるものをすべて含むことになる。一方で、民間の商業的なスポーツ施設などでは、クラブの名称を用いていても、クラブサービスが提供されているとは言えない場合もある。例えばゴルフクラブやテニスクラブの多くは、体育・スポーツ事業論からみると、クラブサービスというよりエリアサービスを提供している施設であるとみなすことができる。また同様にフィットネスクラブやスイミングクラブは、プログラムサービスを中心的な事業としている経営体である場合が多い。

2）クラブサービスの特性

　一般的にクラブサービスは、エリアサービスやプログラムサービスと比べて、運動欲求の強い運動者に適したサービスであるといわれる。またクラブサービスのサービスとしての特性を、運動者のニーズや欲求の充足（動機）という観点からみると、「健康・体力づくり」や「好きだから」といった運動・スポーツによる一般的な便益はもちろんのこと、「親睦のため（仲間ができるから）」と「継続してできるから」という割合が高い。運動者からみたクラブサービスは、運動・スポーツの成立、維持という基本的な働きに加えて、より特徴的には仲間との交流と継続性への欲求を満たしてくれるサービスとして期待されていることがわかる。

　また交流と継続性というクラブサービスの特性は、クラブ内のコミュニケーションの活性化を通して、様々な活動を展開する可能性をひろげる（図Ⅰ-5-4）。運動・スポーツ以外の活動に拡大する可能性があるというクラブサービスの特性を生かすことが、自主的・自律的な運営や新たなコミュニティの形成（地域づくり）といった社会的課題の解決に貢献するクラブの育成につながるだ

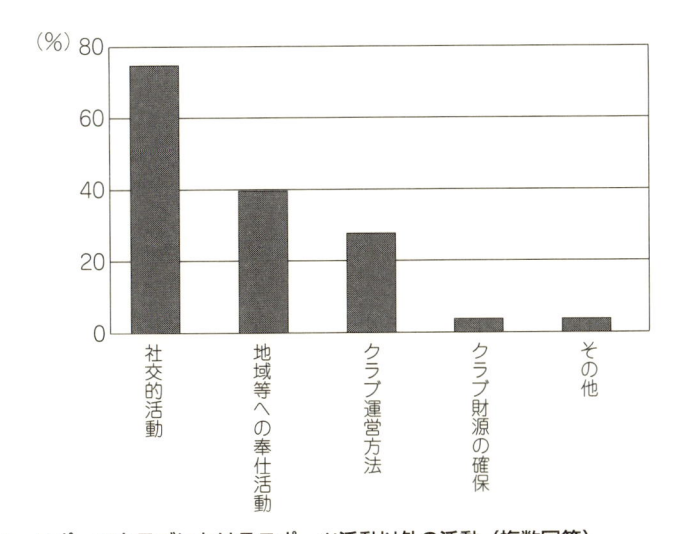

図 I-5-4　スポーツクラブにおけるスポーツ活動以外の活動（複数回答）
㈶日本スポーツクラブ協会『平成11年度地域スポーツクラブ実態調査報告書』2000

ろう。多くの地域スポーツ経営の実践でみられるように、地域づくりや地域教育力の向上といった課題に関連づけて地域スポーツクラブの育成を掲げる場合には、このようなクラブサービスの特性論から、どのようなクラブを育成しようとするかという事業目標（方向性）が大切であることがわかる。

(3) クラブサービスの現状と課題

1) 学校のクラブサービス

　学校のクラブサービスとして代表的なものは、運動部活動であろう。中学校では7割以上が加入しているが、高校での加入率は4割以下と減少している。少子高齢化による部員数の減少、顧問教員の不足や高齢化、短期的に成果を出そうとするための過度な練習やバーンアウト（燃えつき）現象、中・高の一貫指導が困難なことなどの課題が指摘される。複数合同部活動や外部指導者の導入、地域との連携など課題解決に向けた試みが行われてきているが、いずれにしても学校が行うクラブであるとすれば、より明確に教育的活動として位置づけ、競技ではなく教育の視点からクラブサービスのあり方を再検討する必要が

ある。

> **話し合ってみよう**
> なぜ高校で運動部活動への参加率が減少するのかについて、その原因を話し合ってみよう。

2）地域のクラブサービス

　我が国では、地域のクラブサービスの多くは、市区町村の教育委員会の社会体育（教育）や生涯スポーツなどの担当部局が提供しており、体育協会などの民間団体の機能が弱い。それらの教育委員会の働きかけや自発的な結成によって、約35万クラブとも推定される地域スポーツクラブが形成されてきているが、その多くはママさんバレーボールクラブや早朝野球チームに代表されるような小さなスポーツ集団で、学校開放や公共スポーツ施設を利用して活動している。規模が小さく、活動拠点や運営の面でも、組織としての基盤が弱いクラブも少なくない。

3）職場のクラブサービス

　職場（企業）のクラブサービスは、一般的な従業員の健康や人間関係の改善などのためのサービスと実業団チームに代表される競技スポーツクラブの育成という2つに大別することができる。近年は経済状況の悪化や企業自体の変化によって、必ずしも十分な資源が獲得できなくなってきており、1991年から2000年にかけて200以上の企業内運動部が休廃部になった。

4）商業的スポーツ施設におけるクラブサービス

　フィットネスクラブやスポーツクラブなどの民間スポーツ施設においては、会員制をとっている経営体においても、プログラムサービスとエリアサービスが中心的な事業である。しかし近年では、高齢者などの新たなマーケットの開拓や寡占化の進行による経営効率化などがはかられてきており、「クラブ・イン・クラブ」の積極的な育成によってクラブライフの充実をめざす施設もみられる。

⑷ スポーツクラブの分類

　クラブサービスでは、単に運動・スポーツの成立、維持の条件としての運動仲間（集団）を問題にするだけではなく、どのような性格やタイプのクラブ（運動仲間）の育成をめざすのかという目標や方針の決定が、運動者行動や運動生活を大きく左右することになる。スポーツクラブは、活動目標や内容、集団の構成など、いろいろな視点から分類することができ、それぞれに応じた管理上のポイントを把握しておく必要がある。

1）主体的運動クラブと従属的運動クラブ（クラブの性格論からの分類）
① 主体的な運動クラブと管理上のポイント

　活動目標を対外試合などのクラブの外に手がかりを求めないで、運動の楽しさや喜びを成員相互の協力的な人間関係の力だけで獲得しようとするクラブ。その活動が「外からの力」に基本的に左右されることがないという意味で、主体的なクラブと呼ぶ。対外試合をめざす場合にも、その競技会がクラブ主催など、クラブのコントロール下にある場合には主体的なクラブに含まれる。

　活動目標は、スポーツ活動そのものを楽しむとかクラブライフを楽しむ、あるいは健康・体力の向上といった自らの具体的目標を明確にする必要があるが、現実には対外試合などに比べて具体的な目標となりにくい。その結果、活動が低調になり、メンバー間のつながりが弱くなる可能性が高い。したがって日常の活動の楽しさや成果の確認、さらにはクラブ主催のいろいろなイベント、他クラブとの交流試合の計画など、具体的な活動目標を明確にもてるような工夫が管理上のポイントになる。

② 従属的な運動クラブと管理上のポイント

　具体的な活動目標を第三者が関与するクラブ外の行事（対外競技会など）に求めているクラブ。クラブの活動が自分たち自身の考え方だけでなく、クラブ外の行事などのあり方に影響をうける。

　このクラブは、活動目標を対外試合など第三者が主催するクラブ外の行事に求めることから、競技力の向上や競技会での勝利など具体的な目標を明確にしやすく、その結果として活動に対する意欲や集団意識も高めやすいといった特徴をもつことになる。しかし一方で、自らのコントロール下にない対外的な行

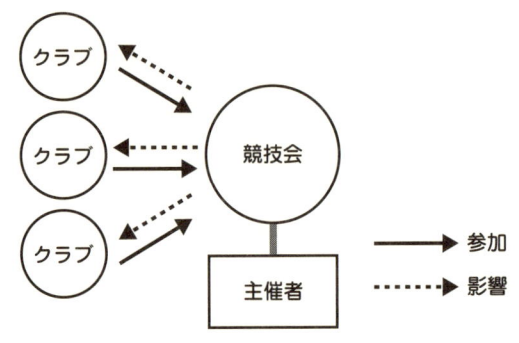

図Ⅰ-5-5　従属的クラブのモデル

事を目標にすることは、過度にその影響を受けると、様々な問題を生みやすいということでもある。練習のやり過ぎによるスポーツ障害やバーンアウト（燃えつき症候群）は、競技を志向した従属的な運動クラブが陥りやすい問題としてこれまでも度々指摘されてきている。これらの問題が繰り返し起こってきている背景には、従属的なクラブという性格が関係していることが考えられる。特に発育発達の途上にある青少年期のクラブ活動としては、クラブ運営や指導上、十分な注意が必要になる。

2) 活動内容と集団の構成からの分類

　活動内容が単一の種目か複数の種目なのか、クラブを構成する集団（チーム）が単独か複数あるかという2つの視点から、4つのクラブ形態に分類することができる（図Ⅰ-5-6）。

　学校や地域に限らず、わが国のほとんどのクラブは、単独の集団が単一の種目を行う（単一種目・単独）形態であるが、スポーツ少年団の中には、少年期

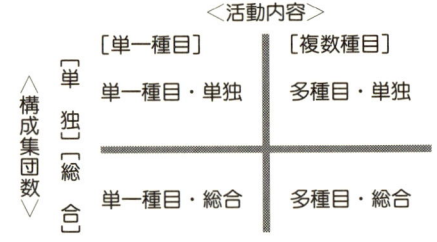

	＜活動内容＞	
	[単一種目]	[複数種目]
[単独]〈構成集団数〉	単一種目・単独	多種目・単独
[総合]	単一種目・総合	多種目・総合

図Ⅰ-5-6　構成集団数と活動内容からみたクラブの分類

に過度な競技志向にならないようにという理念にもとづいて「複合団」という名称で、単独の集団が年間にいくつかの運動種目を行うクラブ（多種目・単独）形態もみられる。圧倒的に少ないのが、欧米では普通にみられる複数の集団やチームで構成されているクラブである。それは、体操、サッカーや陸上競技といった単一の種目を年間通して行っている集団（性や年齢別に構成される場合が多い）からなる（単一種目・総合）形態と、多種目のスポーツを行っている複数の集団からなる（多種目・総合）形態にわけることができる。（国の「スポーツ振興基本計画」（2000）の重点施策の一つである「総合型地域スポーツクラブ」は、ここでいう多種目・総合型のクラブである。）

　学校の運動部は、学校という活動拠点でいろいろな種目の部が、施設や指導者、財源などで協力、調整しながら運営しているという点では、多種目・総合のクラブに分類することができる。しかし一つのクラブのメンバーとしての意識や各運動部間の交流、スポーツ以外での交流といったクラブライフの面からは、十分に多種目・総合の形態が生かされているとはいえない。

　クラブサービスとして働きかけやすく育成しやすいのは、単独の集団で構成され、単一の種目で構成される単一種目・単独型のクラブである。地域ではスポーツ教室の参加者や有志による呼びかけを契機としてつくられるクラブに典型的にみられる会員規模の小さなクラブである。規模が小さいということで、財務・事務的な仕事量が少なくコミュニケーションがとりやすいといったことから、比較的運営しやすい特徴がある。一方で、規約などの組織化や周りから目に入りやすくするといった視覚化の面であいまいなクラブが多く、会員や活動拠点の確保で問題をかかえやすい。また単独の集団なので、性別や年齢構成が同じ人の集まりが多く、競技的で従属的なクラブの場合には、一定以上の会員を増やすことには消極的で、後継者の育成問題を含め長期的にクラブを運営していくという点で弱点がある。

　多種目・総合型のクラブは、会員規模も大きくなり、構成集団間の調整や結合の問題が生じ、取り扱う財務や事務的な仕事量も大きくなるので、運営という面では難しくなり、場合によっては専門的にマネジメントを担当するメンバーが必要になる。それだけに、単一種目・単独型のクラブとは異なるクラブ育成のための支援や働きかけが必要になる。

クラブサービスは、具体的には次のような具体的な支援や働きかけとして整理することができる。

> ①活動拠点を持ちやすくするための支援
> ②活動仲間を確保するための支援
> ③経済的な補助（特に施設整備や施設利用に関して）
> ④活動プログラム開発や指導者の育成
> ⑤プロモーション活動の支援
> ⑥クラブ運営のノウハウの蓄積とクラブマネジャーの育成
> ⑦クラブの連携組織づくり

　一般的には、単一種目・単独型のクラブから、会員数の増加やニーズによって種目数や構成集団を拡大して多種目・総合型のクラブに発展していくというコースが想定できるが、わが国の地域スポーツクラブの場合には、学校で経験した運動部モデルを青写真として単一種目・単独型で生まれたクラブが、そのままの形態で推移する場合がほとんどである。成人のスポーツクラブへの参加者が停滞しているという統計は、このような単一種目・単独型クラブを中心としたクラブ育成の限界を示しているのかもしれない。

(5) スポーツクラブの形成（つくり方）

　学校で新たにスポーツクラブ（運動部）をつくって、活動したという経験をもっている人は少ない。特に学校を代表し中体連や高体連に加盟するような競技的な運動部の場合には、一つの学校という資源が限られている中で、顧問教師や指導者、活動場所の問題などを運動者としての生徒だけで、独自に解決することが難しいからである。実際、希望した運動部に入れなかった理由としては、担当できる教員がいないことをあげる生徒が多い。

　学校と比べて地域では、いろいろな活動や働きかけを契機としてスポーツクラブがつくられている（図Ⅰ-5-7）。最も多いのが有志者による募集であるが、経営体によるスポーツ教室や競技会等の行事（プログラムサービス）をきっかけにしてつくられるクラブも多いことがわかる。またPTAのスポーツ参加や

```
        同窓会    その他    スポーツ教室
         4.8%   11.6%    14.1%
                                      競技会等の行事
                                         12.4%

                                      PTAのスポーツ参加
                                         9.4%
           有志者による募集
              47.7%
```

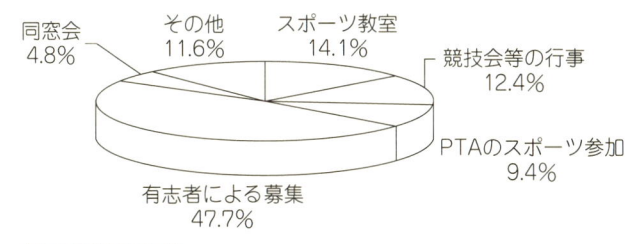

図Ⅰ-5-7　クラブ成立の契機
　　　　　㈶日本スポーツクラブ協会『平成11年度地域スポーツクラブ実態調査報告書』2000

同窓会は、本来スポーツのために組織された集団ではない関係的な運動クラス（グループ）を契機としてクラブがつくられた例とみることができる。

　そのほかに、エリアサービス（施設の個人・一般開放事業）をきっかけにクラブがつくられる可能性も考えられるので、地域におけるクラブづくりとしては以下の4つが代表的な方法といえる。

① **広報活動によるクラブづくり**

　広報活動によってクラブ員を募り、クラブをつくる方法。具体的には、市報などの広報を使う方法、人の集まる場所に掲示する方法、パンフレットなどを学校や職場、自治会などの組織を通して配布し、クラブ員を募る方法などがある。

② **施設利用者を中心にしたクラブづくり**

　個人的、未組織的にスポーツや運動を行っている人々に対して、利用している施設を中心に仲間を募り、クラブをつくる方法。施設の管理指導者が、スポーツ施設の一般開放を利用している人々に対して、直接的にクラブづくりの働きかけをする。

③ **スポーツ教室やスポーツ行事参加者を中心にしたクラブづくり**

　スポーツ教室や行事においては、活動を通してスポーツの楽しさを味わい、活動を継続したいという意欲が高まる。また、仲間意識も高まってくることから、終了時にクラブをつくることが可能である。

④ **関係的な運動クラスを契機としたクラブづくり**

　本来運動やスポーツとは関係のない集団（PTAや同窓会など）を契機としてスポーツクラブがつくられる。もともと仲間意識や交流があるので、スポーツクラブに移行しやすい。

> **調べてみよう**
>
> 自分が住んでいる町で、実際にどのようなきっかけでスポーツクラブがつくられているのかを調べてみよう。

(6) クラブサービスの進め方（自律性を促すクラブ運営）

1) クラブサービスに必要な経営資源

　クラブサービスとしては、前述したような方法によって立ち上げたクラブを、どのような支援や働きかけによって組織的、経営的に安定し、自律したクラブに育てていくことができるかがポイントとなる。図Ⅰ-5-8は、市区町村教育委員会が実施している地域スポーツクラブの活性化事業を示している。

　スポーツクラブの活性化事業として、半数以上の市区町村教育委員会が行っている支援は、わずかに資金助成だけである。その他では、参加者誘導（スポーツ教室の参加者をクラブへ誘導するなど）、広報事業、競技会の開催と続くが、いずれも半数以下の教育委員会しか実施してない。

　これらの活性化事業をどの地域組織が担当するかという基本的な問題もあるが、現状では行政を中心にしながら、徐々に体育協会などの運動者団体が担っていくような方向性を期待することにして、前述した多種目・総合型のクラブ

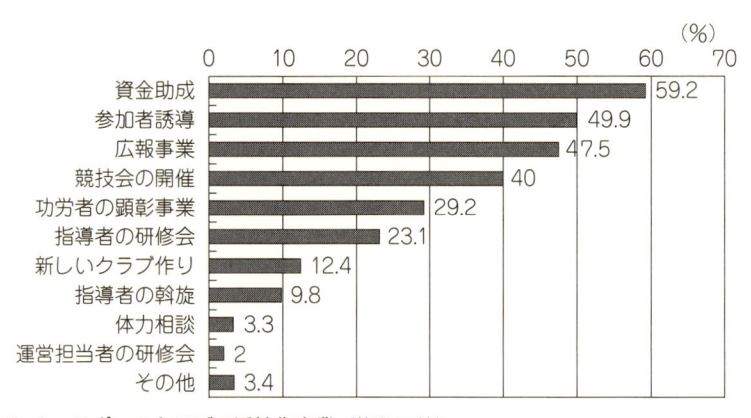

項目	(%)
資金助成	59.2
参加者誘導	49.9
広報事業	47.5
競技会の開催	40
功労者の顕彰事業	29.2
指導者の研修会	23.1
新しいクラブ作り	12.4
指導者の斡旋	9.8
体力相談	3.3
運営担当者の研修会	2
その他	3.4

図Ⅰ-5-8　スポーツクラブの活性化事業（複数回答）
　　　　㈶日本スポーツクラブ協会『平成11年度地域スポーツクラブ実態調査報告書』2000

への支援や働きかけと比較しながら、現状の地域クラブサービス事業の問題点を整理してみたい。

　まずもっともクラブ側から要望されていて、クラブへの支援として第一にあげなければならない「活動拠点を持ちやすくするための支援」があげられていないことである。しかし地域スポーツクラブの約8割で活動施設が確保できているというデータもあり、学校開放施設を中心に活動拠点確保への支援が行われていると思われる。これからは、スポーツ行動の場としての施設・設備の確保のみならず、クラブサービスと特徴的な便益である仲間との親睦や交流ができるようなクラブハウス等の整備も望まれる。

　現実にもっとも多く行われている「資金援助」については、クラブ運営のどのような経費に援助が行われているかが、クラブ運営の自律化との関係で重要になる。一般的には、補助対象経費を指導謝金や交通費、会議費や消耗品費といったランニングコスト（運転経費）に限定した補助金だけであり、補助金が途切れるとクラブ運営に支障をきたすような仕組みになっている場合が多い。これでは結局スポーツクラブの自律を阻害するような支援になってしまっている。資金的には、会員の会費によってクラブの経常費が賄えるように基本設計し、それ以外に寄付やスポンサードなど、さまざまな支援が受けやすくなるような仕組みづくりが必要だろう。

　運営担当者の研修会の実施率は2％と、ほとんど実施されていない。前述したように単一種目・単独型のスポーツクラブがほとんどの場合には、比較的運営が容易であるために、運営担当者の研修会の必要性がなかったといえる。しかし多種目・総合型のクラブへの発展をめざした場合、「クラブ運営のノウハウの蓄積とクララブマネジャーの育成」は、不可欠な事業となるだろう。

　さらにはクラブの連携組織づくりも望まれるところであるが、これについては、体育協会などの運動者団体の積極的な取り組みを期待したい。

2）クラブサービスの経営過程
① 計画

　各経営体は、それぞれの基本計画や経営目標に照らして、どのような性格や形態のスポーツクラブをどのくらい育成しようとするのかクラブサービスの目

標を決定する。次に、経営体の総合計画を具体化する形で、個別計画としてのクラブサービスの計画を決定する。個々のクラブの年間計画や月間計画などの活動計画を把握して、前もって調整の必要な問題について対処することも必要であろう。

② 組織

クラブサービスの組織問題としては、経営体の組織とクラブの組織の関係をどうするかが特徴的な課題となる。いわゆる運動者の集団としてのクラブをいかに組織化することができるかということである。体育・スポーツ事業の運営組織としてのクラブサービスコミッティ（Club Service Committee：C.S.C.）の組織化は、活動場所の調整や経費など、個々のクラブ単独では解決しにくい問題を処理し、クラブ間の利害を調整することに役立つ。また長期的にはクラブ自体が経営体としての機能をもつように組織としての基盤を強化していくことが期待される。

③ 評価・反省

全体として目標や計画通りのクラブ育成ができたのかをC.S.Cなどを通じて評価・反省するとともに、各クラブがどのような活動を展開し、成果をあげることができたのかを、各クラブのレポート等によって把握する。これらの評価・反省にもとづいて、次年度のクラブサービスの目標、計画を修正し、各クラブへの支援のあり方を決定する。

> **話し合ってみよう**
> 学校におけるクラブサービスのあり方について、計画、組織、評価・反省という経営過程の観点から話し合ってみよう。

<木村和彦>

4．体育・スポーツ事業におけるマーケティング的思考

(1) 体育・スポーツ事業とマーケティング

P. コトラーは、交換過程をキーワードとして、マーケティングを「交換過

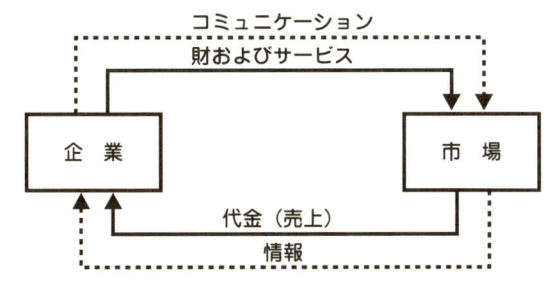

図Ⅰ-5-9　単純なマーケティングシステム (P. コトラー，1983)

程を通じて、ニーズと欲求を充足させることを目指す人間活動」と定義している。交換が行われる場を「市場（マーケット）」というので、人間のニーズと欲求を満たすために、市場に働きかける活動をマーケティングと言い換えることができる。そして商業以外の公共的なサービスにも使えるもっとも単純なマーケティングシステムを図Ⅰ-5-9のように示した。

　営利か非営利にかかわらず、体育・スポーツ事業において、消費者行動や市場に注目し、マーケティングの考え方や技術をスポーツ経営に生かそうとするマーケティング的思考が重要になってきている。従来から体育・スポーツ経営学は、消費者と消費者行動に対応する運動者と運動者行動、さらには運動生活に注目してきたという点で、マーケティング的思考をとってきたということもできる。ここであえてマーケティング的思考を取り上げるのは、体育・スポーツ経営体自体が、マーケティングに関連した諸問題に直面しており、その解決には体育・スポーツ事業の特殊性を踏まえたスポーツマーケティングの考え方と技術が必要であることを自覚するようになってきたからである。

　一般的に体育・スポーツ事業を企画立案する上では、マーケティング的思考の視点から、以下のような点に注目することが必要であろう。

　①対象となる運動者やスポーツ消費者（市場）のニーズや欲求などの理解を深める。何を、なぜ、誰が、どのような方法でスポーツサービスを購入しているだろうか。

　②目標とするターゲットを絞り込む市場選択戦略。性、年齢などのデモグラフィクスやその他の指標から市場を細分化し（市場細分化戦略）、対象とする市場を決定する（市場位置決定）。

　③ターゲットに適したスポーツサービスを企画立案する。具体的には、マー

ケティングの4つのPに対応して、スポーツサービスの内容（プロダクト：Product）、立地（プレイス：Place）、価格（プライス：Price）やプロモーション（Promotion）の方法を決定する。

このようなマーケティング的思考によって、どのような経営問題を解決することに役立つであろうか。各スポーツ経営体に特有の問題は以下のように整理できる。

①**学校体育**　体育プログラムの製品開発努力の必要性
②**プロスポーツチーム**　観客動員力の改善と地域への密着が課題
③**地域スポーツクラブ**　経営資源吸引力の向上・改善と新たなメンバーの開拓の必要性
④**障害者スポーツ組織**　障害者スポーツのイメージアップと新製品開発努力
⑤**商業スポーツ施設**　消費者不満や苦情への的確な対応不足
⑥**スポーツイベント組織**　明確な視点を持ったプロモーション努力が必要
⑦**職場スポーツ**　多様なスポーツニーズやライフスタイルを持つ従業員への対応
⑧**地域スポーツ行政**　地域住民の意向や利便を配慮したスポーツ経営の様々な工夫改善

このようにあらゆる体育・スポーツ経営体が、多様なマーケティング課題に直面していることがわかる。

> **調べてみよう**
> 上記8つの問題から1つを選択して、どのようなマーケティング問題があるかを具体的に調べてみよう。

(2)　スポーツマーケティングの特徴

Pitts & Stotlar (1996) は、スポーツマーケティングを「消費者のニーズや欲求を満たし、経営体の目的を達成するために、スポーツプロダクトの生産、価格、プロモーションや流通といった諸活動を計画し、実行するプロセス」と定義している。

スポーツマーケティングは、スポーツサービス（ここではスポーツイベントに

例をとって説明する)の以下のような特性から、単なるマーケティングより複雑で、特徴的なものになる。

スポーツサービスの特徴

❶ **スポーツは無形で主観的である（無形性と主観性）**
　スポーツイベントは形がなく、参加した人によってさまざまな印象をもたれ、体験され、解釈される。フィールドホッケーのゲームを例にとると、ある人は得点が少なくておもしろくないゲームと受け取るかもしれないし、ある人はゲームの中の戦略を高く評価するかもしれない。このような印象や体験や解釈を予測することは困難である。

❷ **スポーツは一貫性がなく予測不可能である（非一貫性と非予測性）**
　プレーヤーのけが、チームの勢いや天候などによって、スポーツは非一貫性で予測できないものである。これらはスポーツの不確実性に貢献するが、スポーツマーケッターがこれらの要因をコントロールすることはほとんどできない。観客にとっては、非予測性が不可欠である。

❸ **スポーツは消滅しやすい（一過性）**
　今プレーされていることが、観客が見たいと思っていることであるので、スポーツイベントは一過性のものである。昨日のサッカーの対戦やフィールドホッケーの試合を見たいと思う人はほとんどいない。結局スポーツマーケッターは、チケット販売の促進に集中しなければならない。チームの成績が悪く、期待に応えないような場合には、入場料収入に問題が生じる。

❹ **スポーツは感情を伴う（情緒的一体感）**
　スポーツチームに感情的にひかれている観客は、熱狂者とかファンと呼ばれる。ひいきのチームと情緒的な同一化をはかるために、チームロゴの入ったライセンス商品やレプリカのユニフォームを購入する消費者もいる。

(Mullin, Hardy & Sutton, 1993)

　このようにスポーツマーケティングは、非常にコントロールのし難い要素を数多く含んでいることがわかる。それだけに体育・スポーツ事業において、スポーツサービスが対価や情報に交換される市場について、できる限り深く理解し、少しでもマーケッターがコントロールできる範囲を広げる努力が必要となる。

〈木村和彦〉

Lecture 6

体育・スポーツ経営体

学習のねらい

本講では、体育・スポーツ経営体の概念と仕組みを理解するとともに、体育・スポーツ経営が展開される実践領域の特徴や現代的な課題について具体的に学習する。

豊かな運動生活の実現のためには、各種の経営資源を有効に活用し、質の高い体育・スポーツ事業の提供が期待される。この体育・スポーツ事業を企画・運営してゆく仕組みが経営体である。その仕組みを協働システムとしてとらえ、その核となる経営組織のあり方を構造的側面と過程的側面からとらえる。構造的側面については、公式組織としての組織階層や組織形態について解説する。過程的側面については、協働的意思やモチベーションを高める必要性について理解する。また、体育・スポーツが展開される領域とそこにおける体育・スポーツ経営体との関係を把握し、各種体育・スポーツ経営体の特性や経営体が抱えている現代的な課題について理解を深める。

学習のポイント

①体育・スポーツ経営体の概念を説明できる。
②経営組織の構成要素をあげることができる。
③組織の階層と役割を説明でき、基本的な組織形態について図示できる。
④組織の経営機能とその過程について説明できる。
⑤各種体育・スポーツ経営の領域の諸特性と体育・スポーツ経営体が抱える課題について理解する。

キーワード

体育・スポーツ経営体、協働システム、独立的体育・スポーツ経営体と部分的体育・スポーツ経営体、公式組織と非公式組織、組織階層、組織形態、経営過程、組織過程、体育・スポーツ経営の領域

1. 体育・スポーツ経営体の成立条件

(1) 体育・スポーツ経営体の概念

　体育・スポーツ経営は、体育・スポーツ事業を営む活動ということができるが、具体的な事業の目標や事業内容と方向性はそれに携わる人々、すなわち経営管理者や指導者の組織の特徴によって左右され、それら事業の展開にかかわる経営資源によっても大きく異なる。このように経営資源を有効に活用し、運動者の豊かな運動生活の形成を意図した、各種の体育・スポーツ事業を提供する機能をもつ活動の仕組みが、体育・スポーツ経営体である。

　質の高い体育・スポーツ事業を提供するためには、その事業の企画運営に携わる人々、あるいは協力してくれる人々を有効に組織化する必要がある。また、その人々の活動による経営資源の確保・調達や経営体以外の組織との関係も重要になってくる。例えば学校の体育経営の成果を高めようとする場合には、学校が保有する人的資源や物的資源はもとより、地域に存在する物的資源の活用や関係者の協力が必要になる。学校と地域との連携が求められるようになればなるほど、体育・スポーツ経営体としての学校をオープンシステムとして理解する必要がある。このような見方は他の領域においても同様であり、当該組織だけでなく外部環境を構成する人々や組織、経営資源との関係から体育・スポーツ経営体の仕組みを理解し、体育・スポーツ経営の対象となる運動者の運動生活やそのための各種事業を検討しなければならない。

　このように体育・スポーツ経営体は、その目的達成をめぐって多様な人々や資源のかかわりが必要となる活動であり、経営学者バーナード（1968）がいう「2人以上の人々が機能を遂行する活動システム」としての協働システム（co-operative system）として再定義することができる。

(2) 体育・スポーツ経営体の成立と経営組織

　体育・スポーツ経営体を協働システムとしてみることは、現代の体育・スポーツ経営の主体を包括的に理解し、よりよくその目的を達成する方法論を検討

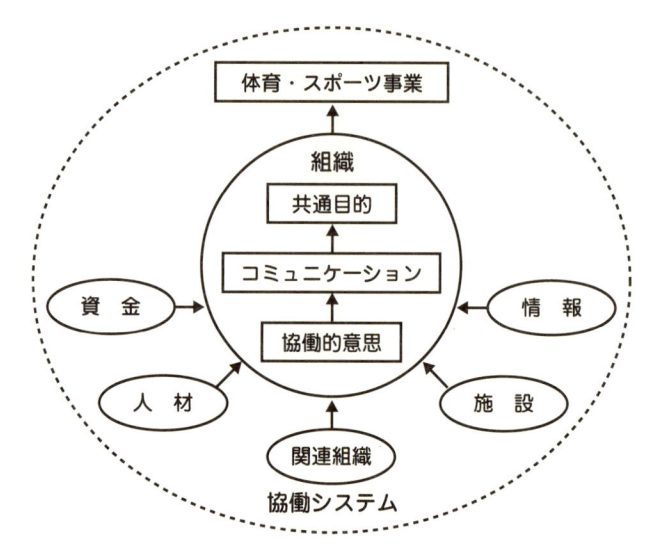

図Ⅰ-6-1　協働システムとしての体育・スポーツ経営体

する上で欠かすことはできない。体育・スポーツ経営体は、経営体に関連する経営資源の状況や活動にかかわる人々の組織化の状況、経営体の関連する諸組織の状況などから理解する必要があるが、その中核となるのは「体育・スポーツ経営組織」である。外部の組織や人的・物的資源は、この組織を通して関係づけられることになる。バーナード（1968）によると組織の成立には、①共通目的（a common purpose）、②協働的意思（willingness to co-operate）、③コミュニケーション（communication）という要素が必要とされる。

　この人間行動の仕組みとしての経営組織は、それら人間の行動が共通の目的達成に向けて、コミュニケーションの仕組みとして構造化される組織構造として現れる。組織構造では人々の役割や権限が明確に規定されるため、公式組織（formal organization）と呼ばれる。

　一方、経営組織は公式組織が規定されるだけでは円滑に運営できない。組織には人々の間に自然発生的な人間関係ができたりすることもある。その関係を非公式組織（informal organization）というが、非公式組織が経営の成果に大きな影響を与えることもしばしばある。このように組織構造は組織を構成する人間によって運営されるが、多様な期待や個人的目的をもった組織の構成員

の協働的意思を確保しながら組織を運営してゆくという過程的な側面がある。

(3) 経営組織の構造的側面

経営組織の構造的側面としての組織構造とは、組織における分業（役割分担や権限）と指示・伝達といったコミュニケーションのパターンを規定したものであり、組織図として表現されることが多い。

① 組織の階層

組織構造はいくつかの階層から構成されるが、その階層は組織の規模によって異なる。一般的には体育・スポーツ経営の目的や方針を決定したり組織全般の経営を担う経営者層としてのトップマネジメント（Top Management；T.M.）、体育・スポーツ事業の実際の運営や指導を行う人々のロワーマネジメント（Lower Management；L.M.）、そして T.M.と L.M.の間で、両者の活動の調整を行ったり、T.M.の目的や方針に従って具体的な体育・スポーツ事業を企画・立案したりするミドルマネジメント（Middle Management；M.M.）という3つの階層から構成される。

② 組織の形態

またこれら3つの階層は、役割や権限に応じて一定の指示・命令の流れが定められている。この仕組みを示したものがライン組織と呼ばれるが、実際の組織では M.M.や L.M.が専門化の原則に従って職能で専門化することが多く、ファンクショナル組織という組織形態をとる（図Ⅰ-6-2）。例えば、企画、人事、販売、経理といった職能別に専門化する職能別組織や、地域スポーツにかかわる経営体にみられるエリアサービス、プログラムサービスといった事業別、あるいは企業スポーツにみられるプール（スイミング）、テニスコート（テニス）、スタジオ（エアロビクスや各種体操）、ジム（フィットネス）といった施設（種目）別で構成される事業部制組織がある。

ライン組織は指示や報告というコミュニケーションの経路の一貫性を確保したものであり、ファンクショナル組織は部門の機能と権限を専門化したものであるが、組織機能をより発揮するために、ラインの中には組み込まれないが専門的な立場から指導・助言を提供するスタッフ組織を位置づける場合があり、この組織形態をライン・アンド・スタッフ組織と呼んでいる（図Ⅰ-6-2）。

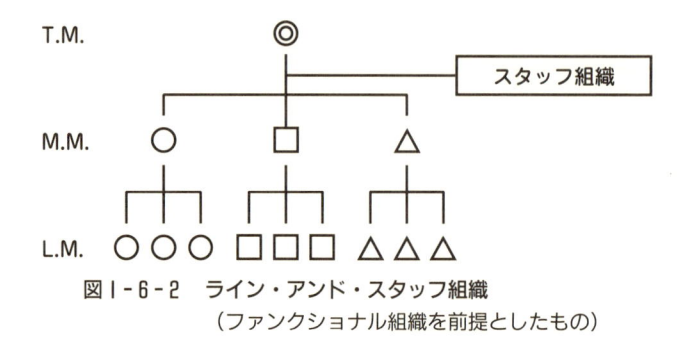

図 I-6-2　ライン・アンド・スタッフ組織
（ファンクショナル組織を前提としたもの）

　また、組織規模が大きくなり事業ごとに自律性をもって経営を行う必要から、事業部制と職能制の構造をあわせもつマトリックス組織や、ある特定の課題のために特別に組織され課題が解決されると解散するプロジェクト組織などがある。

> **調べてみよう**
> １．学校における体育経営の組織図を探してみよう。
> ２．学校の体育経営体、及び市町村の行政組織におけるスタッフ組織にはどのようなものがあるか調べてみよう。

(4) 経営組織の過程的側面

１）組織過程と協働的意思

　組織過程は公式組織が採るべき基本的な組織的活動であるが、経営組織の機能化をめぐっては複雑な動的側面がある。共通目的は成員に共有された組織としての目的であるが、協働的意思に関してはすべての成員が常に高い協働的意思（共通目的達成に対する貢献意欲）や役割に対するモチベーションをもっているとは限らない。また、公式組織として組織された職能別あるいは事業別の部門内のモラールや凝集性といったまとまりの良さやインフォーマル組織の存在も、共通目的の達成に大きな影響を及ぼす。経営組織を円滑に運営するためには組織を動かす意思決定、リーダーシップ、コンフリクト解消といった機能のあり方が問題となる。可能なレベルや内容での参加的な意思決定（権限委譲の

原則）は、目標や方針そして計画に関する情報共有に影響を及ぼし、成員のモチベーションにも影響を及ぼすであろう。また、リーダーシップのあり方も、協働的意思の確保やモチベーションと大きな関係をもっている。

> **調べてみよう**
> リーダーシップとモチベーションに関する諸研究や理論にはどのようなものがあるか調べてみよう。また、自分たちの身近な集団や組織の運営では、どのような理論がよくあてはまるかを考えてみよう。

2）モチベーション（動機づけ）

　組織目標の達成は、組織成員が旺盛な意欲をもって行動するか否かに強く依存している。モチベーションは組織成員における行動の生起とその継続を説明する概念であり、しばしば「やる気」や「意欲」と同義に用いられる。そのとらえ方は多様であるが、行動を動機づける要因の実態の解明を重視する内容的理論とモチベーションの心理的メカニズムやプロセスの説明を重視するプロセス理論に大別する考え方がある。

　人間の欲求は、基礎的な生理的欲求から安全の欲求、所属と愛の欲求、承認の欲求、そして最も高次の自己実現の欲求に段階的に推移していくというマズローの欲求階層説、満足と不満足がそれぞれ独立の要因によって規定されるとする動機づけ―衛生理論などは前者に入る。一方、後者の中で今日有力な理論は、モチベーションの強さが「自分の努力が特定の結果（目標達成）に結びつくであろうという主観的な期待の大きさと、その結果に感じる魅力ないし誘意性との相乗的効果によって決定される」という期待理論である。体育・スポーツ経営学分野でも、期待理論の枠組みで体育組織の成員や運動者の行動を分析しようという試みが注目されている。

3）組織活性化

　活性化ということばには、反応しやすい状態にするという意味が含まれている。組織の活性化が重視されるのは、組織が常に反応しやすい状態にあるべきことを意味している。近年イノベーション（革新性）という概念が注目されて

> ●組織風土　組織風土とは、組織のメンバーの共有された思考や価値観、行動様式など、組織に特有の目に見えない特性の集合体である。組織風土は、その組織に所属するメンバーに「望ましさ」を示すことになり、比較的長続きする特徴をもっている。組織風土は、①問題処理の取り組み方、②組織メンバー間の相互作用や集団性から分類される。①に関しては、従来からある経営方法を継承する風土と、革新性を意欲的に受け入れる風土の両極とし、②については、メンバーの役割や責任が明確に示され、仕事の体系化が進んでいるために重要な決定事項は上層部でなされ、コミュニケーションが少なく、メンバー間のインフォーマルな関係を軽視する風土と、メンバーの役割や責任が弾力的で各人の自由裁量が重視され、メンバー間の相互作用が頻繁に行われ全員の協働を強調する風土を両極とする。

いる。体育・スポーツ経営においては、事業をはじめとする経営活動において、組織が新しい方法・アイディアを採用する程度と考えられている。ところで、組織は人々の協働によって動いているので、それほど簡単に行動の方向性を変えることはできない。組織の活性化の方法には様々なものがあるが、成員の期待（自己の努力の効力感）を高めることや、組織における多くの意思決定に成員を参加させる「参画的リーダーシップ」などがある。また、組織が成員の活発なコミュニケーションに基づいた協働を前提としながら、新たな課題を探索しつつ、それを解決するような、活力のある組織風土を創造することによって組織が活性化されるという考え方がある。

2．体育・スポーツ経営の領域と経営体

(1) 独立的体育・スポーツ経営体と部分的体育・スポーツ経営体

　体育・スポーツ事業を提供する機能をもつ経営体は多様に存在するが、独立的体育・スポーツ経営体と部分的体育・スポーツ経営体の分類が重要である。

　独立的体育・スポーツ経営体とは経営体の目標や方針、そして体育・スポーツ事業を、経営体が独自性をもちながら決定し提供する経営体である。例えば公共スポーツ施設の経営体は、公共スポーツ施設が対象とする地域住民のニーズや運動生活の状況等を情報資源としながら、独自の経営目標に従ったスポー

ツ事業を展開する。同様に、フィットネスクラブやスイミングクラブといった民間のスポーツ施設の経営体でも、独自の経営戦略をもちながら商品としてのスポーツ事業を展開している。

　一方、部分的体育・スポーツ経営体は、経営体自体が体育・スポーツだけを目的するものではなく、経営体の目的や活動の一部として体育・スポーツが扱われる経営体である。例えば学校の体育経営体は典型的な部分的体育・スポーツ経営体である。すなわち、学校という経営体は本来児童生徒の教育を目的とした経営体であるが、その教育目標を達成する活動として体育活動とそのための体育経営体が位置づけられている。学校の体育経営の独自性が発揮されねばならないものの、母体となる学校教育の目的によって体育活動や体育経営が左右されることになる。例えば、学校全体の体育に対する認識によって体育の位置づけや活動の活性度が異なることも多い。また、母体の経営目的と体育の経営目的や計画の連携も重要になるし、部分的体育・スポーツ経営体を構成する成員は全員が体育・スポーツの専門家ではないため、その組織化も大きな課題となる。

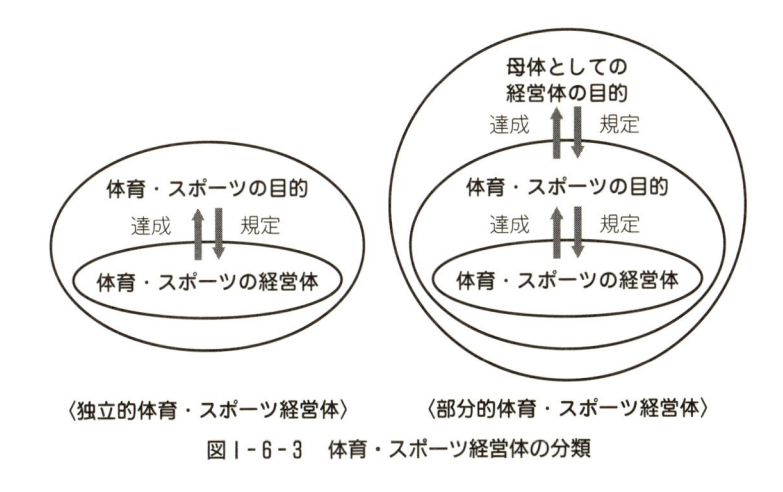

〈独立的体育・スポーツ経営体〉　　〈部分的体育・スポーツ経営体〉

図Ⅰ-6-3　体育・スポーツ経営体の分類

⑵ 体育・スポーツ経営の領域特性

１）学校の体育・スポーツ経営

　学校は日本のスポーツを支えてきた伝統的な体育・スポーツ経営の領域である。学校では、教師のみならず生徒会など生徒の組織自らがその学校の生徒を対象に、様々な運動の機会を提供している。児童生徒には身体的、心理的、社会的な発達が期待されるが、あわせて生涯スポーツに向けたスポーツの楽しみ方や実践能力を獲得することが期待される。また体育・スポーツ経営の対象は児童生徒であるため、他の領域に比べ経営の対象の年齢や欲求といった特性は類似していると考えられるし、体育施設や指導者（教師）の数や専門性は教育制度の中である程度確保されているとみることができる。しかし、比較的豊かな経営資源は保有しているものの、体育経営体としての組織化が課題となっている。教師組織はもとより、児童生徒の組織や保護者の組織が体育経営体として組織化されることによって体育経営の目的が有効に達成されるのである。その意味で、顧問会議やキャプテン会議で構成されるC.S.C.（Club Service Committee）や体育祭などのプログラムサービスのために組織されるP.S.C.（Program Service Committee)、自由時間の遊びやスポーツを促進する委員会としてのA.S.C.（Area Service committee）といった組織が体育経営体内で構成されることが期待される。

　学校体育をめぐっては、児童生徒の「ゆとり」ある生活と「生きる力」を育むことをその主旨とした学習指導要領の改訂にともない、総合的な学習の時間はもとより、体育に関しても選択制授業の検討や削減された授業時数の扱いといった、学校の特性を生かしたカリキュラムマネジメントが求められている。

　さらに学校週五日制の実施と学校、家庭、地域の連携の必要性が強調される中で、学校が休みとなる土・日曜日の子どもの地域での活動を、地域や家庭がいかに保証するかという地域や家庭の教育力が問われており、家庭や地域社会との連携協力のあり方が重要な経営課題といえる。

> **考えてみよう**
> 　学校におけるC.S.Cは、どのようなことを行うべきか具体的に考え、C.S.C.の年間活動計画を作成してみよう。

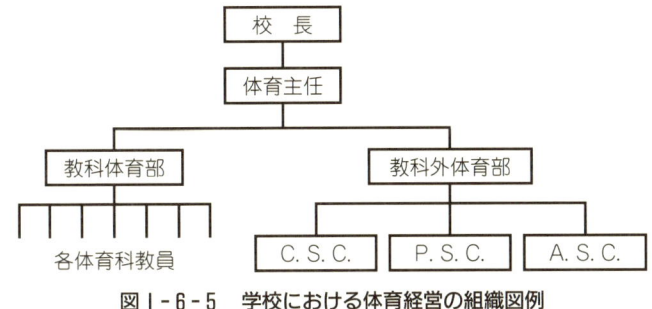

図 I-6-5　学校における体育経営の組織図例

2）公共スポーツ施設の経営

　公共スポーツ施設は、スポーツを行う物理的な空間（場）という意味だけでなく、施設のもつ経営資源を活用し様々なスポーツ事業を展開する独立的なスポーツ経営体としての機能がある。

　公共スポーツ施設の経営では、その設置者別（国、都道府県、市区町村）に独自の機能とスポーツ事業の特徴を考えなければならない。さらに地域社会のスポーツ振興のためには、施設の体系的なとらえ方に基づいた各施設の機能が検討されなけばならない。平成元年度の文部省保健体育審議会答申では市区町村における施設を、市区町村域施設と地域施設とに分類してその機能やスポーツ事業を提示している。すなわち地域施設は住民の日常的なスポーツ活動の場となるような施設開放やスポーツ教室、大会等が、そして市区町村域施設では区域全域の住民やクラブを対象とした競技会や教室等の事業が想定されている。また学校体育施設も、地域施設としての重要な役割をもつものである。例えば学校開放運営委員会等の組織が中心となってスポーツ事業を展開している場合などは、公共スポーツ施設の経営を行っているとみることもできる。公共スポーツ施設の経営では、地域のスポーツ経営と同様に、対象となる地域住民の特性が多様であるという点に経営上の特徴がある。つまり地域住民の年齢や欲求、スポーツ経験、スポーツ可能な時間帯等、その特徴が極めて多様であるため、どのようなスポーツ事業を継年的に展開して行くかが重要なポイントとなる。したがって、スポーツ経営に関する専門的能力をもった施設職員の配置が必要

となる。

　公共スポーツ施設の経営を考える場合、施設ごとに提供されるスポーツ事業の特徴とともに、事業団や公社といった公共的な組織に施設の経営を委託する方法や、施設経営に住民参加方式を導入したり住民組織に経営を委託するといった経営形態が問題になる。教育委員会の直接経営と事業団や公社への委託経営には、それぞれ長所短所があり、どちらが有効かは簡単に判断できない。しかし日常のスポーツ活動の基盤となる地域施設や、とりわけ学校体育施設の開放をめぐる経営は、住民による自治的な経営や住民参加が望まれる。

3）地域のスポーツ経営（地域のスポーツ行政）

　地域社会は住民の日常生活の舞台となる空間であり、スポーツに限らず生活上の必要を充足する多様な活動が展開される場である。現在のところ厳密な意味での地域社会に根ざしたスポーツ経営は、先進的な地域でみられるようになったものの、依然として行政区を対象とした教育委員会の事業に依存している場合が多い。したがって地域のスポーツ経営では、地域のスポーツ行政を同時に扱わなければならないことも多い。

　地域の行政体（具体的には教育委員会）の問題をめぐっては、特に人口規模の小さい自治体では、社会体育課、係という組織上の位置づけがなされていなかったり、専門的能力をもった職員が配置されていなかったりする自治体が多いという制度上の問題がある。行政体の具体的活動をめぐっては、行政体がスポーツ事業を提供するという経営機能をもつほかに、スポーツ事業が提供できる経営体の育成を支援するという行政機能が期待される。

　地域のスポーツ経営がスポーツの生活化の実現をめざした場合、行政区全体を射程に入れたスポーツ振興には様々な問題が伴う。生活スポーツの振興をより効果的に進めて行くならば、今後は住民の生活圏を前提とした「地域」をゾーンあるいは区域に区分し（ゾーニング）、それらゾーン内のスポーツ振興を図るほうがより生活に根づいたスポーツ振興になろう。また地域には体育指導委員をはじめとし、体育協会その他の組織や団体がある。これらのなかには、スポーツ経営体として各種のスポーツ教室や行事など多様なスポーツ事業を展開している組織や団体もある。このような民間団体、住民組織によるスポーツの

普及はスポーツ本来の特性からみても、またスポーツによる地域の活性化やコミュニティ形成への貢献という視点からも望ましい。

4）スポーツ経営体としての総合型地域スポーツクラブ

　平成7年度より、文部科学省は総合型地域スポーツクラブの育成モデル事業を開始した。総合型地域スポーツクラブは、1中学校区程度の地理的範域の地域住民を対象とした多種目・総合型クラブである（総合型地域スポーツクラブの詳細についてはⅡ-2を参照）。総合型地域スポーツクラブは、これまで地域スポーツが抱えてきた問題を解決する糸口として期待されているところであるが、スポーツ経営の観点からは、クラブが住民の自主運営によって受益者負担の原則を取り入れながら運営される点、さらには総合型地域スポーツクラブがクラブ員だけでなくクラブ員以外の地域住民を対象とした、各種スポーツ事業を展開する機能をもつスポーツ経営体であることにその重要性がある。総合型地域スポーツクラブでは、クラブ会員の活動を支援するとともに、地域社会に向けた各種のスポーツ事業も展開されることになる。そのような住民自治によるスポーツ経営体の育成の重要性については、これまでも体育・スポーツ経営の理論では指摘されてきたが、具体的な施策としての取り組みが開始されたことによって、地域スポーツさらには学校体育にとっても大きな転換点となることが期待される。このようなクラブ会員の自主運営によるスポーツ経営体が、日常生活圏のなかに育成されることによって、これまで期待されてきた地域スポーツ経営が実現されるともいえよう。

> **調べてみよう**
> 　総合型地域スポーツクラブの事例を探し、そのクラブの活動や会員の状況、スポーツ事業の内容、経営体の仕組みを調べてみよう。

5）職場のスポーツ経営

　職場のスポーツ経営とは、企業の従業員やその家族を対象に、各種のスポーツ事業を提供する営みである。職場のスポーツ経営では、従業員や家族の健康・体力の維持向上、従業員間の人間関係形成、職場の活性化や勤労意欲の向

上等をねらいとすることが多い。しかし職場のスポーツ経営をめぐっては、企業トップマネジメントの方針や考え方によって、その取り組みに大きな相違が見られる。例えば、職場内でのスポーツ活動に多様な期待を寄せている企業では、スポーツ事業を提供するという経営体としての機能をもつ部門を有する企業もある。しかし近年の経済環境の悪化に伴い、従業員のスポーツ活動の重要性は認識していても、十分なスポーツ事業を提供する余裕のない企業も目立ってきている。確かに現実の企業経営をめぐっては、独自のスポーツ施設やスポーツ経営体の専門職員を確保することは困難であろう。また、会社の仲間と一緒にスポーツ活動を行う人も多いものの、休日は家族や地域の友人と行う人もおり、職場のスポーツ活動は従来ほど活発ではなくなってきている。

　一方で、従業員の健康や体力問題は、勤務時間の問題や医療費の問題とも関連して、社会問題として大きく取り上げられるようになってきている。これらの問題は各企業が独自に解決しなければならない問題であるし、職場スポーツの意味が失われたわけではない。しかし先のような状況を背景に、従業員の福利厚生の一環として、商業スポーツ施設の法人会員となり従業員のスポーツ活動を保証しようとする企業もでてきている。また商業スポーツ施設のインストラクターが、職場のスポーツ経営体の代行として、従業員に対するスポーツ事業を提供したり、指導する例もみられるようになってきている。

6）商業的スポーツ施設におけるスポーツ経営

　商業スポーツ施設は、企業としてスポーツ事業を提供する経営体であり、その箇所数も急激に増大してきた。商業スポーツ施設の経営は、施設の清潔さや豪華さ、従業員の接客態度等で他のスポーツ経営にはみられないサービスを提供し、会員（顧客）を獲得してきている。商業スポーツ施設経営は成熟期から安定期に入ったといわれているが、多様な経営課題を抱えている。特に低成長下での会員確保と定着化、商品としてのスポーツ事業の開発と財務構造に関する問題、経営組織ではインストラクターや従業員の雇用問題、その他環境問題等は大きな課題となっている。企業のスポーツ経営は、一般的にその経営体が利潤を前提に経営が進められるため、公共スポーツ施設の経営や地域のスポーツ経営と競合することもある。特に企業側からは公共スポーツ施設の事業が企

業経営の脅威と認知されることもある。しかしそれらの領域で展開される事業は対象となる運動者のニーズに応じて特徴的に計画されており、必ずしも競合するものではない。むしろ各領域の特徴が出るよう創意工夫と差別化や共生がなされなければならない。

(3) ボーダレス化する体育・スポーツの領域論

　学校や地域社会の中で体育・スポーツ経営を進めて行くと、先にあげた領域内における問題解決だけでは効果的な体育・スポーツ振興ができない場合が出てくる。例えば、学校の運動部活動をめぐっては、外部指導者の協力が必要になったり一部では複数合同部活動の取り組みもみられる。さらに児童生徒の生活体験を重視するという観点からは、地域で行われている高齢者や障害者のスポーツを認識することも教育上大きな意味がある。

　地域におけるスポーツ施設確保の問題をめぐっては、経営資源の有効活用という観点から、学校体育施設の開放や職場スポーツ施設の開放が重要になってくる。特に、学校開放は施設不足を補うという補完的な意味以上に、地域のコミュニティセンターとしての機能が期待されている。さらに学区を範域とした総合型地域スポーツクラブの育成が展開されることによって、学校体育や地域スポーツとの境界はますますボーダレスになる。そこでは活動自体が多様化するとともに、体育・スポーツ経営体の構成も複雑になることが予想される。

　また、公共スポーツ施設の経営と地域のスポーツ経営とが無関係であってよいはずはない。教育委員会や体育指導委員、体育協会その他の住民の組織（スポーツ経営体）が、対象地域全体のスポーツ振興方策を検討する場合には、公共スポーツ施設の経営を振興方策の中に位置づけながらプランニングしてゆく必要がある。

　このように体育・スポーツ経営の領域はますます境界が不明確になり、各領域の相互に良好な関係をもちながら協調的な体育・スポーツ経営を検討する必要がある。その意味で今後の体育・スポーツ経営を展開するには、自立した体育・スポーツ経営体の育成、特に運動者の組織としての経営体育成とともに、それら経営体が他の経営体や運動者と良好な関係を形成していくという、パブリックリレーションズ（Public Relations ; P.R.）が重要となろう。それらの

関係づくりによって、経営体外部からの協力や支援が得られることになろう。また、経営体間の組織間関係のあり方も重要となろう。例えば、地域施設の不足を補うための学校開放事業という考え方は、地域の経営資源の不足を補うという組織間関係である。さらに進んだ組織間関係になると、単に資源の相互補完という関係だけでなく、例えば学校開放事業を通して児童生徒の運動生活を豊かにするという共通目的を共有し、共働してその目的達成のために組織間関係を形成するというものもあろう。

> **考えてみよう**
> 学校の体育経営と地域のスポーツ経営との連携には、どのような事柄や内容が予想できるか考えてみよう。

<柳沢和雄・武隈　晃>

Lecture 7

よい体育・スポーツ経営の条件
―体育・スポーツ経営をどう評価するか―

学習のねらい

「よい授業とは何か」「よい企業とはどんな企業なのか」「よいスポーツチームのリーダーとは」。あなたは、これらの質問にどう答えるだろうか。もちろん、自分なりの経験やこれまで知り得た情報をもとに自分なりの思いや意見を述べることは誰でもできる。しかし、論理的で説得力のある明快な回答をするためには、授業の理論、企業の理論、スポーツリーダーシップの理論をきちんと理解していなければならない。同じように、「よい体育・スポーツ経営とは何か、その条件にはどのようなものがあるのか」と問われて正しく答えるためには、ここまで学んできた知識が自分のものになっていなければならない。

体育・スポーツ経営の評価のしかたを学ぶ本講は、第Ⅰ部の総括であり、総復習の意味をもっている。評価の内容を理解することは、まさに体育・スポーツ経営とは何かを理解することなのである。

学習のポイント

①体育・スポーツ経営における評価の意義について説明できる。
②経営成績と経営条件を評価するための基本的な評価基準を理解して、評価項目を作成できる。
③経営評価を実施する際の留意点を理解している。
④体育・スポーツ経営における目標・計画と評価の関係が説明できる。

キーワード

経営評価、経営成績、経営条件、フィードバック

1．なぜ経営評価を学ぶのか

　経営評価は、Lec.2で述べたように、体育・スポーツ経営におけるマネジメント機能の1つである。一般に評価とは、一定の立場から望ましいと考えられる基準に基づいて、活動の〈過程〉と〈結果〉をチェック・判定し、次の活動に活かす働きを指す。体育・スポーツ経営における評価も同様に体育・スポーツ振興の立場から、つまり人々のスポーツ行動の成立・維持・発展を通して豊かなスポーツ生活を形成するという観点から、望ましいと考えられる基準を設定し：[基準の設定]、この基準に照らして、経営活動の全過程（事業過程とマネジメント過程）および経営活動の成果を振り返り：[分析評価]、その結果を後の経営活動（特に目標と計画の決定）に活かす：[修正活動]という一連の過程を経て遂行されるマネジメント機能である。

　経営評価を実施することの意義は、「体育・スポーツ経営をよりよいものにするため」の一言に尽きる。「よりよい」ということの中には2つの意味が含まれる。1つは「より効果的に」という意味であり、もう1つは「より効率的に」という意味である。経営に「最善」や「最良」というものはなく、「これでよし」ということはあり得ない。1つの目標が達成されたらさらに次の目標を立て、その達成に向けてより合理的な経営への創意工夫が施される。経営とはそうした「よりベター」を求める上昇志向の営みなのである。この絶えざる上昇を促進させるのが評価機能であるともいえよう。

　特に現代の体育・スポーツ経営は、経営対象となる運動者の量的・質的な変化、他の経営組織との協力・競争関係の強化・激化などに代表される著しい環境変化の中で、より主体的・自律的な経営が求められている。従来最も経営活動への法的規制が強かった学校においても、今日では規制緩和の影響を受けて、独自性あるカリキュラム編成に代表される特色ある学校づくり（その中心は独自性あるカリキュラム編成）が求められ、経営活動に必要な資源も、教育行政に依存しているだけでなく自らの経営努力によって調達することが求められてきている。誰に、どのようなサービスを、どんな目的で提供するかは、まさに経営組織自らの判断によって意思決定されるべきものであり、その決定に基づく

経営諸活動の結果には責任をもたなければならず、今後はさらに情報公開の責任も伴ってこよう。このような状況の中で、自分たちの行ってきた体育・スポーツ経営がどの程度の成果を上げているのか、どこにどんな問題があり、それをどう改善していけばよいのかを常に反省する営みなくして、体育・スポーツ経営組織に課せられた社会的使命・経営責任を長期にわたって果たし続けることは難しい。経営活動の結果が組織の存続そのものを決してしまう民間営利スポーツ経営組織（企業のスポーツ経営）では、このことはごく当たり前のことであり、現実にも緻密な自己評価・点検が定期的・日常的になされているであろう。しかし、学校をはじめとする非営利組織では、目的設定や計画づくりに要するエネルギーに比べて評価にかかわる努力は低調である。もし、「今まで通り」「慣行に従って」「例年を踏襲」などという雰囲気が組織内にあるとすれば、それは経営評価不在の組織なのである。いかなる体育・スポーツ経営組織であっても社会に対する経営責任が厳しく問われている現在、評価に対する認識を高めていかねばならない。

> **考えてみよう**
> なぜ、学校や地域などの非営利組織では、評価が軽視されやすいのか。その理由を探ってみよう。

2. 経営評価の基本的な観点

　正しく意味のある経営評価を行えるか否かは、適切な評価基準がもうけられているかどうかにかかっているといっても過言でない。評価の基準が曖昧であったり、意味のない基準であったりすれば、評価結果を後の経営活動に活かすことはできない。ここでは、体育・スポーツ経営の評価において欠かすことができない最も基本的な観点について述べておこう。
　そもそも経営評価は、よりよい体育・スポーツ経営を実現するために行われるのであるから、よりよい体育・スポーツ経営への展望がなければ評価基準を導くことはできない。では、よりよい体育・スポーツ経営とは何か。本書第Ⅰ部の各講はすべてこのことについての解説であったともいえよう。しかし、こ

の問いに対する回答は、体育・スポーツ経営の実践領域によって一様ではないのも現実である。とすれば、自ずから評価基準も異なってこよう。例えば、民間フィットネスクラブではなんといっても、商売繁盛の企業がエクセレントカンパニーの証であるから、会員数をどれだけ増やすことができたか（退会者数をどれだけ少なく抑えることができたかも含めて）、そしてその結果どれほどの収益があったのかが評価の最大のポイントとなろう。しかし、公立学校の場合には、顧客を獲得し、金銭的な対価を得る努力はほとんど要しないから、この基準を経営評価に適用することはできない。このように、具体的な評価基準の内容とその重要さは領域によって特徴的なものとなる。しかし、領域を越えて「よりよい体育・スポーツ経営とは何か」を問うことも無意味ではない。なぜならば、いずれの領域も人々の運動生活を豊かにするという体育・スポーツ経営の目的を共通にもっているからである。

　体育・スポーツ経営における評価の最も基本的な観点は、Lec.2で学んだ経営の4条件（目的、組織、事業、マネジメント）＋α（環境適応）に照らして考えると都合がよい。

経営評価の基本的観点

①体育・スポーツ経営の目的が成果となって表れているか。
②体育・スポーツ経営組織は、目的を達成するにふさわしい協力の仕組みとなっているか。
③目的達成にふさわしい体育・スポーツ事業が選択・実行されているか。
④体育・スポーツ事業が合理的・効率的に進められているか。
⑤体育・スポーツ経営を取り巻く環境との間に適合的な関係が築かれているか。

　以上の5つの基準のうち、①の評価を経営成績の評価、②〜⑤の評価を経営条件の評価という。経営成績の評価とは、目標達成度の評価であり、経営条件の評価とは、経営成績を生み出すための手段・方法の妥当性・有効性を確かめるための評価である。経営成績が結果であるとすれば、経営条件はその結果をもたらした原因ということができる。要するに、よりよい体育・スポーツ経営とは、体育・スポーツ経営という営みを構成する②〜⑤の各経営条件が適切に整備され、結果として①の経営成績をより高いレベルで満たしている状態だと

いうことができる。

3．経営成績をどう評価するか

　経営成績を評価するにあたり、まず何を経営の成果と判断したらよいかについて考えなければならない。運動部の運営・指導に組織的に取り組んでいる学校、スポーツ施設が充実している町、従業員のために多種多様なスポーツサークルを支援している会社、優秀なトレーナーがそろっているフィットネスクラブ、いずれも経営組織による経営努力の結果であり、体育・スポーツ経営の観点からも高く評価されてよいだろう。しかしそれは、ここでいう経営成績の範疇には含まれない。なぜならば、組織や施設を整備したり、指導者を育成すること自体が体育・スポーツ経営の目的ではないからである。それらのことは、あくまでも体育・スポーツ経営の目的を達成するための手段に他ならなず、上に示した例は、後で述べるように経営条件が豊かであるとみるのである。どれほど経営条件が整っていたとしても、それをもって経営の成果があらわれているとは即断できない。

　体育・スポーツ経営の目的は、経営対象となる人々のスポーツ行動の成立・維持・発展にあるのだから、その目的がよりよく達成できているかどうかが経営成績の最も主要な基準となる。施設整備も指導者育成もすべてこの目的に貢献することにおいてはじめて経営的な意味をもつ。しかし、スポーツ行動の成立には、スポーツ経営の働きかけだけでなく、運動者の主体的条件や生活・社会の条件も強くかかわっているから、スポーツを行った人の数が多いからといって必ずしもそれがそのまま体育・スポーツ経営の成果だとはいえない。したがって、とくに経営組織が提供した体育・スポーツ事業が、その目的に有効に働いているかどうかが問われなければならない。

　さて、経営成績の第1の評価観点は、経営組織の対象としている運動者が体育・スポーツ事業に対してどのような行動をとり、どのような運動生活を形成しているかである（行動・生活レベル）。その実態を知るためには、Lec.3で学習した運動者行動及び運動生活の類型・階層分析が用いられる。この分析によって、ある経営組織では、「C階層の運動者が少ない。来年度はクラブ事業の

改善によってその割合を20％引き上げよう」という評価がなされるかもしれないし、また別の経営組織では「S運動者が多いので、来年度は当面初心者を対象としたプログラムの種類を増やす工夫をしてみよう」と評価するかもしれない。このように、経営成績の評価は、後の経営活動の目標を具体化する働きを有しているのである。端的にいえば、実質的にも形式的にもC階層の運動者が多く、逆にS階層が少ない状態（逆ピラミッド型の階層構成）に近づけていく方向で、体育・スポーツ経営の改善がなされていくとよい。

第2に、「運動者はなぜそのような行動をとったのか」「運動者は体育・スポーツ事業にどのような要望や意識（満足）を抱いているのか」など運動者の意識レベルでの評価である。例えば、運動部加入率（学校におけるC運動者の割合）が80％のA校と60％のB校があったとしよう。第1の観点からいえば、A校の方がB校よりもクラブ（事業）経営がうまくいっていると判断できる。しかし、A校の運動部加入率の多さは、A校のクラブ事業が功を奏した結果であるのか、逆にB校では、運動部に加入していない者が、どのような理由で逃避行動をとっているのか、こうしたことを探ってみないと「経営の成果」であるのかどうかは判断できない。もし、A校のC運動者がクラブサービスの魅力にひかれて接近行動をとっているのであれば、それは立派な経営成績と評価してよいであろうし、B校のnon C運動者の多くがクラブサービスのあり方に抵抗条件を持っているのであれば、クラブ経営の改善に早急に着手しなければならない。このように、入部のきっかけや動機、運動者行動の可能性を調べることで、経営成績を客観的に評価することが可能となるのである。

さらに、スポーツ行動が成立するだけでなく、維持・発展させていくことを願うのであれば、体育・スポーツ事業に対する満足を高めたり、不満を取り除くことも考えなければらない。例えば、A校では数字の上では入部率は高いものの、半ば義務的に運動部に所属しているために、不満やクレームをもっている者が多いとすれば、スポーツ行動の長期的な継続は望めないから、経営成績にも満足するわけにはいかない。

以上のように経営成績はあくまでも運動者の実態から導かれるものであり、その実態を探る有効なツールが、運動者に対する質問紙調査（運動生活調査）である（巻末資料9参照）。

ところで、学校や企業といった経営の実践領域では、体育・スポーツ経営の目的にとどまることなく各領域固有の目的をもっている（Lec.2 p.30参照）。例えば、学校の場合には、ただ単に運動部への加入率が高いとか、体育の授業で児童生徒が意欲的に学習しているということにとどまらず、そうしたスポーツ行動が教育的・体育的効果によい影響をもたらしているかにも関心を向けなければなるまい。体力や運動能力の発達はどうか、スポーツ場面に必要なマナーは身につけられたか、スポーツ活動を自主的かつ自治的に企画・運営できるだけの力は育てられたか、などといった学校体育特有の目標についても、その達成度合いを経営成績として確かめることが必要である。

> **話し合ってみよう**
> 地域のスポーツ経営や企業のスポーツ経営では、経営成績をどんな観点から評価したらよいか。具体的な評価項目と評価基準を考えて、調査票を作成してみよう。

4．経営条件をどう評価するか

　経営成績を評価することによって、自分たちの行った経営活動が期待通りの成果をあげているかどうかは知ることができる。また、どの目標がよく達成されており、どの目標はまだ未達成なのかを判断することは可能である。しかし、経営成績をいかにきめ細かく評価しようとも、それだけでは次の経営活動に活かすことはできない。なぜなら、どうしてそのような結果に至ったのか、すなわち経営活動のどこに問題があったのかがわからなければ、経営の改善につなげていくことが難しいからである。この問題に答えようとするのが、経営条件の評価である。経営条件の評価とは、目的を達成するためにとられた手段・方法のよさ、つまり経営活動そのものの評価である。経営活動とは、①「組織」が、②「環境との関係」を通して、③「事業」を、④「マネジメント」の働きによって合理的・効率的に提供する営みであったから、「　」でくくった4つの条件が評価されるべき要素となる。経営成績の評価によって、目標が思うように達成されていないと判断された場合、この4つの条件を点検・評価してみ

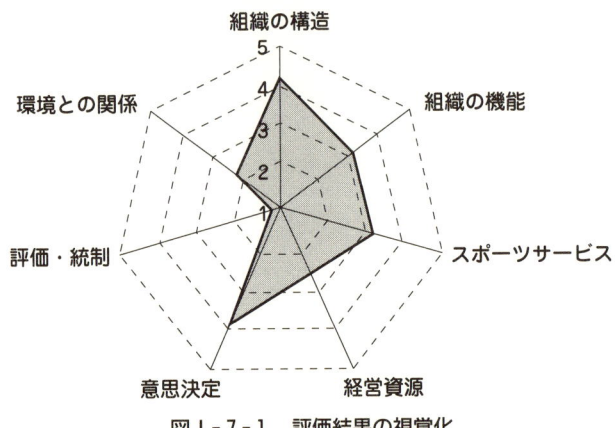

図Ⅰ-7-1　評価結果の視覚化

ることで原因が究明されるはずである。各評価要素は、およそ次のような内容を含んでいる。

　a）**経営組織の評価**　組織の形態的・構造的側面の評価と機能的・文化的側面の評価が含まれる。

　b）**環境との関係の評価**　様々なステイクホルダー（利害関係者集団）との双方的な関係の評価である。

　c）**事業の評価**　スポーツサービス（事業活動のアウトプット）の量的・質的評価、経営資源の量的・質的な整備状況に関わる評価、事業過程（資源活用の効率性）の評価が含まれる。

　d）**マネジメントの評価**　目標や計画そのものの評価、意思決定過程の評価、管理者行動の評価、評価内容・評価方法の評価などが含まれる。

表Ⅰ-7-1は、各経営条件について代表的な評価項目を例示したものである。これを参考に経営条件のチェックリストを作成し、各項目ごとに段階尺度を用いて評価した結果を図Ⅰ-7-1のようにグラフ化すると、経営条件の長所短所が視覚的にとらえられる。

表 I-7-1 経営条件の評価基準（例）

			C.S.	P.S	A.S.	総合評価
経営組織の評価	構造的・形態的側面の評価	・組織のメンバーに必要な情報がうまく伝わっているか	5・4・3・2・1	5・4・3・2・1	5・4・3・2・1	5・4・3・2・1
		・メンバー個々の資質や能力にふさわしい役割分担がなされているか	5・4・3・2・1	5・4・3・2・1	5・4・3・2・1	5・4・3・2・1
		・目標や計画の決定に、組織メンバーの意見が取り入れられているか	5・4・3・2・1	5・4・3・2・1	5・4・3・2・1	5・4・3・2・1
		・メンバー個々人の仕事（責任）の範囲が明確であるか	5・4・3・2・1	5・4・3・2・1	5・4・3・2・1	5・4・3・2・1
		・運動者の経営参加は十分か	5・4・3・2・1	5・4・3・2・1	5・4・3・2・1	5・4・3・2・1
		・組織の規模は適切か	5・4・3・2・1	5・4・3・2・1	5・4・3・2・1	5・4・3・2・1
	機能的・文化的側面の評価	・組織のメンバーは、協働意欲を持っているか	5・4・3・2・1	5・4・3・2・1	5・4・3・2・1	5・4・3・2・1
		・組織のメンバーは、目標や計画を共通理解しているか	5・4・3・2・1	5・4・3・2・1	5・4・3・2・1	5・4・3・2・1
		・誰とでも気軽にコミュニケーションが図れる雰囲気があるか	5・4・3・2・1	5・4・3・2・1	5・4・3・2・1	5・4・3・2・1
		・組織内の人間関係は良好か	5・4・3・2・1	5・4・3・2・1	5・4・3・2・1	5・4・3・2・1
		・組織のメンバーは常に新しいアイデアを取り入れようとしているか	5・4・3・2・1	5・4・3・2・1	5・4・3・2・1	5・4・3・2・1
事業の評価	スポーツサービスの評価	・サービスの数量は十分であったか	5・4・3・2・1	5・4・3・2・1	5・4・3・2・1	5・4・3・2・1
		・サービスの種類は十分であったか	5・4・3・2・1	5・4・3・2・1	5・4・3・2・1	5・4・3・2・1
		・サービスの内容や実施方法は適切であったか	5・4・3・2・1	5・4・3・2・1	5・4・3・2・1	5・4・3・2・1
	経営資源の評価	・サービスの提供に必要な資源が確保されていたか（人的・物的・財務的・情報資源各々について）	5・4・3・2・1	5・4・3・2・1	5・4・3・2・1	5・4・3・2・1
		・保有する資源を有効に活用していたか	5・4・3・2・1	5・4・3・2・1	5・4・3・2・1	5・4・3・2・1
マネジメントの評価（意思決定機能を例にして）		・目標は明確にされているか	5・4・3・2・1	5・4・3・2・1	5・4・3・2・1	5・4・3・2・1
		・目標は実現可能なものとなっているか	5・4・3・2・1	5・4・3・2・1	5・4・3・2・1	5・4・3・2・1
		・目標達成の期限は明確か	5・4・3・2・1	5・4・3・2・1	5・4・3・2・1	5・4・3・2・1
		・以前の評価結果を活かした目標や計画づくりが行われているか	5・4・3・2・1	5・4・3・2・1	5・4・3・2・1	5・4・3・2・1
		・各事業別の計画が作成されているか	5・4・3・2・1	5・4・3・2・1	5・4・3・2・1	5・4・3・2・1
		・経営資源の整備計画が示されているか	5・4・3・2・1	5・4・3・2・1	5・4・3・2・1	5・4・3・2・1
		・当面の実行計画と将来を見通した長期計画があり、両者の関係が整合しているか	5・4・3・2・1	5・4・3・2・1	5・4・3・2・1	5・4・3・2・1
		・個別の事業計画や資源計画だけでなく、それらの関係が明らかにされた総合的な計画が示されているか	5・4・3・2・1	5・4・3・2・1	5・4・3・2・1	5・4・3・2・1
		・実現困難な計画になっていないか	5・4・3・2・1	5・4・3・2・1	5・4・3・2・1	5・4・3・2・1
		・目標や計画は、経営対象の実態にあったものであるか	5・4・3・2・1	5・4・3・2・1	5・4・3・2・1	5・4・3・2・1
		・組織のメンバーが理解でき、やる気を起こすような計画になっているか	5・4・3・2・1	5・4・3・2・1	5・4・3・2・1	5・4・3・2・1
		・計画の進行状況を定期的に点検し、必要があれば修正をしているか	5・4・3・2・1	5・4・3・2・1	5・4・3・2・1	5・4・3・2・1
		・豊富な資料やデータに基づいて客観的に評価しているか	5・4・3・2・1	5・4・3・2・1	5・4・3・2・1	5・4・3・2・1

※評価尺度 「まったくそのとおり」：5 「まあそのとおり」：4 「どちらともいえない」：3 「少し違う」：2 「まったく違う」：1

5．経営評価の留意点

　経営評価を行うのは、経営組織の優秀さを点数によって序列化（ランクづけ）するためではない。あくまでも、よりよい体育・スポーツ経営に向けて改善・工夫するために行われるものである。したがって、経営評価の業務は経営に携わる当事者たちによって実施されることが原則である（自己評価）。その際、できるだけ多くの組織メンバーの意見や知り得た情報を集め、評価の妥当性を高めていくことが必要であり、できれば評価のための組織を編成するとよい。また、当事者たちの主観的な手応えに頼るだけでなく、客観的なデータも多角的に収集し、思い込みを排除することも大切である。運動者に調査してみると意外に思ったような成果が上がっていないこともしばしば発見できるものである。

　さて、ここまで体育・スポーツ経営を評価するための一般的な観点や基準について述べてきた。しかし、経営評価は自分たちのために行うのであるから、本来は自分たちの経営活動に役立つような評価方法を採用することが尊重されてよい。例えば、経営成績の評価は、目標の達成度をチェックするのであったが、そもそも設定される目標は各々の経営組織によって異なるであろうから、評価内容も異なって当然である。例えば、ある地域では10年間を見通したマスタープランを立て、本年度はその１年目としてプログラム事業に重点を置いて"スポーツ生活へのきっかけづくり"に取り組んだとしよう。この場合、複数の地域を横断的に比べて、その地域ではＣ階層が少ないという集計結果が明らかになったとしても、だからといって短絡的にその地域に悪い評価を下すことはできないだろう。この例が示すように、自分たちの目標、自分たちの立てた計画こそが経営評価の基準となりうるのである。

　このことに関連して強調しておきたいことがある。それは、目標や計画のないところに評価はないということである。冒頭で、評価に対する認識の低さを指摘したが、それは評価の必要性が理解されていないということのみにとどまらず、評価の基準（めやす）となる目標や計画が明確になっていないことにも原因がありそうである。体育・スポーツ経営が成功したかどうかを評価できな

いような目標や計画では、経営の発展はないといわねばならない。例えば、学校の体育経営によく見られる「たくましい子」、地域のスポーツ経営に見られる「健康な街」という程度の目標だけであったとしたら、何がどのような状態になっていればその目標が達成できたといえるのか、何を材料にして評価したらよいのか、などがまったく曖昧で厳密な評価は不可能である。こうした大まかなビジョンも大切ではあるが、そうしたビジョンに迫るための具体的な見通しを示した段階的な目標や計画があってこそ経営評価の機能が生きてくる。言い換えれば、評価の視点や基準を予め念頭に置いて目標や計画を決めることが重要なのである。

　ところで、最近になって外部評価といわれる第三者による評価にも注目が寄せられている。これを経営診断（コンサルティング）という。経営診断は、ちょうど医者が患者を診断して病状の判定をし、その後の処方箋を示すのに似ている。当事者による自己評価は、時間的な制約から評価の内容もどうしても必要なものに絞られるだろうし、評価のための資料収集にも限界がある。第三者による評価は、体育・スポーツ経営の幅広い知識・理論に基づいた多面的・総合的な評価が可能である。経営組織の側にとっても、経営診断を活用することで自分たちの問題点を客観的に理解できたり、他の経営組織との比較から相対的な位置を知ることにも役立つであろう。

　最後に、評価の時期について触れておこう。経営評価は、評価の時期によって事中評価と事後評価に分類される。まず事後評価とは、一区切りの事業活動終了時に行われる評価である。評価は、目標および計画と一体であるから、年度目標・年次計画にかかわる事後評価は年度末に、３年や５年後の目標及びそのための長期計画を掲げている場合には、その目標とする期限終了後に実施される。しかし、評価は事業終了時にだけ行えばよいというものではない。事業が終わった後に深刻な問題が見つかったのでは手遅れということにもなりかねない。評価は、事業を合理的・効率的に進めるためのマネジメント機能の一つであるから、事業遂行中であってもできるだけ早く問題点を見つけ、その原因を究明し、改善の手を打った方が効率的である。このように事業遂行中に実施される評価を事中評価という。経営には常に評価の働きが伴っていることが必要である。

<清水紀宏>

第 II 部

体育・スポーツ経営の現代的課題

1. 学校週5日制時代の体育・スポーツ経営 …………………………140
2. 総合型地域スポーツクラブの経営 ……………………………………154
3. 民間スポーツ・フィットネスクラブの経営戦略 ……………169
4. 「みるスポーツ」の経営 ………………………………………………181
5. 国際的競技力の向上とスポーツ経営 ………………………………196

II-1
学校週5日制時代の体育・スポーツ経営

学習のねらい
　学校が大きく変わろうとしている。学校週5日制の実施、学校と地域社会との連携や融合、新しい学習指導要領の実施、これらの事柄はそれぞれ関連をもちながら、新しい学校づくりへと動き出している。その中で体育およびその経営の果たすべき役割はこれまで以上に大きいといえる。子ども達にとって何よりも楽しい活動である体育・スポーツ活動の普及や振興に携わるのが体育経営だからである。学校における体育経営の全体像を構造的に理解することが重要である。
　さらに、本講では、特に、学校週5日制によって学校がどのように変わらねばならないかを学習する。5日制は、いつ、どのような経緯で導入されたのか、学校週5日制は何を目的としているのかについて理解を深める。さらに、学校の教育活動全体における体育・健康に関する指導時間が大幅に削減された完全学校週5日制時代に、児童生徒の豊かな運動生活を保証するためには、どのような体育・スポーツ経営のあり方が望まれるのかについて学習する。

学習のポイント
①学校における体育経営の構造と特性を理解する。
②学校週5日制導入の経緯と趣旨について説明できる。
③これからの学校教育の役割について説明できる。
④学校における体育事業や経営組織に、今後どのような変化が求められるかについて説明できる。

キーワード
　学校週5日制、新しい学力観、ゆとり、特色ある教育、生きる力、総合的な学習の時間、カリキュラムマネジメント、コミュニティスクール、開かれた学校、学社連携・融合

1. 学校体育経営の特性と構造

(1) 学校体育経営の特性

　現代のわが国における学校教育は、日本国憲法の精神に基づく教育基本法、学校教育法、学校教育法施行規則、教育職員免許法、義務教育費国庫負担法、学校保健安全法など、種々の法律や規則の定めに従って展開されている。学校教育を管轄する官庁は文部科学省であり、都道府県、及び市区町村の教育委員会とライン組織を形成して個々の学校に助成・指導・規制を行っている。学校教育を指導・規制する代表的な行政施策が学習指導要領の公示であり、個々の学校では、教育課程の基準である学習指導要領に示された各教科等の目標と学習内容の枠組みの中で、教育活動が展開されている。したがって、学校は学校教育行政の末端に位置づく行政体としての特性をもつ。

　いっぽう学校は、児童生徒に直接触れながら体育事業を自ら営む体育経営体でもある。学校における児童生徒の運動の機会は、体育授業（学習プログラム）、体育的行事（プログラムサービス）、業間体育（エリアサービス）、体育的クラブ活動、運動部活動（クラブサービス）、自由時の運動遊び（エリアサービス）等があり、児童生徒の豊かな運動生活の実現には、これらの体育事業を構造的に関係づけ、全教職員の協働態勢のもとで計画的、組織的に営むことが重要な課題となる。

　体育経営体としての学校は、職場スポーツや地域スポーツの領域に比較して経営資源や条件が整備されているという特性をもつ。その具体的な内容は、第1に、教育および体育に関する専門性を備えた教員（ヒト：人的資源）が児童生徒数に応じて配置されていること、第2に、運動施設（モノ：物的資源）が学校教育法施行規則、設置基準、施設整備指針、標準教材品目などの法的根拠のもとで整備されていること、第3に、豊かであるとは言えないものの、体育経営に必要な財源（カネ：財務的資源）が、教育委員会から配分される令達予算と児童生徒の保護者からの負担金によって安定して得られること、第4に、体力テスト、健康診断、学級会活動などによって児童生徒の実態やニーズのデ

ータ（情報：情報資源）が容易に入手でき、校内放送、学校新聞、学級会活動などを通して、迅速で徹底した情報提供ができること、さらに、体育経営の対象である児童生徒は、運動欲求が高い年代であり、同年代の学年・学級で組織されているため、運動者の組織化や細分化が容易であり、体育事業への参加が制度として義務づけられていることなどである。

　このように、体育経営に有利となる多くの条件がそろっている特性をもつ学校ではあるが、十分な配慮や工夫が必要な特性も同時に潜在する。その一つは、教育活動の中に体育経営が内包されるため、母体となる全体の教育組織の中で体育がどのように認識され位置づけられるかで体育経営が左右されるという、部分的体育経営体としての特性をもつことである。また、児童生徒は運動欲求が高い年代ではあるが、加齢に伴って運動に積極的な者と消極的な者の二極化が進み、運動技能の個人差が拡大していく。さらに、公立学校の教員は、数年間での異動を余儀なくされるため、長期的展望のもとでの安定した体育経営が展開しにくいという点も指摘できる。もちろん、このような特性の顕在化は、学校管理者や体育主任の管理者行動によって柔軟に対応することもできる。また、前述した有利な特性をより大きくし、体育経営に生かしていくのも体育主任の管理者行動にかかってくるのである。

> **話し合ってみよう**
> 　今現在、学校および子ども達に生じている様々な問題点を整理してみよう。また、それらの問題点の中で、体育やスポーツ活動によって問題解決できることがないか、話し合ってみよう。

(2) 学校体育経営の構造

　学校体育経営とは、学校が児童生徒の豊かな運動生活の実現を通して、体育の目標が達成されるように諸施策を進めていく計画的・組織的な営みであり、その構造は上述した体育行政体を含めると図Ⅱ-1-1のように示すことができる。ここでいう諸施策とは、教育内容としての「体育事業」である。体育の目標を達成するためには、児童生徒が運動を行うという現象を生起させねばなら

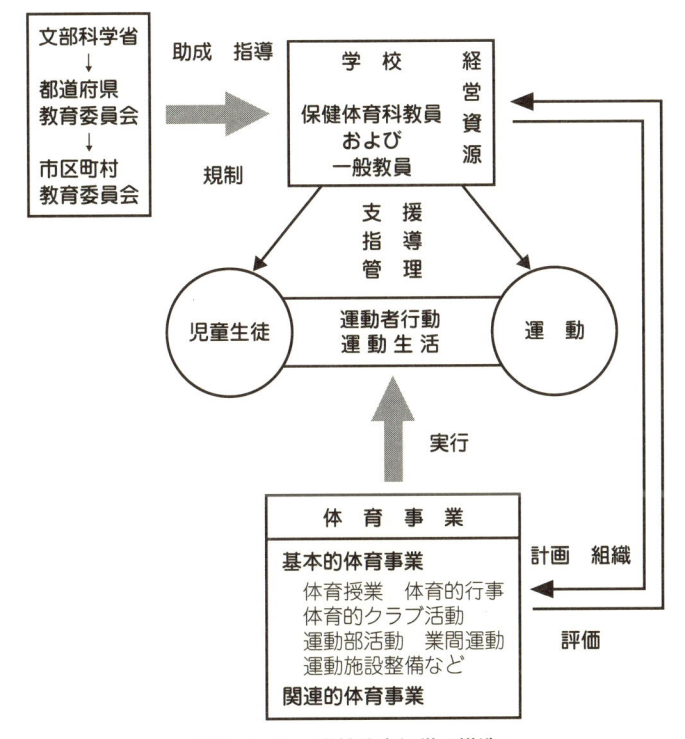

図II-1-1　学校体育経営の構造
(宇土正彦編著『最新学校体育経営ハンドブック』大修館書店, p.11, 1994, に加筆修正)

ない。そのため、保健体育科教員（小学校では体育部会教員）を中心に、学校の内部・外部の環境分析をして、学校外の経営資源をも活用した体育事業の計画を策定し、確固たる組織づくりをして実行に移さねばならない。さらに、運動の場においては直接に児童生徒を指導し、実行した体育事業の成果を評価することも不可欠となる。あわせて児童生徒にとっては、生涯にわたってのスポーツ生活者としての基礎を十分に身につけさせるために、体育経営に対しても積極的に参加できる体制を構築していくことが大切である。

考えてみよう

学校の体育経営について、小学校・中学校・高等学校での共通点や特徴を明らかにしてみよう。また、児童生徒の経営に対する参加のあり方についても、学校種別による違いを考えてみよう。

2．学校週5日制時代の体育・スポーツ経営

(1) 学校週5日制導入の経緯と趣旨

　学校週5日制は、先進工業国の趨勢に遅れまいとする、社会一般の週休2日制の普及・拡大を契機にして、社会の変化への学校教育の対応のあり方の問題として1970年代から論議がなされ、教職員の労働時間の短縮と子どもの豊かな生活の構築という2つの潮流が合流して実現された。

　平成4年9月から月1回（第2土曜日休業）の学校週5日制が全国一斉に実施された。その後、平成7年4月から月2回（第2・第4土曜日休業）の学校週5日制に移行し、平成8年7月に提出された中央教育審議会の「21世紀を展望した我が国の教育の在り方について（第一次答申）」の中の「完全学校週5日制は21世紀初頭を目途にその実施を目指すべきである」という提言を受けて、文部省は平成10年4月に「教育改革プログラム」を改訂し、毎週土曜日を休みとする完全学校週5日制を平成14年4月から実施することを決定した。

　このような経緯をたどって導入された学校週5日制の趣旨は、情報化、国際化、高齢化、少子化、自然環境の悪化などの変化が著しく進む社会で生活し、生きていかねばならない子ども達の「自ら考え主体的に判断し行動できる資質や能力を伸長する」ことであり、「学校、家庭、及び地域社会の教育全体のあり方を見直す」ことである。これは、昭和62年12月の教育課程審議会答申で明示された、「21世紀に生きる人間像」（豊かな心をもち、たくましく生きることのできる人間、自ら学ぶ意欲と社会の変化に主体的に対応する人間、国民として必要とされる基礎的、基本的内容を身につけ個性を生かす人間、国際理解を深め我が国の文化と伝統を尊重する人間）や、平成元年3月に改訂された学習指導要領がめざす「新しい学力観」（自ら学ぶ意欲、思考力、判断力、表現力）と軌を一にするものであり、その達成の条件として「家庭や地域社会における生活時間の比重を高め、子ども達が主体的に使うことができる時間を確保すること」が必要であると考えられた。

⑵ これからの学校教育

　平成10年12月に改訂された小・中学校の学習指導要領では「ゆとり」の中で「特色ある教育」を展開し、児童生徒に「生きる力」を育成することを基本的なねらいとし、「総合的な学習の時間」の創設、教育内容の厳選、授業時数の削減、基礎・基本の徹底、体験的な学習の重視、心の教育の充実、学校の裁量範囲の拡大などが改善方針として示された。

生きる力
- 自分で課題を見つけ、自ら学び、自ら考え、主体的に判断し、行動し、よりよく問題を解決する資質や能力
- 自らを律しつつ、他人とともに協調し、他人を思いやる心や感動する心など、豊かな人間性
- たくましく生きるための健康や体力

　この改訂は完全学校週5日制の実施と歩調を合わせたものであり、学校・家庭・地域社会が一体となった教育システムの中での学校教育の果たすべき役割を明確にしたものとも考えられる。また、高階（1995）は、このような学校教育の変革の方向性について、以下の表のようにまとめている。

表II-1-1　学校教育の変革

これまでの学校	これからの学校
国としての教育課程編成基準の重視	各学校で編成する教育課程の重視
義務教育や高校までに完結する国民教育	生涯学習の基礎としての学校教育
効率化を求める画一的な教育	学習の多様化による個性を生かす教育
教師主導による教育	自己教育力の育成重視
知識偏重の教育	知・徳・体の基礎・基本の徹底
情報受容型の教育	情報活用能力の育成重視
同質性のみの受容	異質性・異文化の積極的受容
一元的評価と序列化	多元的評価による個の可能性の伸長
決められたスペースの教室	オープンで柔軟な学習の場
閉システムとしての学校	開かれた学校による教育の推進

（高階玲治『学校5日制で豊かな学力を育てる先生』図書文化社, p.21, 1995）

⑶ 体育・スポーツ経営の新たな課題

1) 学校体育の経営計画の総合的な見直し
　学校週5日制の導入は、その実施に適した教育課程の基準を必要とする。平成10年12月に改訂された小・中学校の学習指導要領と、翌年3月に改訂された高等学校の学習指導要領では、2つの点で大きな変化がみられた。
　1つは、教育課程内における体育的活動に充てられる時間数が縮小されたことである。完全学校週5日制による土曜日の授業時数の減少と「総合的な学習の時間」の創設によって、すべての教科等の年間標準授業時数が見直され、体育・保健体育科、特別活動、選択教科等に充てられる授業時数は削減された（巻末資料4参照）。これまで週3回実施できた体育・保健体育科の授業が、平均すると週2.5回になり、中学校の選択教科等に充てられる授業時数も大幅に削減された。また、中学・高等学校では、「クラブ活動」が廃止され、特別活動に充当できる時間数も小学校4～6学年で半減し、中学校では前回に示された範囲の最低時数に削減された。しかし、体育の時間数が削減されたからといって、人間にとってのスポーツの重要性が低下したわけではなく、むしろ今後ますますその必要性は高まってくるに違いない。したがって、学校期に生涯スポーツのための基礎的能力を確実に身につけておくことは、今まで以上に大切にされなければならない。だとすれば、教科としての体育のみならず特別活動や教育課程外の体育・スポーツ活動をも有機的に関連づけた、総合的な体育カリキュラムの編成がぜひとも求められるところである。
　2つ目の大きな変化は、各学校における裁量の余地が大きく広がったということである。例えば、学習指導要領の解説書にも、運動領域別の授業時数の配当比率や「体育に関する知識」「体育理論」に充てる授業時数の配当割合も示されていないこと、小学校では2学年をまとめて内容が示されていること、また特に中学年のボール運動領域では、具体的な種目名が明示されていないこと、中学校・高等学校では選択制授業における選択幅の拡大が奨励されていること、などはそのあらわれである。そのため各学校では、児童生徒の発達段階に適した教科内容を用意し、その習得に効果的な種目を選び、時間配分をきめ、学習の手順や系統性を構想するなど、カリキュラム編成にかかわる諸課題を自ら決

定しなければならなくなっている。

　以上のような、学校週5日制への移行とこれに対応した学習指導要領の改訂を契機とする変化に伴って、各学校のカリキュラムマネジメントの力量がますます重要になってきているとみてよかろう。

　学校の教育活動全体の中での体育に関する指導の時間が削減された新学習指導要領への対応と、児童生徒の豊かな運動生活の実現を両立させるためには、体育主任が中心となって学校の体育経営計画を総合的に見直し、新たな自前の計画策定に取り組まねばならない。その際には、総則に示されている「体育・健康に関する指導」の趣旨をふまえてあたることが重要である。

「総則」3に示されている体育・健康に関する指導

　学校における体育・健康に関する指導は、学校の教育活動全体を通じて適切に行うものとする。特に体力の向上および心身の健康の保持増進に関する指導については、「体育」および「保健」の時間はもとより、特別活動などにおいてもそれぞれの特質に応じて適切に行うよう努めることとする。また、それらの指導を通して、家庭や地域社会との連携を図りながら、日常生活において適切な体育・健康に関する活動の実践を促し、生涯を通じて健康・安全で活力ある生活を送るための基礎が培われるよう配慮しなければならない。

　体育の各領域における基本的な事項をあげると次のようである。

① **体育・保健体育科の授業**

　a）授業時間数が年間90時間に削減されたことに対する対応策は、従来の105時間（週3回）が15時間減少したわけであるから、「前期・後期」「学期」「月」「週」のいずれの単位で年間90時間を配分するかについて検討する。

　b）教育課程の編成に関しては、あれもこれもの「多種目小単元」ではなく、発育段階における学習の適時性と技術・戦術学習の系統性を考慮して、あれかこれかを厳選し、「重点種目大単元」で年間指導計画を作成する。今後の重要な課題としては、小学校と中学校との連携を図ったカリキュラムづくりがある。中学校区を単位として中学校と関係小学校とが共同立案した教育計画である。

なお、中・高校における教科選択において、多様で質の高い「体育」を位置づけることも時間数減少への対応策の一つとして有効である。

> **考えてみよう**
> 年間90時間の体育・保健体育科の年間指導計画の具体的な事例について調べ、作成上の留意点について考えてみよう。

② 「総合的な学習の時間」

「ミュージカルをつくろう」「山を調べよう」「高齢者とスポーツ交流をしよう」「ニュースポーツ」など、身体運動を伴う教材や、「人のからだの不思議」「私の健康づくり」「世界のスポーツ」など、体育・保健体育科とクロスする教材を開発することも重要である。

③ 特別活動など

a) 体育的行事は「生きる力」の育成に大きな役割を果たすことを再認識し、時間がないから、面倒だから、というような単純な理由で縮小ないしは中止するのではなく、その内容と教育的効果、運営のあり方について議論し、少ない時間で能率的に実施できる方法について検討する。

b) 集団宿泊行事における野外活動プログラムの充実を図るとともに、単なるバスツアーになっている遠足や修学旅行にも「オリエンテーリング」「ハイキング」「スキー」などの野外活動を加味できないか検討する。

c) 小学校の必修クラブにおいて、体育的クラブに多数の児童が参加できるよう、種目や内容を拡大・充実する。

d) 特に小学校において、始業前・業間の運動遊びを活発化するために、運動遊具を整備して開放するとともに、運動遊びの紹介と啓発、安全のためのきまりなどの広報活動を積極的に行う。

> **調べてみよう**
> 休業土曜日が増えていくにつれて、あなたが通っていた学校の体育科・保健体育科の授業や行事はどのように変わったかを調べてみよう。

④ 運動部活動

学校週5日制の基本に立ち返るならば、土日・休日の生徒の自由時間を拘束しないように、週当たり2日程度の「休養日」の設定のあり方について顧問会

議で議論し、学校全体の申し合わせを確立することがまずもって必要となる。次に、特に中学校・高等学校においては唯一のクラブサービスの場である運動部に、より多くの生徒の参加が保障できるよう魅力的な運動部づくりが検討されねばならない。例えば、競技志向でない主体的な運動部、シーズンによって活動種目を変える複合型の運動部の設置や、複数の部活動への同時加入などはその具体的な選択肢となりうる。さらに、運動部活動における指導者不足、部員不足が懸念されている今日、その対応策として、学校外の組織や経営資源にまで目を向けて、外部指導者の活用、近隣の学校との合同化、地域・民間スポーツクラブとの連携について検討することも必要であろう。

> **話し合ってみよう**
> 運動部活動は、今後どのような役割を果たしたらよいか。また、どのような改善が求められるか話し合ってみよう。

2）学校・家庭・地域社会の連携

　文部科学省の「スポーツ振興基本計画」（平成12年9月）、厚生労働省の「21世紀における国民健康づくり運動（健康日本21）」（平成12年3月）が発表され、国民の豊かなスポーツライフの構築と健康増進に関して、10年後の具体的な目標値を掲げた新たな行政施策が急ピッチで展開されている。これらの行政施策には、完全学校週5日制時代における地域の子どものスポーツ活動の環境整備、生徒の多様なニーズに応えられない学校の運動部活動に対する補完、肥満などが原因となる生活習慣病の低年齢化の抑止など、児童生徒の豊かな心身の育成も目的としている。

　子どもの「生きる力」は、学校において組織的、計画的に学習しつつ、家庭や地域社会の中での親子の触れ合い、友達との遊び、地域の人々との交流などの様々な活動を通じて根づいていくものである。したがって、「総合的な学習の時間」はもとより、体育・スポーツの分野においても、条件整備が進んでいる地域社会、学校、家庭の三者が協同・協力して多様な事業を展開していく必要があり、具体的な連携のあり方としては、以下のような内容が考えられる。

① **学校自体の経営努力**

a）平日の放課後や休業日において、さらに進んで学校教育が行われている時間帯においてさえも、学校の主体的・自律的な営みとして学校の教育（体育）機能を地域社会へ開放する。
b）地域におけるスポーツ活動の場や機会に関する情報を収集し、児童生徒と保護者に対して、それらの情報を積極的に提供する。
c）地域のスポーツ活動の企画・運営に対して教員が指導・助言したり、運営スタッフとしてボランティア活動を行う。
d）学校の運動部活動に生徒を「囲い込む」のでなく、地域における生徒のスポーツライフも配慮した運動部活動を展開する。

② **家庭（保護者）の協力**
a）健全な生活習慣（食事、睡眠、運動）について理解を深め、学校・地域で企画されるスポーツ活動に親子で積極的に参加する。
b）PTAや子ども会の役員として、子ども達が参加するスポーツ活動の企画・運営をサポートする。
c）資格や特技をもつ保護者が、学校運動部や地域における子どものスポーツクラブの運動指導者や組織指導者として参加する。
d）学校・地域における体育・スポーツ施設の整備作業を手助けする。

③ **地域社会の協力**
a）地方公共団体は、子ども達が安全で楽しく運動遊びやスポーツ活動ができる、公園、コミュニティ広場、各種スポーツ施設の整備に努める。
b）地方公共団体は、学校の運動場の夜間照明の設置を進めて利用時間の延長を図り、クラブハウスなどの付帯施設の整備を図る。
c）企業の所有するスポーツ施設も学校・地域のスポーツ活動のために開放する。
d）社会教育団体、体育協会、スポーツ少年団、レクリエーション協会など、スポーツ事業を提供している組織・団体は、相互の情報交流を密にして、子どもや親子を対象とした多様なスポーツ活動の機会（スポーツ教室、スポーツ大会など）を提供する。
e）子どもの単独・単一種目のスポーツクラブの育成のみならず、子どもから高齢者までの異世代で構成される、生涯スポーツをめざした総合型地域

スポーツクラブの創設に取り組むとともに、学校運動部活動との連携協力体制を築く。
f）資格や特技をもつ地域のスポーツ指導者が、学校の要請に応じて体育授業のゲストティーチャーや運動部活動の外部指導者として、教員とともに児童生徒の教育にかかわる。
g）体育指導委員が学校と地域の合同運動会を企画運営したり、野外活動指導者が学校の野外活動プログラムの指導員として参加する。

> **調べてみよう**
> あなたが住んでいた地域では、休業土曜日にどのような学校外活動の場や機会が行われているか調べてみよう。

3）新たな経営組織の設立と機能化

これまでの学校の体育・スポーツ経営は、学校内の限られた経営資源によって主に展開されてきたが、上述したように、家庭や地域社会との連携のもとに、学校外の経営資源を十分に活用しながら体育・スポーツ経営を展開しようとするならば、学校の教職員だけの個別な経営組織では十分に機能できなくなる。そのため、地域住民・保護者の代表者を加えた学校区単位の経営組織の設立が必要となるであろう。また、子どもの生活圏域と地域の経営資源の十分な確保という点を考慮すれば、中学校区を単位とする経営組織が望まれる。さらに、体育・スポーツだけでなく、総合的な学習の時間をはじめとする学校教育全体にも機能させようとするならば、その経営組織は多様なメンバーで構成されねばならない。このような新たな経営組織には以下のような事例がある。

大阪府岸和田市の「山直（やまだい）スポーツクラブ」は、一つの中学校のサッカー部顧問教諭の転勤をきっかけに、学校と地域が連携して総合型地域スポーツクラブとして平成11年4月に設立された。学校の教師、市の職員、学生、ボランティア市民など40名の指導者のもと、300名を越える会員が、サッカー（小・中学生の部、青年の部、壮年の部）、バレーボール、バスケットボール、トータルスポーツ、エアロビ・健康美体操、柔道、キッドビクスの7種目の活動を展開している。このクラブ設立の要因は、中学校単独の運動部活動ではなく、小学生

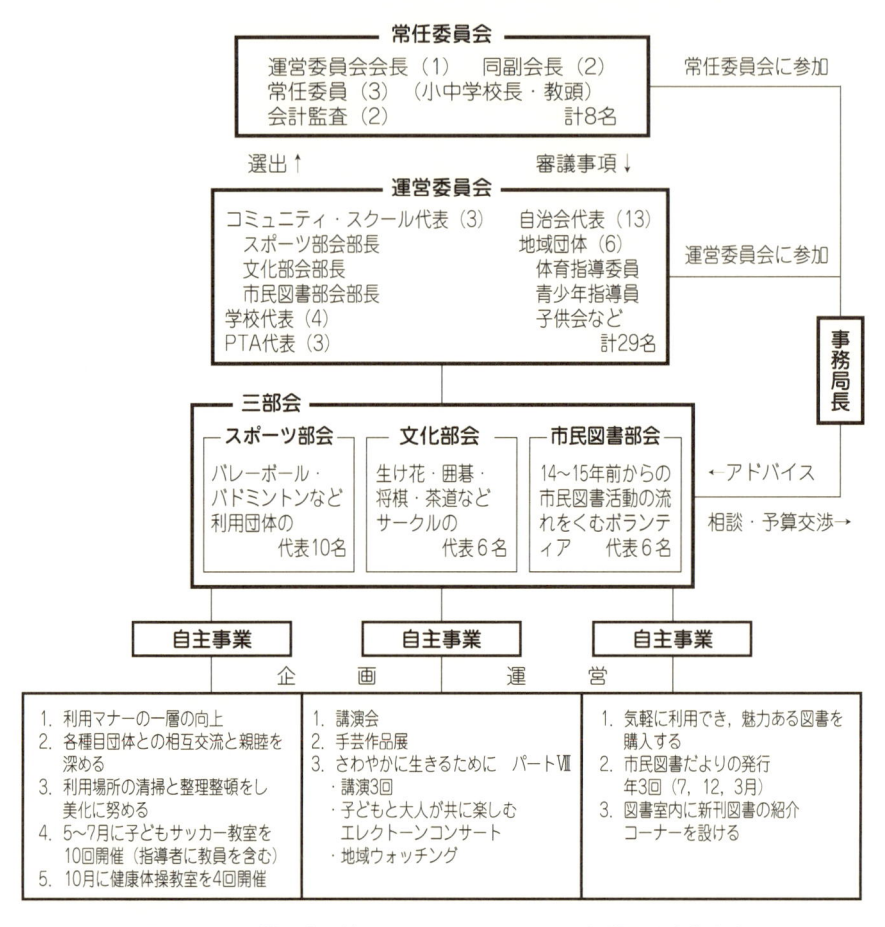

```
                    ┌─── 常任委員会 ───┐
                    │ 運営委員会会長（1）  同副会長（2）│
                    │ 常任委員（3）（小中学校長・教頭）│──── 常任委員会に参加
                    │ 会計監査（2）        計8名      │
                    └──────────────────┘
                     選出↑        審議事項↓
                    ┌─── 運営委員会 ───┐
                    │ コミュニティ・スクール代表（3）  自治会代表（13）│
                    │ スポーツ部会部長               地域団体（6）  │
                    │ 文化部会部長                  体育指導委員    │──── 運営委員会に参加
                    │ 市民図書部会部長              青少年指導員    │
                    │ 学校代表（4）                 子供会など     │
                    │ PTA代表（3）                         計29名  │
                    └──────────────────┘
```

三部会		
スポーツ部会	文化部会	市民図書部会
バレーボール・バドミントンなど利用団体の 代表10名	生け花・囲碁・将棋・茶道などサークルの 代表6名	14～15年前からの市民図書活動の流れをくむボランティア 代表6名

事務局長 ← アドバイス / 相談・予算交渉→

自主事業	自主事業	自主事業
企　　画		運　　営
1. 利用マナーの一層の向上 2. 各種目団体との相互交流と親睦を深める 3. 利用場所の清掃と整理整頓をし美化に努める 4. 5～7月に子どもサッカー教室を10回開催（指導者に教員を含む） 5. 10月に健康体操教室を4回開催	1. 講演会 2. 手芸作品展 3. さわやかに生きるために　パートⅦ ・講演3回 ・子どもと大人が共に楽しむエレクトーンコンサート ・地域ウォッチング	1. 気軽に利用でき、魅力ある図書を購入する 2. 市民図書だよりの発行年3回（7, 12, 3月） 3. 図書室内に新刊図書の紹介コーナーを設ける

図Ⅱ-1-2　横浜市Ａ校コミュニティスクールの組織図と事業内容

(柳沢和雄他「地域スポーツ経営におけるコミュニティスクールの検討」筑波大学体育科学系紀要第18巻, p.91, 1995)

も含めたFCジュニアとして過去に活動していたこと、現在の代表である顧問教諭の情熱と努力、FCジュニアの保護者の物心両面の支援、中学校長の助言・協力、中学校の同僚教員と地域の指導者の協力などであり、キーパーソンの働きかけと彼が築いていた人的ネットワークが大きな源泉であった。

　図Ⅱ-1-2は、神奈川県横浜市が取り組むＡ小学校のコミュニティスクールの組織図と事業内容である。平成2年度に、大規模校であったＡ小学校が新設

校と分離したために生まれた余裕教室を、生涯学習ゾーン（サロン、和室、研修室、市民図書室）としてリフォームし、1つの中学校と2つの小学校の学校開放運営委員会のメンバーを核にして発足した。行政主導で発足したとはいえ、歴史の古い学校開放で培われた住民の連帯感が核となってスポーツ部会、文化部会、市民図書部会の三部会が自主的に事業を企画し、学校の教員も指導者として協力している。

　さらに、富山県魚津市では、平成5年度に文部省の学校週5日制実践研究地域の指定を受け、各地区の公民館に、学識経験者と各種団体、PTA、公民館、学校の代表者で構成する「地区学校外活動充実推進会議」を設置し、学校が期待する子どものための学校外活動の内容、社会教育団体が希望する地域での諸活動、各種活動の利用施設や指導・管理の問題、PTAや地域住民のボランティアを中心にした協力・支援活動の問題を協議し、年間または学期ごとの活動スケジュールを作成している。

　完全学校週5日制時代における新たな体育・スポーツ経営組織、及び体育・スポーツ経営を内包する新たな生涯学習の経営組織の設置には、既存の組織（PTA、子ども会、学校開放委員会、自治会など）で培われた人的ネットワークをいかに再編・統合するかがキーポイントとなる。もちろん、地域によって学校・社会教育の歴史や環境が異なるため、様々なタイプがあってよいのである。しかし、どのようなタイプの経営組織を模索しようとも、スクールリーダーである学校長が変革主導の行動を積極的に行い、21世紀の生涯スポーツ・生涯学習のための「開かれた学校」のあり方に対する教職員の意識改革をまずもって成さねばならない。

> **調べてみよう**
> 学校・家庭・地域社会が連携して体育スポーツ経営に取組んでいる事例を調べ、その成果と課題をまとめてみよう。

<藤田雅文>

II-2 地域のスポーツ経営と総合型地域スポーツクラブ
― 生涯スポーツ社会の本格的構築に向けて ―

学習のねらい

これまでの地域スポーツ振興をめぐるスポーツ行政体やスポーツ経営体のしくみを例示し、地域スポーツ経営にかかわる多様な課題を運動者の問題とスポーツ事業の問題にわけて理解する。また、これまで展開されてきた各種スポーツ事業の状況や特徴を把握する。そしてその課題との関連で総合型地域スポーツクラブの意味を検討する。すなわち、総合型地域スポーツクラブは、これまでの地域スポーツ経営体や行政体が展開してきた振興策の課題を解決する一つの方法として、振興策の延長線上に位置づける。その中で、現代社会やこれからの地域生活における総合型地域スポーツクラブ育成の必要性を理解し、総合型地域スポーツクラブの育成、維持・発展の方法論をめぐる諸課題についての理解も深める。

学習のポイント

①地域スポーツにおける運動者の課題を理解する。
②地域スポーツ経営の仕組みを理解する。
③地域スポーツ経営における基本的体育・スポーツ事業の展開と課題が説明できる。
④総合型地域スポーツクラブの概要が説明できる。
⑤総合型地域スポーツクラブ育成をめぐる課題を理解する。

キーワード

地域スポーツ経営、スポーツ施設の整備基準、学校開放、プログラミング、地域スポーツクラブ連合、総合型地域スポーツクラブ、ボランティア、受益者負担、パブリックリレーションズ、住民参加、住民主導

1. 地域スポーツの現在

(1) 地域におけるスポーツの様相

1) 地域住民の運動生活とスポーツ実践

　地域におけるスポーツの状況は、成人の年間のスポーツ実施者が7割に達するほど活発に行われるようになってきた。しかし、週1回以上の定期的なスポーツ実施者の割合は35％程度であるし、スポーツクラブの参加者も20％に満たない。すなわち地域住民の体育・スポーツ事業への接近行動はみられるようになってきているものの、その運動生活は実質性を伴うまでに至っていないとみることができる。

　数値上では地域のスポーツ人口は増大したと評価できる。もちろんスポーツ人口を増やす施策はなお継続されねばならないが、地域におけるスポーツ活動の質に目を向けると、地域スポーツの様相は「地域」にふさわしいものになっているとは言い難い。すなわちある一定の地理的範囲の住民が、健康で豊かな地域生活を実現するために、互いに協力し合ってスポーツ活動を作り出すという仕組みや意識は醸成されているとは言い難い。そこでのスポーツ活動には、いわゆる生活スポーツとしての様相からかけ離れた現象もみられる。極端な表現をすると、現在の地域スポーツはチャンピオンシップスポーツを模倣する傾向もあり、地域生活を豊かにするスポーツの「楽しみ方」が不在のままスポーツ活動が展開されていると見ることもできる。それゆえ地域スポーツにおける様々な問題が発生してきたと考えられる。

　日本における地域スポーツは、一部、競争論理を重視するがゆえにその活動の様相は極めて閉鎖的になっている場合も多い。すなわち、多くのスポーツクラブの活動を見ると対外試合に向けた練習が活動の中心となり、一年中同じ仲間と同じスポーツ種目を行っている。また、クラブの人間関係は選手と補欠というチーム型の関係になりやすく、歴史と戦歴のあるクラブほどその敷居は高い。さらに"自分たちが楽しめればよい"という意識をもつクラブや住民が少

なからずおり、施設の既得権を主張したりする「楽しみ」の囲い込み現象もみられる。

　また、クラブに限らず地域住民は行政依存、あるいは他者依存的性格が強く、第三者がスポーツ環境を整備してくれれば参加する傾向があるし、スポーツ教室や行事といったスポーツ環境を整備するというかかわりに参加しない人々も多いのが現状である。

　さらに従来のプログラムサービスやクラブサービスなどのスポーツ事業の構成方法をみると、子どもは子どもだけで、高齢者は高齢者だけで、障害者は障害者だけで集団を作るようなスポーツ事業が企画されている。もちろん指導効率や安全性といった側面からは、そのような集団でのスポーツ活動は妥当なものと言えようが、「地域」にふさわしいスポーツ活動としては不足があろう。地域は「生活の場」であり、このようなスポーツを展開しているのでは、地域生活の基盤となる人間関係は広がらないであろう。例えば、子どもはどの程度「地域」を知っているのであろうか。働き盛りの男性はどの程度地域を知っているのであろうか。今の子どもにとって「地域」とは学校に行く通学路であり、道草をしたり地域の大人とかかわったりする生活体験の場ではなくなっている。

2）子どもの遊び・スポーツの変容

　少子化現象は、子どもの遊びやスポーツに変化をもたらしてきている。特に、子どもの遊び仲間の小規模化や外遊びの減少、人数不足で成り立たない運動部活動、少子化がもたらす新規教員採用減による顧問不足と顧問の高齢化問題など、子どもの遊びやスポーツの環境が変化してきている。

　また、近年増加している子どもの社会問題や生活問題は、子どもの学力観や従来の学校教育の機能の見直しを迫り、多くの教育改革が進められている。例えば、完全学校週5日制は、子どもの生活にゆとりをもたらすことを一つの意図としたものである。これらの教育改革は学校の問題だけでなく家庭や地域の問題としてもとらえられている。すなわち子どもの教育や健全な育成は、学校の中だけでは達成することはできず、家庭や地域社会が協力することで可能となるものであるとの認識が広まっている。いわゆる学校・家庭・地域の連携の中で、地域がいかに子どもの教育や育成にかかわることができるかという課題

は、必然的に地域社会や大人の在り方の問題となる。子どもの遊び、スポーツについても地域スポーツ経営は大きな関心を寄せねばならないし、学校週5日制も学校の問題だけではなく地域スポーツ経営の問題としてとらえねばならない。

(2) 地域におけるスポーツ経営のしくみとスポーツ事業

1) 地域スポーツ経営の構造と経営体

　地域におけるスポーツ活動が盛んになった背景には、地域スポーツにかかわる様々なスポーツ経営体や行政体の努力がある。地域スポーツをめぐるスポーツ経営体の理解については、体育・スポーツ経営の領域がボーダレスになってきていることもあり、ここでは公共スポーツ施設の経営体や学校体育経営体との関連も意識してみたい。すなわち、公共スポーツ施設経営は地域のスポーツ振興の中に位置づける必要もある。また、学校体育経営に関しても学校開放との関連、運動部活動や子どもの遊びとの関連で無視することはできない。

　さて、これまで地域スポーツ振興にかかわる中心的なスポーツ経営体は市区町村の教育委員会及び公共スポーツ施設の経営体であり、体育指導委員、体育協会がその活動を支えてきた。これらの体育・スポーツ経営体は、地域スポーツ振興と豊かな運動生活の実現に向け、様々なスポーツ事業を展開してきた。

　地域スポーツ経営の構造は、地域におけるスポーツ経営体が複数あるので極めて複雑になる。しかしながら、従来の地域スポーツ振興をめぐる経営体の主役は、本来行政体として機能すべき教育委員会であった。特に自治体の規模が小さくなればなるほど、教育委員会が地域住民の運動生活を支えるための各種スポーツ事業を提供し、スポーツ経営体としての特徴を強くもたねばならない状況にあった。また、地域住民が関連する経営体としては、教育委員会が能力と熱意のある地域住民に委嘱する体育指導委員協議会や、各種競技団体が組織する伝統的な体育協会がスポーツ経営体として機能してきたし、学校開放運営委員会や地区スポーツ振興会といった経営体もある。もちろんこれら地域住民が関与する経営体の中には、成果を上げている経営体も少なくないが、施設の管理や利用調整に終わっていたり、行政事業の肩代わり的な活動をする経営体

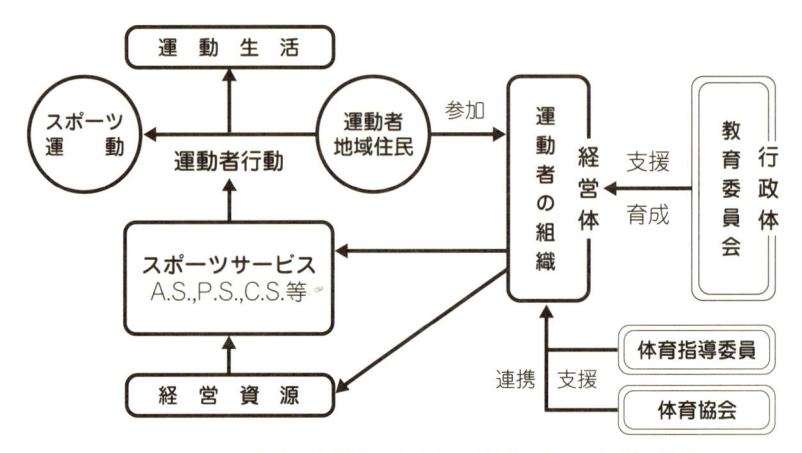

図Ⅱ-2-1　運動者の組織を中心とした地域スポーツ経営の構造

も多い。このような行政主導の性格を強くもつ仕組みの中で、地域住民はスポーツ事業の享受者として扱われてきたため、その主体性や受益者負担意識は十分開花することはなく、いわゆる住民参加や自主運営によるスポーツ経営はほとんど実現されなかった。しかしスポーツが本来、自主的な意思による活動であることや、スポーツが地域生活を豊かにする文化として機能することが期待されていることなどを勘案すると、地域住民で構成する運動者組織がスポーツ経営体となるようなスポーツ経営がめざされなければならない。総合型地域スポーツクラブ育成は、この運動者によるスポーツ経営体の育成でもある（図Ⅱ-2-1参照）。

2）地域スポーツをめぐる経営資源としての施設整備と開放事業

　公共スポーツ施設の整備は地域スポーツの活動拠点となる経営資源を整える活動であり、それら施設の開放事業は「物理的な空間」を提供する事業であった。施設整備に関しては昭和47年保健体育審議会答申のスポーツ施設の整備基準（巻末資料5参照）が大きな影響をもった。同答申では人口規模ごとの施設別箇所数が示され自治体の施設整備目標となった。その後、地域の特性や地価の上昇等により、その基準は現実的な意味が薄れてきたため、平成元年保健体育審議会答申のスポーツ施設の整備指針では、地域の実情に応じて地域施設、市区町村域施設、都道府県域施設という施設レベルを想定して整備する指針が

出された（Lec.4-2-(2)「経営資源としての施設」参照）。この中で、地域施設は日常生活圏にあって地域住民のスポーツ活動に寄与する機能をもつ施設として想定されている。すなわち地域施設は、地域スポーツ振興の基本的な範域（ゾーン）をカバーする拠点施設となる。しかし、日常生活圏ごとに地域施設を整備することも困難である場合も多く、その代替として学校施設開放が機能することになる。学校施設は低年齢の児童が通える日常生活の範域にあり、様々な生涯学習機能を備えた社会資本でもあるため、コミュニティセンターとしての位置づけが期待されている。ここに「学区」のもつ意味がある。しかし学校開放をめぐっては、運動施設・付帯施設・付属設備の不備、定期的開放状況、管理責任の所在などの開放事業内容の問題や利用者のマナーの問題、学校開放をめぐる利用者や住民の主体的な運営組織化の問題など解決すべきことが多い。

3）地域におけるプログラムサービス

　地域のスポーツ環境の整備に関しては、以前から比べれば住民のニーズに対応しようと徐々に整備されてきてはいるものの、依然としてスポーツ教室、スポーツ行事といったプログラムサービスを中心とした行政主導型の事業展開が多く見られる。スポーツ行事やスポーツ教室といった多様なタイプのプログラムサービスは現在においても重要ではあるものの、それら事業が他のプログラムや事業と関連性がなく、プログラム単位で行われていたりする場合も多く、体系的なプログラム計画が望まれる。

　プログラムサービスは多くのスポーツ経営体が取り組んできた事業であるが、いわゆる行政主導型のプログラム展開では、運動者行動の契機とはなるものの、その継続性を高めることは難しいし、何よりも「地域スポーツ」にふさわしい地域住民の自主性は育成されないし、自立したスポーツ組織は育たない。行政依存型の運動者を育ててきたのはこのような行政主導型のプログラムサービスであったということもできる。

　その意味からも、自律的に運動生活を形成できる能力をもった運動者の育成が意図されたプログラムサービスとそのプログラミングが望まれる。特にスポーツ教室などのプログラムでは、単にスポーツ技術を学習するだけでなく、地域の中で多様な人々とスポーツを楽しむ「楽しみ方」やクラブライフに関する

学習なども考慮されるべきである。

4）地域におけるクラブサービス

　地域におけるスポーツクラブの育成は、その活動の継続性、組織性、合理性、自律性といった特徴がもたらす身体的効果、心理的効果、社会的効果の重要性から、スポーツ経営体が大きな期待を寄せてきた事業である。スポーツクラブの育成には、自然発生的な組織化を待つだけでなく、スポーツ教室からスポーツクラブへといったスポーツ経営体からの働きかけで組織化されたクラブも多くみられる。

　地域におけるスポーツクラブはその数は増加してきているものの、その9割以上はチーム型のクラブである。このようなチーム型のスポーツクラブでは、新規のクラブ員が入会せず規模や活動が縮小したり、その分裂や解体も多くみられる。その背景には、活動拠点の確保が難しいといった問題もあろうが、地域のスポーツクラブが従属的性格をもち、競技的なスポーツクラブになっていることが予想される。スポーツクラブの崩壊には、もちろんスポーツ集団としてのクラブがもつ閉鎖的な特性も影響しているが、運動者間の人間関係の問題、スポーツの楽しみ方の欠如などの問題を内包している。そのようなスポーツをめぐる問題を処理しきれない、非自治的な特性を残したまま、次なる活動を展開しても地域スポーツの発展は期待できない。

　このようなチーム型のスポーツクラブ育成の延長線上に、地域スポーツクラブの連合化が試みられた時期があった。地域スポーツクラブ連合は、チーム型のクラブの増加に伴う活動施設や財源の確保といった諸問題に対応するとともに、地域スポーツ全体の効率化や活性化といった期待があったと思われる。しかし行政主導で学校施設を利用するクラブ連合を種目ごとあるいは地域ごとに組織したが、クラブ連合の活動内容は施設の利用調整や事務連絡が中心であり、連合が地域住民のためにスポーツ行事やスポーツ教室を催したり、スポーツの指導をするといったスポーツ事業を展開するに至らなかった。すなわちこのクラブ連合は連合に加盟する各クラブの利益を保証するための機関としてのみ機能し、連合化することによって多様なスポーツの楽しみ、他のクラブとの交流といったクラブにとってのメリットや、単独クラブではできない事業展開が可

能になったり、学校週5日制に対応できる地域の教育力やコミュニティ形成に貢献できるといった可能性が実現することはなかった。

(3) 地域スポーツ経営をめぐる現代的課題

　地域スポーツは、地域生活の豊かさをもたらしてくれる重要な活動として認知されてきている。しかし、その振興には多くの課題があり、その課題解決に志向した地域のスポーツ経営が模索されねばならない。

　地域における個別のスポーツ事業の見直しは、依然として重要なスポーツ経営の課題である。例えば学校週5日制の中での学校開放事業の見直しや、地域に応じた自律的な運動者育成のためのプログラムサービスのプログラミングなどは、早急に取り組まねばならない課題である。また、行政主導型から脱却した自律的なスポーツ経営体の育成も重要である。さらにそれら地域のスポーツ経営の方向性としては、運動やスポーツのもつ諸便益の実現、特に「地域」あるいは「コミュニティ」にふさわしい社会的な便益を実現するスポーツ事業、そして協働システムとしてのスポーツ経営体の育成やスポーツ振興の仕組みづくりが重要な課題となっている。

　文部省（現文部科学省）は、平成12年9月に「スポーツ振興基本計画」を打ち出し、その中で、「できるかぎり早期に、成人の週1回以上のスポーツ実施率が2人に1人（50パーセント）となることを目指す」という政策目標を打ち出した。また、そのために必要不可欠な施策として、総合型地域スポーツクラブの全国展開を掲げている。このような政策が打ち出された背景には、週1回以上の定期的なスポーツ実施者の割合は、半分の35％程度という状況があるものと考えられる。定期的な運動・スポーツ実施者をいかに増やしていくかという問題は、体育・スポーツ経営学の立場からは、P.S.やA.S. C.S. の整備を図りながら実質的な運動実践者を増加させつつ、クラブの維持・発展をいかに図っていくかという問題になる。さらに総合型地域スポーツクラブ育成をめぐっては、それが地域におけるスポーツ経営体として機能することが期待される。すなわち、クラブ会員や会員としての団体やサークルのスポーツ活動を支援するスポーツ事業だけでなく、広く地域住民に対するスポーツ事業を展開する機能をもつことにより先の政策目標が達成できる。

2. 総合型地域スポーツクラブ構想

　総合型地域スポーツクラブとは、地域住民が主体的に運営するクラブで、複数の種目が用意されており、地域の誰もが、年齢、興味・関心、技術・技能レベルなどに応じて参加できるクラブのことをいう（図II-2-2）。確かに、多様な人々が各自の特徴に応じて選択的にスポーツが行える環境は、豊かな運動生活の形成に大きな効果が期待できる。また、その他に地域スポーツ振興にとって重要となるのは、総合型地域スポーツクラブが1中学校区程度の範域の住民を対象にして各種の住民が交流できること、運営委員会などの住民の組織が主体的に運営すること、そして会員と会員以外に各種のスポーツ事業を提供する体育・スポーツ経営体としての機能をもっていることにある。

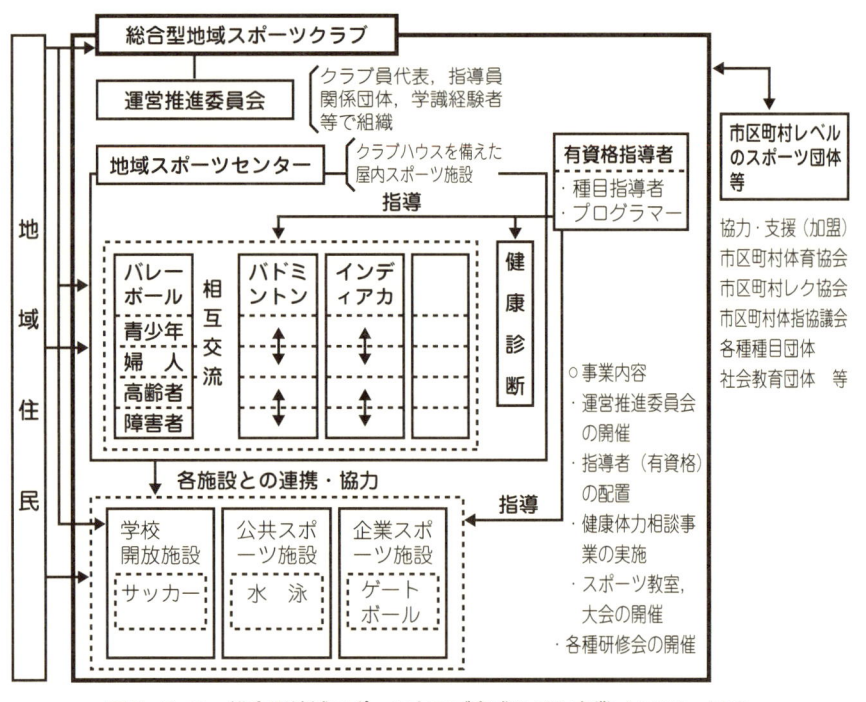

図II-2-2　総合型地域スポーツクラブ育成モデル事業（文部省，1995）

> **話し合ってみよう**
> 地域スポーツ振興をめぐるスポーツ経営の課題との関連で、現在、なぜ総合型地域スポーツクラブ育成が求められているか話し合ってみよう。

3．総合型地域スポーツクラブの経営課題

(1) 総合型地域スポーツクラブと地域社会の将来像

「なぜ総合型地域スポーツクラブを育成するのか。」総合型地域スポーツクラブ育成をめぐって必ず出てくる問いである。特に地域のスポーツ関係者にとっては、これまでの努力に加えて、さらに新しいスポーツ経営体を育成する必然性は理解されにくい。また、形式的な運動生活を送っている人やS運動者にとっては育成の意味は理解されず、スポーツ愛好家のクラブ育成に理解され、クラブへの参加や協力が得られないことも多い。

これまでの地域スポーツの課題を解決し豊かな運動生活、そして地域生活の実現をめざす一つの入り口としての総合型地域スポーツクラブには、スポーツ関係者はじめ多様な住民や組織の「行うスポーツ」への参加と、「支えるスポーツ」の実現が前提となる。そのためには総合型地域スポーツクラブ育成の目的や経営理念が地域で共有されていることが必要となる。その理念や目的は、単にスポーツをする人々の集まりや場づくりという意味だけでなく、地域で子どもを育てるための遊びやスポーツの空間づくりであったり、学校週5日制への地域からの対応策であったり、高齢化社会に向けた豊かな集いの空間づくりといった、生活課題の解決に向けた理念が求められる。現在抱えている生活課題を解決し、次の世代に残したい地域の将来像が描かれ、それとの関連で総合型地域スポーツクラブが位置づけられなければ、多様な人々の協働システムとして総合型地域スポーツクラブは育成できない。

> **話し合ってみよう**
> あなたが生活している地域社会には、スポーツ振興をめぐってどのような問題があるか話し合ってみよう。特に、子どもの生活と遊びやスポーツ問題については、関連資料を基に話し合ってみよう。

(2) 地域の特性に応じた総合型地域スポーツクラブ

　我が国の地域スポーツクラブのほぼ9割が単一種目型のクラブチームであることを考えると、全く新しく総合型地域スポーツクラブを組織し、その普及と定着を図っていくことは容易ではない。

　総合型地域スポーツクラブの高い理想を実現していくためには、中・長期的な目標に基づく戦略的な条件整備が大切となってくる。したがって、理想型として掲げられる総合型地域スポーツクラブの形態を整えていなければ、総合型地域スポーツクラブとはいえないというように、総合型地域スポーツクラブを固定的にとらえてしまうことは、総合型地域スポーツクラブの形成や定着を図っていくことに逆機能する可能性さえあるものといえよう。そこで、総合型地域スポーツクラブの育成を、理想とする形態に至った結果としてとらえるのではなく、「スポーツ経営体としてのクラブが自律的に地域の経営資源を再編・活用しながら、クラブ組織の維持・発展を図っていく過程」ととらえていくことが重要となる。地域にはこれまでのスポーツ振興政策や生涯学習政策の結果としての事実がある。学校開放を重点的に行ってきた地域では、多くのチーム型クラブが学校開放の利用にひしめき合っている地域もある。また地区スポーツ振興会といったゾーン内の組織化を図ってきた地域もある。このように地域にはこれまでの経緯があるため、どの自治体でも一様な総合型地域スポーツクラブづくりはできない。

(3) 既存のスポーツクラブの連携化

　総合型地域スポーツクラブは、多種目・多世代・多志向型のスポーツクラブであるともいわれる。しかし、そのすべての条件が満たされていなければ、総合型地域スポーツクラブとはいえないというものではない。例えば、サッカー少年団の各単位団が互いに結束しあい総合型地域スポーツクラブとして継続的な発展をめざしている場合には、単位団では購入が難しいゴール、ネット、テント等の比較的高額な器具も、総合型地域スポーツクラブとして結束することによってクラブの共有物品として購入していくことができる。つまり、単位団（チーム）がバラバラに活動するのではなく、結束、連携・協力していくことによって規模の経済という効果が生み出されるわけである。

このように、既存のスポーツクラブを総合型地域スポーツクラブへと再編していく方策もある。既存のクラブチームの結束、連携・協力を促進していくという場合、基本的には次の2つの道すじが考えられることになる。ある世代を中心に活動を展開しながら将来的に多種目の活動展開を図っていくという方策と、ある種目を中心に多世代的な活動を展開しながら将来的に多種目への活動展開を図っていくかという方策である。もちろんこの2つの方策は、地域の状況によって、どちらからスタートさせるかは異なるものであり、各地域の状況によっては、2つの方策を同時に推し進めていくという場合も考えられる。既存の地域スポーツクラブが結束・連携・協力を深めていくことによって、経営組織としての総合型地域スポーツクラブは大規模化すると考えられるが、そうなると同種目であっても、競技志向、健康志向、レクリエーション志向等々、多様な志向をカバーできるようなクラブの運営体制への工夫が求められることになろう。

(4) クラブの維持・発展に向けた経営上の課題

1) スポーツ事業以外の諸活動

　総合型地域スポーツクラブはスポーツ事業を提供するスポーツ経営体であるが、行うスポーツの場としてのスポーツ事業だけでなく、会報の発行や地域のメディアを活用したプロモーション活動など、新規会員の獲得をねらいとした事業も数多く提供する必要が出てくる。また積極的にボランティアの活用を図ったとしても、実際には会費収入だけでは賄いきれない場合が少なくない。したがって、バザーやフリーマーケットを行ったり、広報誌に企業・事業所の宣伝広告を掲載し広告収入を得ていく等の、運営費獲得の活動を展開していく必要性も出てこよう。

2) ボランティアの確保

　クラブが主体的にそれらの事業を展開していくためには、労力のもちよりが必要になる。総合型地域スポーツクラブの運営は住民による自主運営となるが、その位置づけはボランティアとなる。しかもある特定のスポーツ種目を通年提

供することとなると、かなりの数のボランティア指導者が必要になる。また、ボランティアの指導者だけでなくクラブの運営を担当するクラブ指導者（組織指導者）による運営組織の組織化も必要になる。そこでは、事業の企画や広報、会計といったスポーツ指導とは異なった活動が可能な人材が求められる。まさに総合型地域スポーツクラブの維持・継続はこのボランティアの獲得にある。

3）会費と受益者負担意識

クラブ経営に要する経費は会員の会費がその基礎となる。しかし現在のところ受益者負担という意識は住民にまだ根づいておらず、会費負担に抵抗をもつ人々も多い。住民の受益者負担意識の醸成は容易ではないが、個人の負担能力に応じた受益者負担を取り込んだ料金体系の導入や、クラブの提供する各種スポーツ事業の魅力を高めたり、体験の提供によってクラブの魅力を理解してもらうなど、長期的に受益者負担意識を育ててゆく必要がある。

4）パブリックリレーションズの確保

総合型地域スポーツクラブは多様な地域住民を対象としたクラブである。総合型地域スポーツクラブの理念が、子どもの育成や遊び環境の整備、学校週5日制への対応、高齢化社会への対応、地域づくりといった方向性をもつとするならば、スポーツ関係を越えた組織や団体の理解と協力が求められる。また、例えば、児童生徒は学校教育関係の部局、障害者や高齢者は福祉関係の部局というように、従来の行政制度の中では各部局別に対象とする住民が特定化されてきた傾向がある。総合型地域スポーツクラブを育成する場合には、このような関連部局との連携が求められる。また、スポーツ関係機関の中での連携や協力が得られなければ、総合型地域スポーツクラブの育成と発展はありえない。

このように総合型地域スポーツクラブの理念との関連や、行政の制度、対象となる住民の多様性を想定すると、総合型地域スポーツクラブを中心とした他機関や部局とのパブリックリレーションズが重要になる。

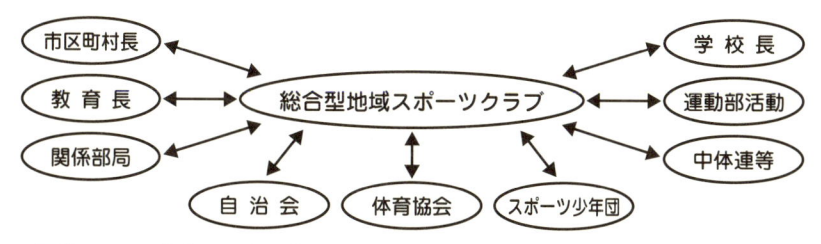

図Ⅱ-2-3　総合型地域スポーツクラブと関連団体とのパブリックリレーションズ

(3) 任意団体か法人組織か

　総合型地域スポーツクラブが、クラブの維持・発展のために非営利目的のスポーツ事業を展開していくにとどまる場合は、任意団体として活動していくことに問題がないようにも思われる。しかしながら、任意のクラブとはいえ、代表者は存在し、その下に会員が集うということになる。そこに、若干でも会費徴収等、金銭の授受がある場合には、会計処理の明朗化が図られなければならないことはいうまでもない。また、任意のスポーツクラブで特別な契約書が無い場合でも、会員とクラブの間にはクラブ加入にかかわる契約が成立すると考えることが妥当といえる。したがって、運動者や指導者の保護という観点から、安全対策を常日頃から組織的に怠らないこと、さらに、クラブ加入時に傷害保険等に加入することを会員に義務づける等の配慮が不可欠となる。

　総合型地域スポーツクラブとして活動を展開していく場合には、クラブの維持・発展にかかわる事業のみならず、それに要する費用を自律的に捻出していくためにも、運営費獲得の活動も展開していく必要が生じることがある。収益が大きくなると、税務処理上の問題もあり、任意団体での活動には限界が伴うことになる。一定の収益をあげたり、将来的にクラブ固有の財産を保有するようになってくると、もはや任意団体として活動を継続していくことは困難といわざるをえない。そこに、法人の意味が出てくることになる。NPO法人は、予め資産を保有していない団体であっても、公益に資するための活動目的、組織体制が整っており、事業計画等が明確であれば認可され得る法人組織である。総合型地域スポーツクラブの発展をめぐっては、将来的にNPO法によるクラブの法人格取得を視野に入れる必要が出てくるクラブもあろう。

> **調べてみよう**
>
> NPO とは Non Profit Organization の略であるが、その根拠となっている「特定非営利活動促進法（NPO 法ともいう）平成10年12月1日」を調べてみよう。また総合型地域スポーツクラブの NPO 法人の資格取得にはどのような意味があるか考えてみよう。

(4) 総合型地域スポーツクラブづくりにおける行政と経営

　文部科学省や都道府県、そしていくつかのスポーツ関連団体は、全国にモデル指定地区を設定し、総合型地域スポーツクラブ育成の支援を行っている。そのほとんどは、指定事業の受け入れ窓口が市区町村の教育委員会となっており、指定事業の受け入れと事業の導入段階では行政主導となっている。しかしながら、地域のスポーツクラブは、本来、地域住民の自発意思に基づく自由な活動であることから、地域スポーツクラブの実際上の運営は行政主導になじまない。地域スポーツクラブの育成や生涯スポーツの振興では、期待される基本的考え方を行政主導で示していくことは大切なことである。しかし、その考え方をいかに実現していくかという問題は、行政の問題というより地域のスポーツ経営の問題であり、住民の自主的なクラブ運営の問題といえよう。

　また、総合型地域スポーツクラブの育成に早急に取り組めない自治体もあろう。しかし、行政体は長期的なスポーツ振興のマスタープランをもち、そのマスタープランの中に総合型地域スポーツクラブを位置づけておく必要がある。例えば、住民の意識啓発のため学校週5日制に向けた学校・家庭・地域のシンポジウムを開催したり、チャレンジデーといったまちぐるみのイベントの中で関係機関にその意味を啓蒙したりすることもできよう。また、学校開放委員会の機能を再編したり、学区や地区のスポーツ振興会といった住民の自主運営組織の育成によって、将来の総合型地域スポーツクラブへの準備をするといった取り組みはどの自治体でも可能なものである。このように、スポーツ経営体としての総合型地域スポーツクラブへの発展可能性のある組織の基盤整備も、極めて重要な行政課題となってこよう。

<赤松喜久>

II-3 民間スポーツ・フィットネスクラブの経営戦略

学習のねらい

　民間スポーツ・フィットネスクラブは、学校や地域などの体育・スポーツ経営の実践領域とは異なり、競争環境下において、いかに効率的かつ効果的に「顧客の創造と維持」を図っていくかが、スポーツ経営をめぐる重要課題となる。

　本講では、そうした顧客の創造と維持の方法について「経営戦略」という観点から理解する。そのため、「民間スポーツ・フィットネスクラブ経営の目的とは何か」「会員はどのような消費行動をとるのか」「民間スポーツ・フィットネスクラブのスポーツ事業にはどのような特徴があるのか」といった道すじを経て、民間スポーツ・フィットネスクラブの経営戦略の構造について学習する。

学習のポイント

①民間スポーツ・フィットネスクラブ経営の目的を理解する。
②とらえどころのない、会員の消費行動へのアプローチの仕方を理解する。
③民間スポーツ・フィットネスクラブのスポーツ事業の仕組みを理解する。
④民間スポーツ・フィットネスクラブの経営戦略の構造図を理解する。

キーワード

　民間スポーツ・フィットネスクラブ、社会的責任、会員権事業、経営戦略、マーケティング、支援型マーケティングミックス

1．民間スポーツ・フィットネスクラブとは

　都市部を中心にして経済的な交換を前提としたスポーツクラブやフィットネスクラブが発展してきている。ここでいうスポーツ・フィットネスクラブは、民間の営利を目的とする経営組織が企業として利潤を追求し、多様な目的をもった人々を対象に会員制クラブを経営する健康・体力増進施設と定義づけられる。この中には、人々の健康・体力の維持向上をめざして、単一ないしは複数の運動・スポーツ種目を会員に提供する、ゴルフクラブ、テニスクラブ、(成人向けの)スイミングクラブ、アスレチッククラブ、ヘルスクラブ、フィットネスクラブ、さらにはウエルネスクラブなど、施設構成・規模やプログラムの内容、顧客ターゲット層などに応じて、多様な呼称をもつクラブが含まれる。

> **話し合ってみよう**
> 　民間スポーツ・フィットネスクラブは、同じように「クラブ概念」をもつ総合型地域スポーツクラブとどのような点が違うのだろうか。両者をいろいろな側面から比較して、みんなでその違いについて討議してみよう。

　1980年代後半から、人々の健康意識やフィットネスブームを背景に急増した「フィットネスクラブ」という名称が多くの人々の間に普及・定着し、むしろ、先に示したスポーツクラブ概念の代名詞として多用されるようになってきている。「平成10年特定サービス産業実態調査(フィットネスクラブ編)」(通産省、1998)によれば、フィットネスクラブとは、「屋内プール、トレーニングジム、フィットネススタジオなどの運動施設を有し、インストラクター、トレーナーなどの専門指導員を配置し、会員にスポーツ、体力向上などの個人指導を継続して行う事業所である」と定義されている。

　このように、わが国では、スポーツクラブやフィットネスクラブという呼称を厳密に区別することなく曖昧に用いてきたというのが現実である。しかし、スポーツとは、本来、「一定のルールに基づいて自主的・自発的に楽しむあらゆる身体活動」であるのに対して、フィットネスとは「人間が日常生活を快適に営むための、ないしは意図した行為を実際に行うための身体的・精神的・社

会的・情緒的な適性状態」(「ウエルネス状態（wellness）」と言ってもよい）を意味する言葉である。したがって、スポーツクラブとは「会員がスポーツ活動そのものを自発的・自主的に楽しみながら、多様なスポーツの便益や価値を享受する場（空間）」であるのに対して、フィットネスクラブとは「会員が様々な（特に運動系の）活動を通じて、健康問題を改善しウエルネス状態を創り出す場」というように、機能的に区別して理解しておくことも重要である。現実的には、どちらか一方の施設機能を有するクラブや両方の施設機能を兼ね備えたクラブも存在しており、そうした意味では「民間スポーツ・フィットネスクラブ」と総称した方が実態にはよりフィットしていよう。

2．民間スポーツ・フィットネスクラブの経営目的

民間スポーツ・フィットネスクラブ経営とは、「スポーツ・フィットネス事業の生命を維持・発展させていくこと」を究極的な目的とするダイナミックな活動であり、次の5つの目的を持って経営活動を営むことが必要である。

第1に、経営の目的は、「顧客創造と維持」である。自クラブが提供するスポーツ・フィットネス活動を喜んで受け入れてくれる人々をより多く獲得し、かつそのような顧客が長期的に継続してくれるように努力することである。このことは、「運動者行動の形成と維持・発展」と言い換えてもよい。

第2は、「顧客満足の提供」である。クラブ経営の成功は、顧客自身の多様な基準によって納得が得られるようなクオリティと価値をもった、スポーツ・フィットネス活動や経営理念を提供することによってもたらされる。そうした「顧客自身の価値基準に見合うスポーツ・フィットネス活動を基軸としたライフスタイル」（豊かな運動生活）の提供が、スポーツにおける顧客満足に結びつくのである。

第3は、「適材適所」の思想に基づいて、「ヒト」を生かすよりよい組織をつくることである。あらゆる組織にとって、「ヒト」は極めて重要な経営資源である。概して、民間スポーツ・フィットネスクラブそのものは小規模な組織であるから、契約社員やパートタイマーをも含めてよい組織づくりにつとめることが重要となる。

第4に、民間スポーツ・フィットネスクラブは企業市民として「社会的責任」を果たさねばならない。すなわち、クラブがスポーツ・フィットネス事業を展開していく上で、競争他社をはじめ、そこに働く従業員、消費者（会員）、地域社会（地域住民・公共団体・行政機関・各種競技団体）などの多様なステークホルダー（利害関係者）に及ぼす影響を的確に処理するとともに、社会の抱える問題の解決に貢献すること（社会的貢献）が、これからのクラブ経営の基本なのである。そして、「文化としてのスポーツ・フィットネス」の普及・振興に対する責任と貢献を目的とするクラブ経営の有り様が、社会的にも経済的にも高い評価を得ていくのである。

　最後に、民間スポーツ・フィットネスクラブの経営においては、公共スポーツ施設や総合型地域スポーツクラブなどの非営利組織の経営とは違って、本来、利潤を度外視することができないところに特徴がある。したがって、利潤追求と第4の目的である社会的責任は相矛盾する目的であるかの感を与えるが、むしろ、利潤とはクラブの経営（事業）活動や意思決定の妥当性を判定する基準と考えた方がよかろう。そうした意味で、民間スポーツ・フィットネスクラブは一定の利潤を確保し拡大して初めて、人間や社会を重視するという「経営倫理」にかなうクラブになることができるであろう。

> **考えてみよう**
> 　民間スポーツ・フィットネスクラブは、経営倫理にかなうクラブになるために、具体的にどのような活動を実践していけばよいか。「社会的責任」という観点からそうした活動をピックアップしてみよう。

3．民間スポーツ・フィットネスクラブのスポーツ事業の特徴と課題

　民間スポーツ・フィットネスクラブは人々のスポーツ・フィットネス消費行動にキメ細かく対応し、クラブ選択決定過程（消費者行動）において多くの人々から「選ばれるクラブづくり」をめざしていかなければならない。そのためには、そうしたクラブづくり（クラブ経営）の基盤となるスポーツ事業の特徴と課題を理解しておく必要がある（図Ⅱ-3-1参照）。

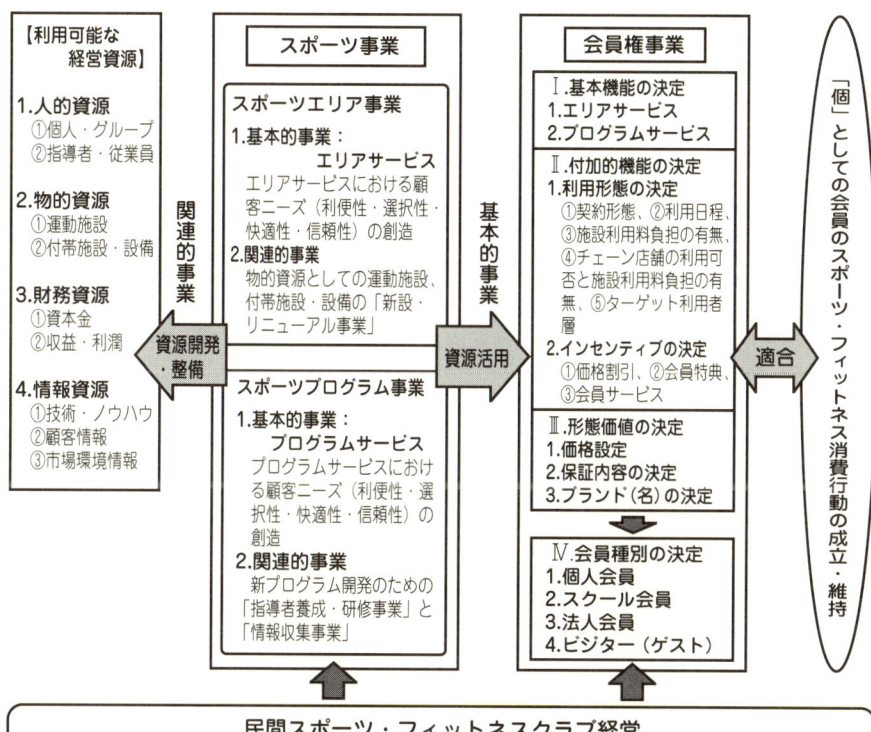

図II-3-1 民間スポーツ・フィットネスクラブ経営におけるスポーツ事業と会員権事業の鳥瞰図

【利用可能な経営資源】
1. 人的資源
   ①個人・グループ
   ②指導者・従業員
2. 物的資源
   ①運動施設
   ②付帯施設・設備
3. 財務資源
   ①資本金
   ②収益・利潤
4. 情報資源
   ①技術・ノウハウ
   ②顧客情報
   ③市場環境情報

← 関連的事業／資源開発・整備

スポーツ事業

スポーツエリア事業
1. 基本的事業：エリアサービス
   エリアサービスにおける顧客ニーズ（利便性・選択性・快適性・信頼性）の創造
2. 関連的事業
   物的資源としての運動施設、付帯施設・設備の「新設・リニューアル事業」

スポーツプログラム事業
1. 基本的事業：プログラムサービス
   プログラムサービスにおける顧客ニーズ（利便性・選択性・快適性・信頼性）の創造
2. 関連的事業
   新プログラム開発のための「指導者養成・研修事業」と「情報収集事業」

← 基本的事業／資源活用 →

会員権事業

I. 基本機能の決定
   1. エリアサービス
   2. プログラムサービス

II. 付加的機能の決定
   1. 利用形態の決定
      ①契約形態、②利用日程、③施設利用料負担の有無、④チェーン店舗の利用可否と施設利用料負担の有無、⑤ターゲット利用者層
   2. インセンティブの決定
      ①価格割引、②会員特典、③会員サービス

III. 形態価値の決定
   1. 価格設定
   2. 保証内容の決定
   3. ブランド（名）の決定

IV. 会員種別の決定
   1. 個人会員
   2. スクール会員
   3. 法人会員
   4. ビジター（ゲスト）

← 適合 →

「個」としての会員のスポーツ・フィットネス消費行動の成立・維持

民間スポーツ・フィットネスクラブ経営
マーケティングの発想（「相手の立場に立ってスポーツ事業・会員権事業を考える」という哲学）
(1) 製品・サービスの決定、(2) ロケーション・スケジュールの決定、(3) 価格の決定、(4) プロモーションの決定

　第1に、民間スポーツ・フィットネスクラブのスポーツ事業とは、「利用可能な諸資源（ヒト・モノ・カネ・情報）の機能を調達（開発・整備）したり活用したりして、スポーツ・フィットネス消費行動の成立・維持に有用な働きかけを提供する活動」である。こうしたスポーツ事業から産み出される「有用な働きかけ」は「スポーツ・フィットネスサービス」と総称することができる。

> **考えてみよう**
> 民間スポーツ・フィットネスクラブが提供するスポーツ・フィットネスサービスにはどのような特性があるか。「サービス財」という観点からその特性をリストアップしてみよう。

第2に、民間スポーツ・フィットネスクラブは、「同好の士が自発的に集まって組織され、自主的に運営する『約縁集団』」（綾部恒雄『クラブの人類学』アカデミア，1988）を意味するクラブ概念を用いているが、実際には「個（人）」としての会員を対象に施設の機能やプログラムなどのサービス財を提供するスポーツ経営体にすぎない。つまり、「スポーツエリア事業」と「スポーツプログラム事業」を基本とした「クラブ＝会員制方式」の民間スポーツ・フィットネスサービス業であり、そうしたサービス業では「人間関係的な絆（システム）のある機能集団」を育成するような「スポーツクラブ事業」は軽視されてきた。しかし最近になって、クラブ・サークルプログラムやクラブインクラブ（クラブの中にある会員主体のもう一つのクラブ・サークル）と称して、会員の仲間づくりに関心を寄せる動きもみられる。

　今後、クラブが競争他社との差別化を図り、クラブアイデンティティを確立していくためには、会員の楽しさ体験や運動生活をプロデュースできるプログラムの開発、スポーツクラブ事業の新展開（ボランティアとコミュニティの醸成）の誘因ともなり得る「集団種目プログラム」（例えば、バレーボール、ビーチバレーボール、フットサル等）の提供、地域のクラブチームなどを対象とするクラブ会員権の新設などが、クラブ経営の重要な課題であろう。

> **話し合ってみよう**
> 　民間スポーツ・フィットネスクラブは、本当にスポーツクラブ事業を展開する必要があるのだろうか。総合型地域スポーツクラブの意義や役割および「コラム：マクドナルド化する社会」をヒントにして、みんなで討議してみよう。

　第3の特徴は、民間スポーツ・フィットネスクラブが「個」を対象とした会員制度を基本とする以上、先の2つのスポーツ事業の実践には、「会員権（メンバーシップ：会員たる地位）」ないしは会員の権利義務を「会員種別」という形で創り出し、顧客と適正かつ継続的な会員契約関係を結ぶための媒介的な事業が必要不可欠であるという点にある。そうした媒介事業を会員権事業ないしはメンバーシップ事業と呼ぶ。

　一般に、会員権とは、ある一定の組織や機関・団体に会員として加入し、そ

のような所属組織から提供される便益や特典を活用することができる権利、と定義される。民間スポーツ・フィットネスクラブの場合、「個人会員」「スクール会員」「法人会員」「ビジター（ゲスト）」といった4つの会員種別が基本となっている。より入会しやすいクラブになるためには、会員の利便性から規約や便益・特典の内容および料金体系などを操作して会員権の種類を増やすことが最も典型的な方法であるが（現在の会員種別は1クラブあたり約8〜12種類で、最高31種類である）、その利便性がかえって退会しやすいクラブの雰囲気をつくりだすことにもなりかねない。したがって、こうした入りやすく出やすいクラブ経営システムとならないためにも、会員権事業のあり方、特に会員制度の基本について再考することが望まれよう。

> **調べてみよう**
>
> いくつかの民間スポーツ・フィットネスクラブをケースとして選び出し、そうしたクラブの施設構成やプログラムの内容および会員種別について調べてみよう。また、なぜ民間スポーツ・フィットネスクラブが会員制度を採用するのかについても明らかにしてみよう。

●マクドナルド化する社会　リッツア（Ritzer, G. 正岡寛司監訳『マクドナルド化する社会』早稲田大学出版部, 1999）は、現代の消費文化の中で、①効率性、②計算可能性、③予測可能性、および④制御といったマクドナルド的な合理化経営システムが、ファーストフード、ファミリーレストランなどの外食産業をはじめ、コンビニ、フィットネスクラブ、レンタルビデオなどのサービス業へと広がり、ついには教育、医療、葬儀場といった社会の全域にまで浸透していく側面に注目し、そうした合理性がもたらしている脱人間化現象を、「マクドナルド化（McDonaldization）」という造語で呼んだ。確かに、「社会のマクドナルド化」は合理性のもつ有利な点を多くの人々に提供する一方で、人々はそうした合理性にのめり込みマクドナルド化の不利な点を無視し見落とすようになるが、本当は誰にとって最も合理的な経営システムなのであろうか。実は、マクドナルド化によって得られたものの大部分はそれを推し進めた人のもとに吸い込まれていくのではあるまいか。わが国の民間スポーツ・フィットネスクラブ（の経営）は、ポストモダン消費者が最も嫌う「マクドナルド化」へと向かっているのではないだろうか。

最後に、民間スポーツ・フィットネスクラブ経営は、多岐にわたるスポーツ・フィットネスサービスや会員特典などの権利義務をパッケージングした会員権を顧客に提供し、それと引き換えに顧客は「対価」(入会金・月会費・施設利用料等)を支払うという「交換関係」の形成と維持を基本としている。したがって、成功するクラブ経営、特にキメ細かなスポーツ事業と会員権事業の演出には、そうした交換関係を容易にし促進・維持するという一連の役割を果たすマーケティングの発想が活用されていくべきである。一般に、マーケティングの発想とは「相手の立場にたって物事(事業)を考える」という顧客志向の哲学であるので、顧客の利便性・選択性・快適性・信頼性を創造できるようなスポーツ事業と会員権事業が展開されなければならないのである。特に、民間スポーツ・フィットネスクラブの場合、スポーツ事業や会員権事業の効果的・効率的な展開を支援する活動として、「価格設定」と「プロモーション活動」というマーケティング技術を活用していくことが望まれる。

4．民間スポーツ・フィットネスクラブの経営戦略

(1) 経営戦略の構造

　民間スポーツ・フィットネスクラブ経営の成功は、そのクラブ独自の経営戦略を策定し、展開することで可能となる。経営戦略とは、「流動的に変化する環境の中で、組織独自の基本概念(アイデンティティ)に立脚し、組織内の人々の意思決定の基本指針となるとともに、よりよい組織的活動を創り出すための基本的方向性を示す将来志向的な行動シナリオ」である。つまり、経営戦略とは「組織の環境適応のための新しい意思決定ルールとガイドライン」にほかならないのである。

　民間スポーツ・フィットネスクラブの経営戦略は、環境空間への適応パターンに応じて3つの領域から構成される(図Ⅱ-3-2参照)。第1はスポーツ事業を中心に、スポーツ・フィットネス市場の需要調整を統合的に管理する「需要(マーケティング)戦略」の領域、第2は、企業市民としてクラブの社会的影響力を的確に処理するとともに、社会的問題の解決に貢献するといった社会空間

へ対応する「社会戦略」の領域である。第3は、今日の成熟市場における厳しい競争空間で、いかにしてスポーツ事業の競争適合化を図るかを問題とする「競争戦略」の領域である。しかし、最終的には、クラブの存続・成長の糧が会員の獲得と継続によって得られることは否めない。そうした意味では、「いかにすれば流動的なスポーツ・フィットネス市場から有効に潜在的会員を引き出すことができるか」という需要戦略（売れるしくみづくり）が経営戦略の中核とならなければならない。

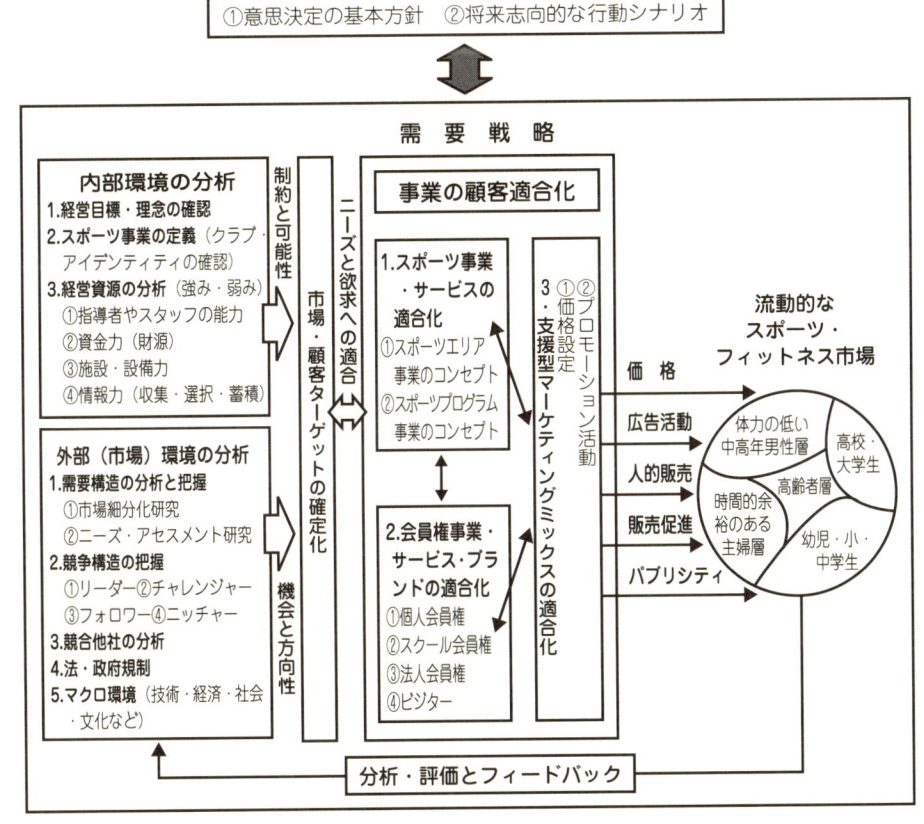

図II-3-2 民間スポーツ・フィットネスクラブの経営戦略の構造

(2) 民間スポーツ・フィットネスクラブの需要戦略

　需要戦略を策定する上での先行指標は市場需要にあるので、何はともあれ、需要空間（市場環境）の分析から出発しなければならない。そうした知的情報（インテリジェンス）は、需要戦略に機会と方向性を与えてくれる。と同時に、「自クラブの経営目標・理念は何か」「われわれの仕事とは何か」「自クラブの経営資源の強みと弱みは何か」などの内部環境の批判的かつ客観的な分析も重要であり、事業展開に制約と可能性を提示してくれる。

　したがって、次はこうしたクラブ内外部の環境分析の結果から、自クラブが経営努力を傾注する上で最も適した市場を選び出す工夫が必要となる。これが市場・顧客ターゲットの確定化という戦略策定の第2ステップである。こうした市場・顧客ターゲットの選択と確定（ターゲット・マーケティング）には、市場・顧客特性の違い（市場細分化）に応じて、3つの方法の中から1つのアプローチを採用しなければならない。具体的には、①「体力の低い中高年男性層」「時間的余裕のある主婦層」「高齢者層」「高校・大学生」「幼児・小・中学生」の各グループに特有なニーズよりも、これらの5つのグループに共通したニーズに焦点を当てて事業の顧客適合化を図る非差別化（無差別）アプローチ、②こうした5つのグループの中から複数の特定のグループ、例えば「体力の低い中高年男性層」「時間的余裕のある主婦層」「高齢者層」を選び、3つの顧客ターゲットそれぞれに特有のニーズや欲求に対応した事業展開を試みる「差別化アプローチ」、そして③自クラブにとって最も重要か、あるいは最も努力を傾注すべき単一の顧客ターゲット、例えば高齢者層のニーズや欲求に適合した事業展開を図る「集中化アプローチ」が、その方法である。

　第3ステップは、そうして選択された1つのアプローチ方法に基づいて、「スポーツ事業」「会員権事業サービスブランド」「支援型マーケティングミックス」といった3つの事業の顧客適合化を試み、選択された市場・顧客ターゲットに向けて需要の顕在化を行っていくのである。では、あるクラブが高齢者層に狙いを絞った集中化アプローチを選択した場合、どのような事業適合化戦略を考えればよいだろうか。例えば、こうした高齢者層のニーズに合わせ、「心身共に豊かなウエルネスライフを提供する場」という事業コンセプトを具体化するために、ユニバーサルデザインを基調とした施設レイアウト・内装や、

備品・マシンの導入、衛生面への配慮、温浴施設やリラクセーションエリアの充実などのスポーツエリア事業に取り組むことが可能である。また、スポーツプログラム事業は、医療専門機関等との提携によるメディカルプログラム（腰痛予防・改善プログラム、リハビリテーションプログラム）やカウンセリングプログラム（運動・健康・栄養・保健相談）の導入、「アクアビクス」「アクアウォーキング」「青竹ビクス」「バランスボール」などのエクササイズプログラムや、「ヨガ」「太極拳」「気功」「フラダンス」「社交ダンス」などのカルチャー系プログラム、および健康指導や特殊技能の習得を中心としたマンツーマンの有料プログラム等を実施することもできよう。こうした施設・プログラム機能などをうまくパッケージングして、「シルバー会員」や「ウエルネス会員」というブランド名（会員権）で提供することができる。

次は、そうした会員種別に金銭表示で価値づけを与える価格設定と、スポーツ事業や会員種別に関する情報を提供し、興味・関心をもたせ、消費行動へと促す広告活動や人的販売、何らかのインセンティブ（誘因）を与え入会意欲を喚起する販売促進、話題性や斬新性を利用してマスコミ等に取り上げられるようにするパブリシティなどのプロモーション活動といった、2つの支援型マーケティングミックスの適合化を図ることである。まず、価格設定については、こうした会員種別の料金が入会金、月会費（または年会費）、施設利用料で構成され複雑であるとともに、スポーツ・フィットネスサービスの費用算定や原価計算（人件費、事務費、施設・設備維持費、教材費等）が困難なため、需要志向（値ごろ感や心理的財布）に基づく会員種別による価格差別化が最適であろう。例えば、高齢者層の会員継続を促すシルバー会員やウエルネス会員の場合、「契約期間3年、通常よりやや高めの入会金90,000円と割安の月会費6,000円に、利用料なし」といった価格設定も考えられよう。

一方、プロモーション活動では、こうした価格設定に対する顧客サービスの内容（無料オプションサービス）が特に問われる。例えば、各種スペシャルサービス券の配布、オリエンテーションプログラム（担当者制度）の提供、健康診断・体力測定プログラムの実施、各種社交イベントの開催などの顧客サービスの充実は高齢者層にとっては重要なインセンティブであろう。また、新聞、雑誌、広報誌、パンフレットによる入会案内、指導者や家族・知人・友人、およ

び医療専門機関等を通じた入会促進、「敬老の日」前後の期間における施設無料開放や、入会金・月会費のペア割引・グループ割引の実施、入会手続きの簡素化および自動引落制度の活用による入会意欲の喚起、送迎バスの運行や利用手続きの簡略化、館内案内板の充実と表記文字の拡大化による入館便宜の充実といったプロモーション活動も可能であるかもしれない。

　以上のような、①環境分析、②市場・顧客ターゲットの確定化、③事業の顧客適合化といった一連のステップを経て、流動的なスポーツ・フィットネス市場において需要戦略が計画的に実行されるとともに、これらの戦略の成否が分析・評価され、次回の需要戦略にフィードバックされていくのである。

> **考えてみよう**
> 　もしあなたが民間スポーツ・フィットネスクラブを経営するとしたら、どのような経営戦略を策定するか。需要戦略の策定ステップに従って、具体的に経営戦略を策定してみよう。

〈中西純司〉

II-4 「みるスポーツ」の経営

学習のねらい

「みるスポーツ」の経営をめぐっては、とかくプロスポーツチームが収益をあげるためにはどのように経営したらよいか、あるいはオリンピックなどのビッグイベントにいかに多くの人を集めて興行を成功させるかといった商業ビジネスに関心が向かいがちである。しかし、本講における「みるスポーツ」の経営では、人々が「みるスポーツ」とかかわる中で人々の生活を豊かにするための環境整備に関心が向けられている。

まず「みるスポーツ」の主体的で文化的なかかわり方や生活について考える。次に「みるスポーツ」の事業システムと事業をめぐる組織と経営資源について理解する。最後に「みるスポーツ」はどのようにプロデュースされるべきかについて学習を深める。

学習のポイント

①「みるスポーツ」の参与とそれに対応するスポーツプロダクトを理解する。
②ライブスポーツにおける人間とスポーツのかかわりの3モデルを理解する。
③「みるスポーツ」の事業システムと事業に参画する組織間の関係を理解する。
④「みるスポーツ」プロダクトの生産に必要な経営資源を理解する。
⑤スポーツ経営におけるスポーツプロデュースの役割と概念を理解し、ライブスポーツの価値を高める具体的戦略を学習者自身が提案できるようにする。

キーワード

観戦者、観戦能力、メディアスポーツ、ライブスポーツ、スポーツプロデュース

1. 体育・スポーツ経営学はスポーツをみる人をどのようにとらえるか

(1)「みるスポーツ」と観戦者

「みるスポーツ (spectator sports)」の経営においては、「みるスポーツ」をとおして、人々の生活や社会を豊かにするための環境をいかに整備していくかが重要な課題となる。したがって、スポーツ観戦 (sport spectating) という視点から人間および人々の生活をどうとらえるか、また「みるスポーツ」における"人とスポーツ"の文化的なかかわりの全体像を把握しておく必要がある。そして、これらをふまえた上で、「みるスポーツ」を中心とした質の高い豊かなスポーツ生活を営むための環境整備について論じていくことにしよう。

「行うスポーツ」において運動という角度から見た人間を総称して「運動者」という用語を用いたように、スポーツを観戦する人あるいはその可能性のある人という視点からとらえられた人間を「観戦者（またはスペクテイター、spectator）」と呼ぶ。したがって、「観戦者」とはプロスポーツやオリンピックといった話題性のあるものばかりではなく、あらゆる競技会を観戦する人を広く含んでいる。また「みるスポーツ」を生活という視点から考えると、我々は、競技場に出かけて直接観戦するだけでなく、テレビや新聞、スポーツ雑誌を視聴したり読んだりなど、様々なメディアを通じて「みるスポーツ」を生活の中に取り入れていることがわかる。本講では、競技者（当事者）でない一般の人たちが、競技スポーツの現象や結果を観戦、視聴するスポーツ参与 (sport involvement) のすべてを「みるスポーツ」とする。

(2)「みるスポーツ」の生活を構成するスポーツ参与のタイプとプロダクト

「みるスポーツ」の生活は次にあげるスポーツ参与の3タイプで構成される。直接競技場で観戦する「ライブスポーツ (live sports)」、テレビやラジオでゲームを間接的に視聴する「メディアスポーツ (media sports)」、テレビでスポーツニュースをみたり、新聞や雑誌を読んだりする「スポーツジャーナリズ

```
〈参与スタイルの種類〉        〈プロダクト〉
みるスポーツ生活 ─┬─ ライブスポーツ          競技会
                 ├─ メディアスポーツ        スポーツ中継番組
                 │                          テレビ、ラジオなど
                 └─ スポーツジャーナリズム  ニュース番組（テレビ・ラジオ）
                                            新聞記事、雑誌
                                            スポーツ関連Webサイトなど
```

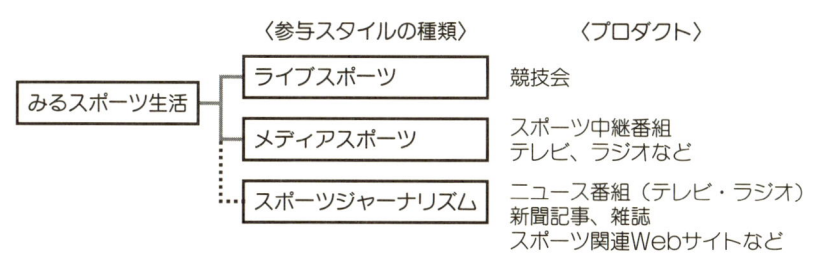

図Ⅱ-4-1　みるスポーツにおける参与スタイルと対応するプロダクト

ム（sports journalism）」である。体育・スポーツ経営学では人々の生活の中に「みるスポーツ」の参与をどのように定着させるかを問題にしていかなければならない。生活への取り入れ方は、いずれかの参与形態を取り込んでいる者、すべてを取り込んでいる者、いずれも取り込んでいない者といった組み合わせを考えることができる。

　「みるスポーツ」をめぐる3つの参与スタイルにはそれぞれに対応したスポーツプロダクト（sport product）を考えることができる（図Ⅱ-4-1）。ライブスポーツでは自分自身の目で直接に生のゲームを多くの観戦者と同時に観戦する。したがってライブスポーツのプロダクトはゲームを中心とした競技会である。いっぽう、メディアスポーツでは、カメラによって切り取られ、アナウンサーや解説者の音声が入り、映像・音声情報として加工されたスポーツを観戦する。したがってそのスポーツ中継番組（生中継と録画がある）がプロダクトとなる。またスポーツジャーナリズムは、競技の結果に記者の意見が加えられたニュース、評論、ドキュメンタリーなどが、文字や写真、動画によってテレビ、新聞、雑誌等に作成される。

　このように「みるスポーツ」には3つの参与スタイルが考えられるが、スポーツ経営の対象としてまず問題にしなければならないのは、スペクタクルとしてのスポーツ現象を直接・間接にみるライブスポーツとメディアスポーツであろう。

⑶　「みるスポーツ」経営の目的

　先のすべての参与スタイルに頻繁に向かわせることが「みるスポーツ」経営のねらいであることは言うまでもないが、加えてスポーツ生活者として、生活

の質（quality of life）を将来的に高めていくというパースペクティブをもつことも大切である。つまり、スポーツ観戦を生活化するとともに観戦の質を高めることによって、観戦者自身の成長が図られ、さらには社会や文化の発展にまで結びついていくことが期待される。そのためには「みるスポーツ」をどのように楽しむのか、「みるスポーツ」のプロダクトにはどのような価値があるのかを検討しなければならないし、さらにこの価値が社会や文化にどのように影響するのかを考えなければならない。一般にスポーツ観戦は、プロダクトの供給者（興行主やテレビ局など）が作ったゲーム・映像などを受動的に消費するものだというイメージが強いかもしれない。残念ながらこのようなイメージは、スポーツの価値や観戦欲求の形成を他者（興行主やテレビ局）に依存した考え方である。しかし観戦の仕方やスポーツ生活への取り組み方によっては、「行うスポーツ」と同様に「みるスポーツ」においても極めて主体的で自律的な生活や行動が期待できる。重要なのは我々一人一人が価値形成の主体であり、あくまでスポーツ生活者としての観戦者であるという認識に立つことである。

2．スポーツ観戦の楽しさとは何か

　観戦者からみた「みるスポーツ」の本質的な価値はスポーツ観戦の楽しさである。観戦者からみたライブスポーツの楽しさ（中核的便益）は、図Ⅱ-4-2のように6つの要素から成っている。
　まず、ライブスポーツの楽しさは、スポーツそのものを観戦することによっ

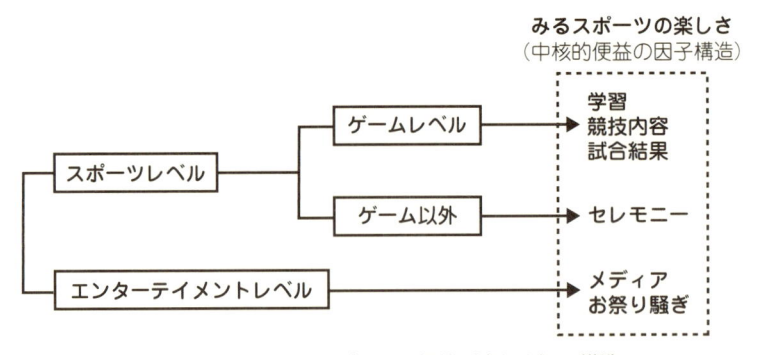

図Ⅱ-4-2　みるスポーツの価値（楽しさ）の構造

て得られる楽しさを表すスポーツレベルと娯楽としての楽しさを表すエンターテイメントレベルに分けられる。スポーツレベルは、「みるスポーツ」のもっとも本質的な価値であるゲームと、ゲーム現象ではないが競技会において必要不可欠なゲーム以外の要素に分けられる。ゲームに関する楽しさには、観戦することで自分の技能向上や教養を高めることをねらった「学習」、競技の展開や過程、チーム戦術や個人技を観戦するといった「競技内容」、勝敗の結果を知ったりチームや選手の活躍を期待する「試合結果」がある。ゲーム以外の要素には儀式としての表彰式や開閉会式といった「セレモニー」がある。またエンターテイメントレベルには観戦者同士のコミュニケーションや応援合戦などの「メディア」、あるいは飲んだり食べたりして騒ぐといった「お祭り騒ぎ」としての楽しさがある。

　ところで、競技場内で繰り広げられるゲーム現象は一つであるが、観戦者の観戦能力によって観戦される内容は異なると考えられている。例えば初級者のスポーツ観戦は、観戦者当人の心理的な期待の中でエンターテイメント価値の割合が大きく占め、スポーツ的価値の割合は少ないし、しかもゲームの結果や選手の応援といった表象的な部分に注目すると考えられる。一方、上級者は、エンターテイメント価値がかなり少なくなる反面、スポーツの本質的価値である技術や戦術という抽象的な部分やドラマティックな展開といった競技内容に大きな関心が集まり、さらに観戦することで自分の技能を高めるよう学習したり、鑑賞のための教養を高めようとするだろう。

　一回のゲーム観戦の中では、すべての観戦者の「みるスポーツ」の楽しさを十分に堪能させるような経営が期待されるが、他方では、初級者や中級者の「みるスポーツ」生活を定着させることで、継続的な観戦を促し上級者の方へスライドさせていく、つまり観戦者を上級者へ育てていくという時間的なパースペクティブにそった長期的戦略も求められる。

> **調べてみよう**
>
> 　競技場でスポーツ観戦する場合、チケット購入、競技場までの交通アクセス、競技場内での試合開始前、競技中、ハーフタイム、競技終了後、帰り道、帰宅後までの一連の行動場面で、スポーツイベント興行主はあなたにどのようなサービスをしているか、実際にチケット購入から体験

し列挙しよう。そして、スポーツ独自の楽しさを味わうために必要なサービスと、それとは別のサービスに分類してみよう。可能ならばたくさんのスポーツ競技会に出かけて比較してみよう。

> **考えてみよう**
> あなたは自分の専門とする種目のゲームを競技場で観戦するときどのようなところを見ているかを考え、それをふまえてあなたの専門種目がテレビで放映されたときに、自分が見たいカメラアングルや解説となっているかを考えてみよう。もし自分が番組プロデューサーならばどのような映像づくりをするか考えてみよう。

3.「みるスポーツ」の供給のしくみ

(1)「みるスポーツ」をめぐる事業システム

「みるスポーツ」はトップレベルでなくても十分に楽しむことができる。たとえ校内競技会や町内運動会であってもみていて面白い。このようなプログラムは手作りであり、観戦者へ特別なマーケティングをしたりサービスをほどこすような経営をしない。しかし規模の大きな競技会（オリンピックやプロスポーツなど）になると、巨額な資本が注がれ、企画運営が専門化され、また社会や政治に及ぼす力も大きくなる。ここからは、専門化されたこのような大きな競技会の供給の実際的な仕組みを説明していくことにしよう。

「みるスポーツ」事業の供給にかかわっている組織にはどのようなものがあり、それらはどのように関連し合っているのだろうか。また、われわれが目にする「みるスポーツ」のプロダクトはそれらの組織からどのような影響を受けているのだろうか。大きな競技会の場合、一つの競技会をめぐって複数の組織が投資しており、事業システムも複数が混在している。事業システムは事業主（事業システムを作りプロダクトを供給する主体）と市場（プロダクトを受容する主体）の関係から知ることができる。「みるスポーツ」をめぐる事業システムを簡略化してモデル化したのが図Ⅱ-4-3である。

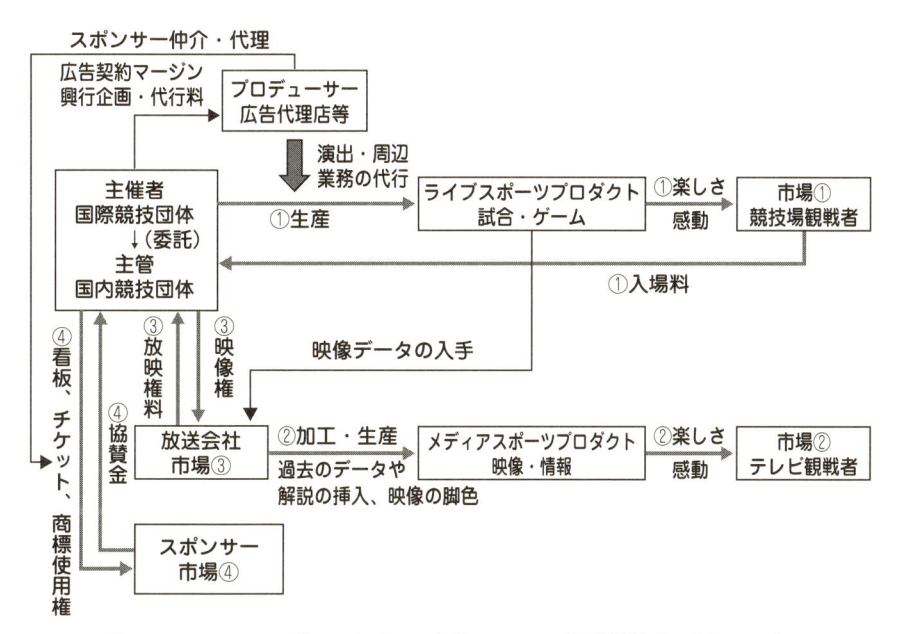

図Ⅱ-4-3　みるスポーツをめぐる事業システム（国際競技会を例にして）

　図に示される①から④で示される矢印が事業システムの流れを示している。事業システム①は、競技会の事業主である主催者（多くの場合競技団体）がゲームを企画・生産し、ライブスポーツとして競技場に来場した観戦者（市場①）に対し供給する。これに対し、事業システム②はメディアスポーツについてのものである。放送会社が競技会からゲーム内容など映像データを情報資源として調達し、さらに過去の競技データや風景、あるいは解説を加えるなどの加工・脚色し、マスメディアを通して茶の間の視聴者（市場②）に映像を供給する。メディアスポーツの事業主は放送会社であり、競技団体や興行主ではないことに注意しよう。

　さらにスポーツとは直接関係ないが、競技会を成立させるために大事な資金調達のためのビジネスが2つある。事業システム③は映像権を持つ興行主と、ゲームの放映権を購入する顧客（市場③）としての放送会社の関係である。そして事業システム④は興行主と競技会を金銭面で支えるスポンサー（市場④）の関係である。

(2) 「みるスポーツ」事業に参画する目的

「みるスポーツ」事業に参画する団体や私企業の目的は異なっている。競技団体の開催目的は競技会を企画し競技を厳正かつ公正に執り行うことであり、そして観戦者に優良で高質なゲームを見せることである。放送会社の事業目的は視聴者が期待する映像コンテンツを作成し、その番組の視聴率を上げ、番組スポンサーのニーズを満足させることである。また、イベントスポンサーが競技会に協賛金を払う目的は、競技会をとおしてマスメディアや観戦者へ自社名や製品名を多く露出し、自社のブランド・製品イメージをよくするためである。したがって主催者は、放送会社とイベントスポンサーと観戦者の3者のニーズを秤量しプロダクトを生産している。事業システム①が観戦者相手の小売り商売であるのに対し、事業システム③と④は顧客が企業なので、顧客である放送会社やスポンサーは、競技会開催前に、自分たちの便益が優先されるように興行主に組織的な働きかけができるというメリットをもつ。例えば、組織委員会のメンバーとなり（代理店が代弁する）、事業の企画に直接参画する。スポンサーに用意された座席が一般観戦者よりもよかったり、カメラ位置の方が観客席よりも好位置であることはしばしば見受けられる。あるいは、競技開始時間をゴールデンタイムにあわせるのも、放送会社という顧客のニーズを満足させるためである。一方で、観戦者は個人でこのような企画に参画できない。観戦者が「みるスポーツ」経営で主体性をもつには、多くの観戦者による公論の形成が不可欠であることが理解できるであろう。

(3) 広告代理店やスポーツイベント会社の役割

さらに、事業システム①から④のすべてに間接的にかかわる重要な会社がある。それは広告代理店やスポーツイベント会社である。事業システム①については有名選手の手配、アクセスや宿泊、レセプションなどの周辺業務、あるいは開閉会式やハーフタイムショーを演出したり、競技会のPR活動を行うなど、競技会以外の運営について、代理店が生産ラインに入る場合が多い。事業システム③や④においての仲介役も引き受けている。近年のスポンサー料や放映権料の高騰、あるいはトップ競技選手の出場料や年俸高騰に一役買っているのがこの代理店である。競技会が大きくなればなるほど、競技運営そのものより、

複雑多岐にわたる周辺的な煩雑な事務が重要な仕事となる。これらは競技役員・選手が安全にかつ、気持ちよく競技したり、競技前後やハーフタイムに彩りを添えるために欠かせないものである。その反面、代理店は話題性を広めるための演出やＰＲのノウハウも持ち合わせている。放送会社やスポンサー企業の要求を満足させる競技会の成果とは、短期的視野に立った話題性や瞬間的な視聴率の高さでとらえられることが多いが、この要求が事業で強調されすぎる場合は注意が必要だろう。

　このように１つのスポーツイベントをめぐって２種類の事業主と４種類の事業システムがあり、そこには競技団体、放送会社、スポンサー、広告代理店・イベント会社という４タイプの組織がかかわり合っていることが理解できる。

4．「みるスポーツ」を創り出すための資源

「みるスポーツ」事業に利用される代表的な経営資源を、ヒト、モノ、カネ、情報にわけて考えてみよう。実際の競技会開催時に興行主（競技団体や競技会組織委員会等）はこれらの資源を調達し加工を加え、ライブスポーツのプロダクト（ゲーム）を生産している。

(1) 物的資源

　物的資源については、競技場、プレスセンターやオフィス等の固定資産、選手村やホテルといった宿泊施設などがあげられる。この中で最も重要なのは競技場であろう。「みるスポーツ」の資源としての競技場は、「行うスポーツ」のためだけに利用される競技場とは異なる独自の工夫が求められる。例えば、観客席の数や形状や付帯施設、音響装置、スクリーンの大きさや配置の工夫があげられよう。観客席については、ドームに象徴されるように屋根をつけ天候による影響を少なくし、背もたれ付き個席、ヒーター付き、幅や足下スペースの拡張、十分なトイレ数などのアメニティ（快適性）や清潔感が追求されるようになったし、一般客と別に個室ラウンジで商談や食事ができたりする特別なスペースを作ったり、さらにはホテルやレストラン、ゲームセンターのような娯楽的価値を付加した競技場もつくられるようになった。また、フィールドと座

席の距離を縮めたり、スタンド傾斜角を急にするなど視認性への配慮、あるいは観客同士の一体感を高めるために、座席を円形配列させたり、あえて座席数を少なくすることで、満員状態を作り出し雰囲気を盛り上げようと形状が工夫された競技場もある。音響やスクリーンについては、審判の説明やアナウンス、あるいは音楽を高質な音で聞けたり、ゴールシーンをリアルタイムでプレイバックする大きくて高画質なスクリーンの配置といった工夫がされている。一方、オリンピックのように一時的なメガイベントに対しては、なるべく既存の競技施設を利用したり新設の場合でも必要最低限に押さえ、仮設の観客席により足りない機能を補うといった工夫をする施設もある。

(2) 人的資源

人的資源については運営組織、選手・チーム、競技役員・審判、ボランティアを挙げることができる。「みるスポーツ」事業のコアとなる試合を効率よく運営するには、選手、競技役員・審判、スポンサーや VIP へのホスピタリティについてきめ細かくそして慎重に手配されなければならない。国際試合になると宗教の問題や審判の公正さの確保など、選手・役員が試合当日に最高のパフォーマンスを発揮できるように、様々な配慮がなされる。役員と審判、ボランティアの運営ノウハウに関する経験と知識は、スムーズな競技運営の質に大きく影響する。そのために競技役員、審判、ボランティアともに事前の十分な研修が必要である。特にボランティアは一般人であり、予備知識や経験を持たないことが多い。したがって彼らに対して、何か月にもわたる研修を行うこともある。

(3) 財務的資源

財務的資源は事業収益と補助金等に大分できる。事業収益は入場料、スポンサー料、放映権料や雑収入があげられる。競技会とは「期待価値」を売るプロダクト（商品）である。競技会はチケット、放映権、広告ライセンシーといった商品に形を変え、事前にどんな試合結果になるのか内容が確認できないまま前売りされ、会社や観戦者が支払った後にプロダクトとして競技が行われる。よって競技会に対する期待価値を売ったお金が事業収益となる。この期待価値

は伝統や前回の競技会の評判、社会からの期待などによって決まるから、興行主のマーケティング担当者は、顧客である観戦者、スポンサー会社やテレビ局などに、競技会開催よりもずっと前からその競技会が開催される意義の説明や話題性などを利用して、期待価値を高めるためのマーケティング活動を行っている。補助金等は開催地自治体や統括競技団体からの補助金のほかに、宝くじ、公営競技（競輪など）、スポーツ振興基金、スポーツ振興投票制度（toto）などからの助成金がある。

(4) 情報資源

　情報資源については主に開催ノウハウと情報通信・配信システム構築がまずあげられる。国際競技会では招致決定後に地元組織委員会が組織されるが、組織委員会は開催前には経験がなく開催後には解散されてしまう。地元開催国や都市にとってこれは短期のプロジェクト組織であるため、開催ノウハウをいかに調達するかが課題となる。大きな国際競技会が開催される場合、経験を蓄積するために予行練習としてそれよりも小規模の競技会（例えばオリンピックであれば、ユニバーシアード大会といった具合に）を開催し、競技役員、審判が経験と知識を高めるよう工夫がされている。一方、ホテルの手配やマーケティングといった周辺的事業の運営についてのノウハウの調達が課題となる。このノウハウをもつのが、いくつものビッグイベントを実施した経験がある大手広告代理店やスポーツイベント会社である。情報通信については、IT機器メーカーやウェブコンテンツ制作会社が、映像や記録などのデータ配信技術やシステムの開発にしのぎを削っている。次にあげられるのは、観戦者にかかわる情報である。観戦者の情報には個人情報、観戦経験・頻度、観戦ニーズ、購入歴などがある。競技会を開催するにあたり、興行主は観戦者の情報をもとに市場を細分化・差別化して、観戦者のニーズにあったきめ細やかなサービスを提供しなければならない。プロチーム等ではこの観戦者情報をデータベース化し管理している。観戦者との関係性を確認、維持、確立し、長期に相互交流的で、個別化したネットワークを継続的に強めていくものとして、特にチームのファンを固定的な顧客として獲得、維持する上で重要なマーケティングツールだからである。チーム、リーグ、競技団体はデータベースをもとに自社ホームページ

や月刊誌、メールマガジンなどで試合結果やチーム、選手などのスポーツ情報を発信し、ファンとチームあるいはファン同士の関係性を深める努力を常に行っているのである。

5．みる楽しさを創り出すための理論と技術
～スポーツプロデュース論～

(1) スポーツプロデュースとは

　スポーツ生活の質を高めるには、まずもってスポーツ参与の質を高めることが必要であり、そのためには高質なスポーツプロダクトが供給されなければならない。こうしたプロダクトの質を高めるための働きをスポーツプロデュース（sport produce）という。スポーツプロデュースとは「スポーツ活動の質を高めることを目的とし、そのために、スポーツの特性やプレイヤー・観戦者の特性を生かしながら、スポーツルール等のスポーツを構成する要素を調整・創造する活動やその過程である（宇土、1993）」と定義される。「みるスポーツ」の場合、プロデュースは競技者のスポーツ活動の質と観戦者のスポーツ観戦の質を同時に高めることを目的とすると考えればよいだろう。

(2) 「みるスポーツ」プロデュースの技術と戦略

　「みるスポーツ」をプロデュースする戦略には、「スポーツの本質的な要素を変更する戦略」「競技の質（ゲームの質）を高める戦略」「観戦の質を高める戦略」の3つが考えられる。

1) 戦略1　スポーツの本質的な要素を変える

　スポーツの質を変えることとは、ゲームの形式、ルール、構造そのものを変えることである。スポーツの各種目特性の変更ということもできる。かつてのルール改正は、その目的が安全管理や競技のスムーズな進行といった競技者中心のものだったが、近年では得点機会を増やす工夫のように、ゲーム展開を劇的でスリリングなものにしたり、スピード化したりなど、観戦者を意識した変更が目立つようになった。

　一方で、社会は選手やチームに倫理を要求し、スポーツの過度の開発を制限

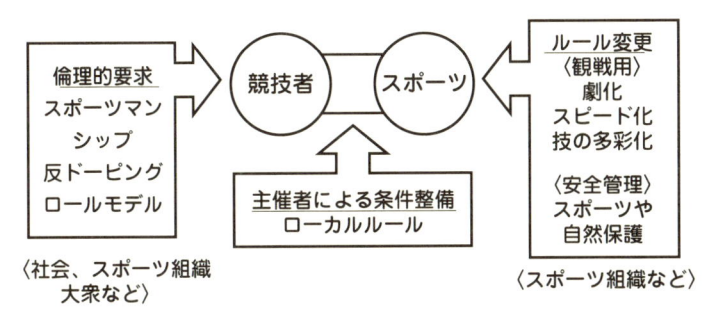

図Ⅱ-4-4　スポーツの質を変える

している。これには、反ドーピング精神や社会的なロールモデル（役割モデル）として倫理的責任を伴う。主催者が質を変えることができるものとして考え得るものは、ローカルルールだけであろう。しかしローカルルールはあくまで、細部の変更に限られるので、構造そのものを変えるまでには至らない。

したがって、いわゆるプロデューサーは、ゲーム現象をスポーツの本質的レベルでコントロールしようと意図することは難しい。

2）戦略2　競技の質（ゲームの質）を高める

観戦者は競技者がどのようにパフォーマンスを発揮しているかを観戦しているのだから、スポーツプロデュースでは、競技者がそのパフォーマンスを目一杯発揮できるよう、すなわち競技者のゲームの質が高まるような環境づくりが

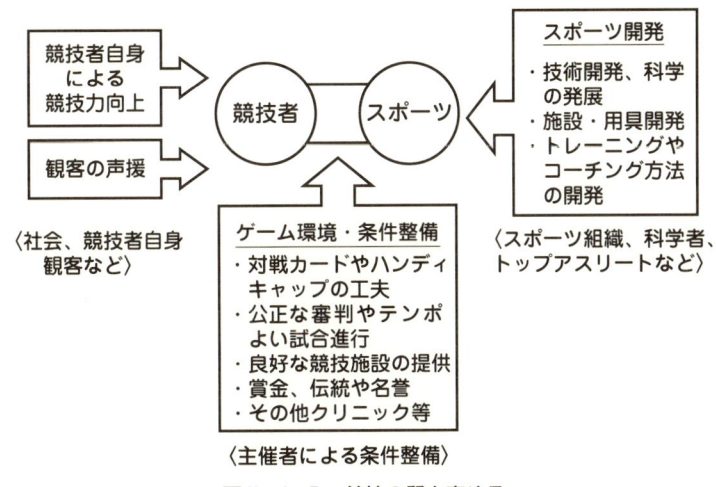

図Ⅱ-4-5　競技の質を高める

重要になる。スポーツ技術は、スポーツ科学の発展、施設・用具の開発、トレーニングやコーチング方法の開発などのスポーツ開発によって発展される。一方で競技者自身は練習によって競技力を向上させたり、新メンバーを入れて補強して、競技力を向上させる。また、ゲーム中は観客の声援も影響するといえよう。

そして、体育・スポーツ経営として関心が高いのが、主催者によるゲームの条件整備ではないだろうか。例えば、主催者は対戦カードやハンディキャップの工夫、上手な審判、良好な施設の提供、賞金や名誉を与えることによる選手の士気の高揚などが考えられる。

3）戦略3　観戦の質を高める

観戦の質を高めるためには、観戦を補助すること、感動を共鳴化すること、観戦能力を高めることが考えられる。

観戦を補助する方法としては、例えば初心者や初級者向けにはパンフレットの工夫、ルール・戦術説明、選手情報・コメントなど、上級者向けには戦術分析、科学的データの提供などがある。

感動を共鳴化するには、観客席を快適にしたり座席数を制限することで密集感が演出できるし、ゲームそのものの盛り上がりのタイミングを合わせることをうまく助長するなどの工夫が考えられる。

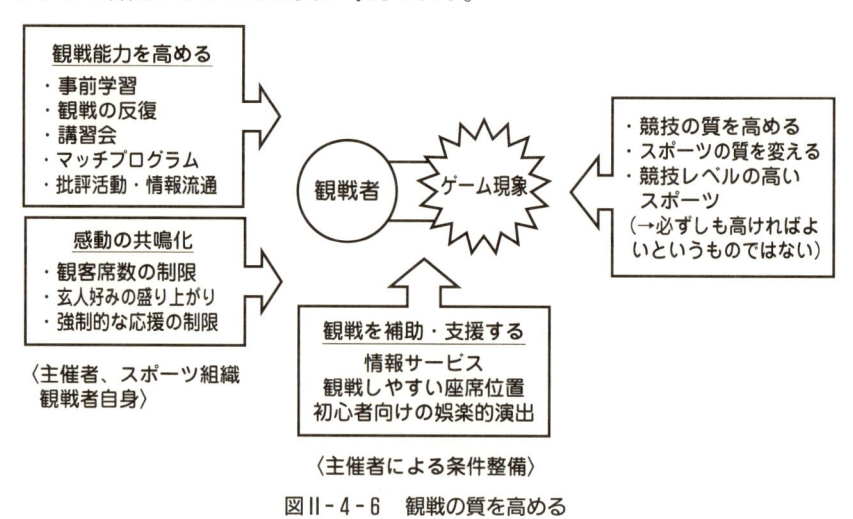

図Ⅱ-4-6　観戦の質を高める

観戦の質を高めるには観戦能力を高めることがもっとも望ましい。これにはチケット購入後のウェブサイトでの情報提供や戦術解説などを用いて事前に学習したり、観戦を反復する。あるいはルールや技術をわかりやすく、おもしろく講習するようなイベントが考えられる。これらは観戦中というよりも観戦前後においてなされるものである。しかし、最も期待されるのは「マッチプログラム」だろう。これは、観戦を補助するという意味でも考えられるが、むしろ、この補助的情報が競技直前あるいは次回までの観戦能力を培う参考書として機能する。選手のコンディション、監督のコメント、今日のゲームの両チームの予想フォーメイションの解説など実に幅広く情報が提供されるので、これを試合前やハーフタイムに読むことによって自然と観戦知識を学ぶことができる。加えて一部の優れたプログラムは選手やチームの批評までしている。質の高い評論であるため、観戦者の興味もわき、ミニコミ誌として質の高い観戦者を養うサービスとして重要であろう。

　そして、生活者として自律的観戦者となるためには、価値の創り手が観戦者自身であることを自覚させ、その価値をイベント経営に反映させることが期待される。観戦者自身が価値創造主体であることを自覚させ、価値をイベント経営に反映させる具体的方法は2つ考えられる。観戦者に試合後にゲームを評価批評してもらう方法と、経営への参加である。先ほどのマッチプログラムやホームページの掲示板において日常的に議論できる場を設けたり、シンポジウムで自らの「みるスポーツ」環境や地元チームの在り方を議論することが考えられる。また、脱企業化した競技スポーツチームですでに始まっているように、ボランティアや株主となって経営参加し自分が経営の一端を担うことも価値の創り手が自分であることを自覚させるための有効な手段となろう。

＜齊藤隆志＞

II-5 国際的競技力の向上とスポーツ経営

学習のねらい
　文化としてのスポーツの一局面ないしは一領域として、国際的な競技力を競い合う高度な競技スポーツ（チャンピオンシップスポーツともいわれるスポーツ）がある。多くの人々にとっては参加する（する）というかかわりよりも、みて楽しむ（スペクテーター）というかかわりをもつことの方が多い。
　本講では、国際的競技力の概念、国際的競技力向上の意味を把握するとともに、スポーツ経営学の視点から国際的競技力向上の現状と問題点を考える。さらには、国際的競技力向上のためのスポーツ経営学からの方策を検討する。

学習のポイント
①スポーツ経営学からみた国際的競技力向上の方向性が理解できる。
②国際的競技力にかかわる国内外の組織の種類と事業が説明できる。
③競技力向上のための経営資源とその活用法が理解できる。

キーワード
　国際的競技力、日本オリンピック委員会（JOC）、国立スポーツ科学センター（JISS）、一貫指導・支援システム、経営資源、チャンピオンシップスポーツ、日本アンチ・ドーピング機構（JADA）

1. 国際的競技力の概念と我が国の現状

(1) 国際的競技力の概念と現状

　国際的なスポーツ競技会としてのオリンピック大会（冬季・夏季）やサッカーのワールドカップは、世界最高峰の競技プログラムである。オリンピックのメダル数を国別に比較することは、近代オリンピックが開始された1896年の第1回アテネ大会から始まったといってよい。日本オリンピック委員会（Japan Olympic Committee；JOC）がオリンピック大会での競技成績（メダル獲得者数および入賞者数）を特に重点課題にした時期は、日本で開催された第18回東京大会（1964年）、そして近年では第26回アトランタ大会（1996年）での成績不振の後である。「国際的競技力」という言葉がJOCで公式に使われるようになったのは、JOCが（財）日本体育協会から独立し、日本国内唯一のオリンピック委員会として選手の育成・強化とオリンピックの普及・啓発を事業の2本柱と明示した1991年以降である。

　以上から考えると、国際的競技力とは、オリンピックやワールドカップなどのような「国際的な規模のスポーツ競技大会における競技選手またはチームの競技能力や競技レベル」ということができる。

　「みるスポーツ」への関心の高まりや、観戦者（スペクテーター）の増加する今日、我が国の国際競技力の向上は、スポーツ振興策の一つとして決しておろそかにしてはならない重要な事業のひとつといえよう。

(2) 国際的競技力に至る段階

　図Ⅱ-5-1は、「競技力の階層」である。国際的競技者レベルを含めて4段階があることを示している。頂点にある国際的競技者を支えるためにその下に「国内競技者レベル」「基礎的競技者レベル」「レクリエーション・スポーツ愛好者レベル」が存在する。スポーツ経営学では、国際的競技者を育成するために、各4つのレベルに応じた経営的アプローチ、すなわち、経営資源が十分に整備されているか、そして資源を活用した競技力向上のための事業が効果的に

展開されているかを問題とする。さらに、そうした競技力向上のための事業を推進するためにどのような組織体制が求められるのか、各レベル間の連携をいかに図っていくか、といった観点から競技力向上の方策が検討されねばならない。

> **考えてみよう**
> 「国内競技者レベル」「基礎的競技者レベル」「レクリエーション・スポーツ愛好者」の各々のレベルは、国際的競技力の向上にどのように関与するのか、考えてみよう。

2．競技力向上の方策と問題点

(1) 競技力向上の問題点

従来の競技力向上における問題点をあげると、選手サイドに関しては、①計

階　層	組　織	目　標
国際大会競技者レベル	世界で戦えるレベル	最高の競技力と記録を達成する
国内競技者レベル	国内トップレベル	高い競技意識の維持とレベルに適合した競技力の向上
基礎的競技者レベル	ジュニアのトップレベル	高い競技力をつけるために必要な要素を鍛える 高い競技力目標をもつことを動機づける
レクリエーション・スポーツ愛好者レベル	競技的運動クラブ以外を含むスポーツクラブ	運動技能を高めるための運動神経や筋を鍛える スポーツ愛好者に競技の楽しさを教える

図Ⅱ-5-1　国際的競技力の階層
　　(Bompa "Periodization : Theory and Methodology of Training (4th edition)" Human Kinetics, 1999 を清水改変)

画的に一貫した選手育成の考え方がとられていない、②国際的競技力向上に専念できるような生活環境が整備されていないということが、そして、指導者サイドに関しては、①総合的な能力を修得できる国家的指導者養成の場が確立されていない、②指導者の個々のニーズに応じることができる研修が提供されていないこと等が指摘できる。

　以上の問題を解決するためには、国家的なプロジェクトが必要となる。近年、「総合型地域スポーツクラブへの支援」「国立スポーツ科学センターの設立」「競技スポーツと学校体育・スポーツとの連携」「サッカーくじ等による資金の確保」など国家的政策がいくつか進行しており、その本格的な実現にかかる期待は大きい。

　一方で、競技力向上に取り組む諸組織の営みに経営学的なものの見方や考え方が組み込まれることが重要である。これは、これまでの我が国における競技力向上の対策において最も欠落していた側面といえる。例えば、このような競技力向上の政策が成功するためには、目的に即しているか、計画的に遂行されているか、効率的か、目標に達したか、経営資源の質や量的な整備の状況はどうか、などの評価項目（アセスメント）による評価を怠りなく実施し、可能な修正を加えること、以上のような競技スポーツのためのマネジメントサイクルに照合するスポーツ経営学のアプローチも必要となる。

(2) 競技力向上の方策

1) 総合型地域スポーツクラブと競技力向上

　日本のスポーツ界において競技力向上につながるスポーツ振興を促進する基盤となる環境整備・充実を図ることは、国や地方公共団体、競技団体・運動者団体の重要な責務である。日本の競技スポーツは、学校の運動部活動と企業スポーツを中心に発展してきた。しかし、学校では少子化の影響によって、企業スポーツは経済不況の影響を受けて、深刻な危機に直面している。

　「スポーツ振興基本計画」を受けて、「総合型地域スポーツクラブ」の設立が全国に展開されようとしている。総合型地域スポーツクラブの特徴は、複数の種目が用意され、年齢、関心、技能レベルに応じて、誰もが、いつでも、どこ

でもスポーツに親しむことができることにある。この総合型地域スポーツクラブには、スポーツ振興の基盤となるだけではなく、その育成と展開による青少年の育成、世代間の交流、地域の活性化や地域づくりが期待されている。またその一方で、国際競技力の向上という視点からは、その一番底辺を支え、能力のある選手を発見したり、育成したりする基盤はこの総合型地域スポーツクラブにあると見ることもできよう。日本の競技力向上には諸外国で実施されている一貫指導システムが不可欠になってくるが、それを構築するには、スポーツ人口の拡大とそのための優れた指導者陣を備えた地域密着型のスポーツクラブが必要となってくるであろう。

　学校における運動部活動は、学校教育上の役割として重要な意味をもつ。しかし、児童生徒のスポーツ観の変化や少子化等の影響を受け、運動部活動の参加者が減少しており、一方で顧問の高齢化やなり手不足、専門的指導ができないといった問題も指摘されている。そのような状況の中で、運動したい生徒が人数不足のためチームを編成できなかったり、試合に参加できなかったりするケースも少なくない。このような運動部活動の状況と生涯スポーツ社会の実現との関連から、日本スポーツ界の国際的競技力の向上を考えると、地域におけるスポーツクラブの果たすべき役割は大きくなっている。もちろん、それで学校における運動部活動の役割がなくなったわけではなく、学校と地域社会との連携やコミュニティ全体の協力を背景としたスポーツ振興への取り組みが必要となっている。

2) JOCの競技力向上プラン

　文部科学省は、2000年、当時の文部省の保健体育審議会の答申を受けて、「スポーツ振興基本計画」を公にした（巻末資料参照）。この計画の一つの柱に「国際的競技力の総合的な向上方策」が掲げられている。そこでは、メダル獲得率の倍増を政策目標とし、その目標達成のために必要不可欠な施策及び側面的な施策を推進するとしている。この計画を受けてJOCでは、選手強化本部に国際競技力向上戦略を研究するためのプロジェクトを発足させ、2001年6月、「JOC GOLD PLAN―JOC国際競技力向上戦略―」と称する10カ年計画（アクションプラン）を公表した。この計画は、図II-5-2に示されるように、3つ

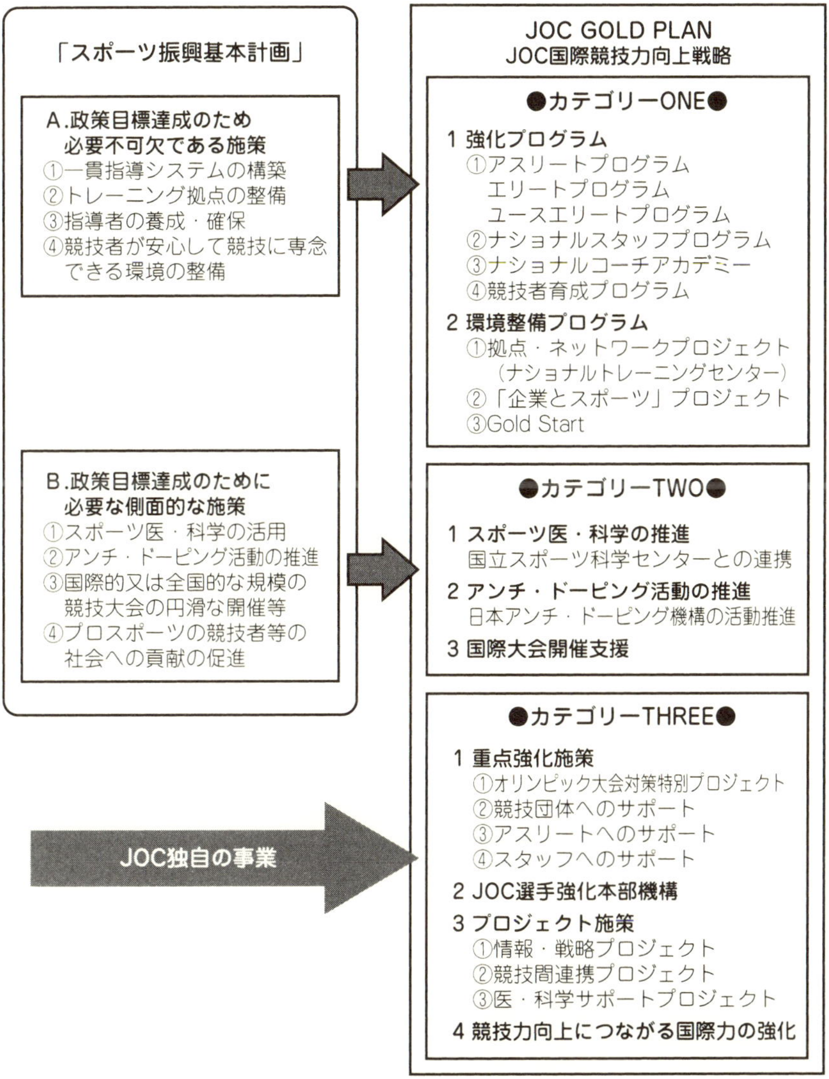

「スポーツ振興基本計画」

A. 政策目標達成のため必要不可欠である施策
① 一貫指導システムの構築
② トレーニング拠点の整備
③ 指導者の養成・確保
④ 競技者が安心して競技に専念できる環境の整備

B. 政策目標達成のために必要な側面的な施策
① スポーツ医・科学の活用
② アンチ・ドーピング活動の推進
③ 国際的又は全国的な規模の競技大会の円滑な開催等
④ プロスポーツの競技者等の社会への貢献の促進

JOC GOLD PLAN
JOC国際競技力向上戦略

●カテゴリーONE●

1 強化プログラム
　① アスリートプログラム
　　エリートプログラム
　　ユースエリートプログラム
　② ナショナルスタッフプログラム
　③ ナショナルコーチアカデミー
　④ 競技者育成プログラム
2 環境整備プログラム
　① 拠点・ネットワークプロジェクト
　　（ナショナルトレーニングセンター）
　②「企業とスポーツ」プロジェクト
　③ Gold Start

●カテゴリーTWO●

1 スポーツ医・科学の推進
　国立スポーツ科学センターとの連携
2 アンチ・ドーピング活動の推進
　日本アンチ・ドーピング機構の活動推進
3 国際大会開催支援

●カテゴリーTHREE●

1 重点強化施策
　① オリンピック大会対策特別プロジェクト
　② 競技団体へのサポート
　③ アスリートへのサポート
　④ スタッフへのサポート
2 JOC選手強化本部機構
3 プロジェクト施策
　① 情報・戦略プロジェクト
　② 競技間連携プロジェクト
　③ 医・科学サポートプロジェクト
4 競技力向上につながる国際力の強化

JOC独自の事業

図II-5-2　「スポーツ振興基本計画」とJOC GOLD PLANの関係

のカテゴリー、9つの具体的施策で構成されている。

> **考えてみよう**
> 諸外国では、競技力向上のために、どのような計画が立てられているか、また、その計画を実行するための組織のしくみは、どのようなものか調べてみよう。

3．競技力向上のためのスポーツ経営学からの提言

(1) 推進組織の充実

　JOCは1991年に(財)日本体育協会から独立し、オリンピック種目にあるスポーツの選手育成・強化の機能を色濃くした。特に「選手強化本部（常任委員会）」には「医・科学」「強化・育成」「情報・戦略」の3専門委員会および次期オリンピックのための「対策特別委員会」が設けられている。その他、各種スポーツ競技団体においても、「競技力向上」を担うライン組織またはスタッフ組織が編成されている。

　さらに、今後の競技力向上策は、後に述べるように、高度で広範な情報資源（専門的・科学的知識やノウハウ）、質の高い物的資源（施設・設備）、多額の資金、そして質・量とも豊富な人的資源（コーチ・スポーツドクター・トレーナー等）を必要とする。したがって、国際競技力向上という国家的プロジェクトに、そうした豊富な資源の投入を図るためには、国立スポーツ科学センター（JISS）、日本アンチ・ドーピング機構（JADA）、大学・研究所、企業、学校等、様々な組織・団体との緊密な連携を強化し、総合的な支援体制を築くことが急務となる。

(2) 一貫指導・支援システムの構築

　競技力向上とくに国際的競技力を高めるには、高い才能を有する選手に対する一貫指導・支援システムの構築が求められる。オランダは、サッカー界では常に世界のトップクラスを維持し、世界的なスーパースターを多く輩出しているが、同時に一貫したサッカー教育でも世界的に有名である。表Ⅱ-5-1はオ

表II-5-1　オランダサッカー協会の年齢段階別指導指針

年齢区分	課題および中心となるトレーニング		コンペティション
F-Pupillen 6-8	スキルの獲得	ボールを使った楽しい遊びの中からボール感覚やサッカーの基本的な技術を身につける すべての子どもが楽しめるように（1人1個のボール） Fun Games (No Drill) 4 vs 4 Games	7 vs 7 (Half court) Local & Regional Competition
E-Pupillen 8-10			7 vs 7 (Half court) Local & Regional Competition
D-Pupillen 10-12		シンプル化されたゲームを通して、サッカーの基本およびサッカーに必要なスキルを身につける T.I.C.…すべての練習にT.I.C.が含まれること No Drill, No Tactics, No Fitness 1 vs 1, 5 vs 2 (6 vs 3) 4 vs 4 Games	11 vs 11 Local & Regional Competition Quality Competition (Not strength)
C-Junioren 12-14	戦術の理解と実践	実戦を通して、実際の試合におけるほぼすべての要素（強さ以外）を身につける ゲームを読む能力を身につける No Fitness （ユース・セレクション・プログラムの開始）	11 vs 11 Local & League Regional League
B-Junioren 14-16		トレーニングおよびコンペティションを通し、戦術的理解を深め、試合で発揮できるようにする コーチのアイディアを実践できるようにする Fitness Training (in Football) の開始	11 vs 11 Local, Regional & National League (2)
A-junioren 16-18		トレーニングとコンペティションの中から最高のパフォーマンスを引き出す ゲームストレス（技術・戦術・体力）の克服	11 vs 11 Local, Regional & National League (1)

ランダサッカー協会の年齢別一貫指導の指針である。スキルを学ぶ12歳以下と戦術的理解が中心となる13～18歳に大きく分かれ、さらに、6～8歳、8～10歳、10～12歳、12～14歳、14～16歳、16～18歳の6クラスに分かれ、その年齢区分に適した内容をコーチングしている。このカリキュラムは、幼児から大人までのヒトの「筋・骨格系」「動作習得」「神経系」「大脳の可塑性」などの発育・発達理論をもとに構成されており、指導者も各年齢の心身に対応した教授

法を厳しい資格制度の中で修得するシステムができている。

　我が国においては、従来の競技スポーツが中学校、高等学校、大学を中心とした学校体育の中で培われてきたために、若年層からの一貫した指導体制をとることが困難であった。しかも、進学するたびに指導体制などの環境が一変することが通常であった。国際的競技力向上のためには、学校機関だけでの強化では一貫したトレーニングを受けることは困難である。今後は、学校がもつ競技力向上のノウハウを受け継ぎながら、地域全体の範囲で一貫したトレーニングカリキュラムを受けることができる体制を構築する必要があることから、総合型地域スポーツクラブとの連携をとりながら、競技力向上のための長期構想を企画することに期待したい。そのためには、幼いプレーヤーが試合のたびに翻弄されることがないよう、指導者、保護者、自治会、学校など地域全体でプレーヤーを育成するための仕組みを検討しないと、一貫指導システムは構築できないであろう。あわせて、将来的には、文部科学省構想に示されている広域スポーツセンターによる支援体制の強化が重要性を増すだろう。

(3) 国際的競技力向上のための経営資源

　経営には、システムという流れが存在する。システムとは図II-5-3に示すように、「入力したものが処理（機能）されて出力する」という3つの要素がある。このシステムに競技力向上を導入して考えると、入力されるものは選手、チームであり、出力されるものは選手、チームの競技成績（パフォーマンス）ということになる。選手という資本で、経営資源としての「人的資源（指導者、指導者組織）」「物的資源（施設・用具等）」「財務的資源（資金）」「情報資源」を調達し、それらを有効に活用しながら運営（指導・コーチング）をして、勝利を獲得することに全力をあげることになる。

　ここで重要な点は、日頃のコーチングによって出力されるものは選手、チームの競技成績の向上だけではなく、毎日のトレーニングのなかで組織内に情報が蓄積されることである。これらは、やがて知識やノウハウという特有の経営資源に変わり、組織内の指導者等に活用されて価値を高めることになる。また、組織内の指導者等に一定の情報や知識、ノウハウが共有されると、価値観や行動規範などから構成される組織風土、組織文化が形成され、それが組織の機能

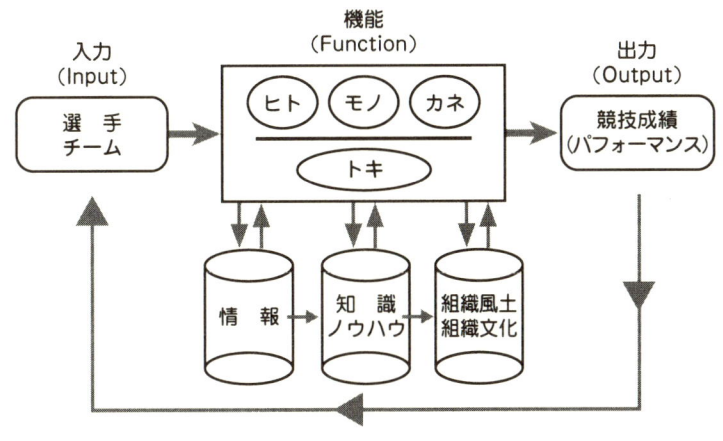

図II-5-3 競技力向上の経営システム

に影響するようになる。諸外国の強豪と伍して戦うような国際的競技力を高めるには、差別化された固有の組織文化をつくりあげることが求められる。

また、オリンピックやワールドカップのような世界的ビッグイベントは4年周期で開催される。つまり図のように、経営資源の分母には常に「トキ(時間)」があることを意識しなければならない。

次に競技力向上における主な経営資源である「指導者」「専門的支援機関」「資金」「情報」について考えてみたい。

1) 指導者

国際的競技力の向上をめざす指導者に求められる能力には「選手に対する働きかけ(対選手能力)」および「選手以外に対する働きかけ(対環境能力)」の両者のバランスが必要である。対選手能力としては「試合」「意識」「個別」「反省」「心理」の5つの能力があげられる(表II-5-2)。また、対環境能力には「情報」「責任」「交流」「資源」「計画」「交渉」の6つの能力があげられる(表II-5-3)。

現在の日本の指導システムの問題点は、選手に対するコーチング能力に対する養成・研修がほとんどであり、選手への働きかけ以外に必要な「支援者との交流」「資源の活用法」「目標設定とその計画」「海外遠征での交渉」などマネ

ジメントにかかわるスキルアップの場が少ないことがあげられる。
　さて、競技力向上のための指導者と一口に言っても、今日では役割の専門分化が著しくなってきている。従来の技術・戦略面の指導を担当するコーチに加えて、マネジメントスタッフ、戦略分析等を専門的に担当する情報スタッフ、医・科学面のサポートを受けもつドクターやトレーナー、有能な選手を早期に

表II-5-2　「対選手」能力に関する因子構造　　（バリマックス回転後の因子負荷量）

第1因子：試　合（寄与率　29.1％）	
練習の中で試合を想定した練習を取り入れること	.758
レース時の戦略・戦術を考えて練習すること	.728
試合にベストコンディションで臨むためのテーパーについて	.641
選手の試合での結果を反省し、今後の練習計画を見直すこと	.602
克己心、競争心、ライバル意識などを持たせること	.558
実際のレースについての評価分析力について	.515
第2因子：意　識（寄与率　7.6％）	
参加意識・集団意識をもたせ、チームワークを形成すること	.755
選手と話しやすい雰囲気をつくり、意志の疎通を図ること	.741
動機づけ（ほめる・叱る・アドバイスなど）を高める指導をすること	.508
適切な目標（チーム・個人）、夢、役割などを持たせること	.487
選手がスランプの時に配慮すること	.466
第3因子：個　別（寄与率　6.6％）	
選手の理解度に応じて、指導に柔軟性を持つこと	.779
個性を伸ばす練習を採用すること	.616
性別や年齢による心理的特徴、選手個人の性格特性を理解すること	.531
選手にストレスがある場合、それを解消すること	.415
障害・傷害の防止と処置についての知識を技術を高めること	.379
第4因子：反　省（寄与率　6.2％）	
指導の際にビデオ等の視聴覚機器を利用すること	.829
選手とのミーティングや懇親会を開催すること	.675
第5因子：心　理（寄与率　4.7％）	
選手の心理面を強化すること	.778
集中力をつけさせること	.604
選手のコンディショニングのためのメンタルトレーニング	.456

発掘するスカウティングスタッフなどの配置と、スタッフ間の協働システムの構築が求められる。またそのためには、各種の役割に適応した指導者の養成プログラムの開発及び指導者のプロ化なども検討される必要がある。

表II-5-3 「対環境」能力に関する因子構造 （バリマックス回転後の因子負荷量）

第1因子：情 報（寄与率 30.0%）	
水泳の専門知識（生理学・医学・心理学など）の習得	.763
科学的理論を自分の指導法に活用すること	.695
指導に役立つ情報収集とその整理・活用	.668
水泳に関する研修会や会議への参加	.516
第2因子：責 任（寄与率 6.7%）	
指導者としての指導上の責任を認識すること	.693
組織（職場）内での自分の役割を認識すること	.629
選手の家族への連絡を適切に行うこと	.585
施設・設備の安全管理と緊急時の対処	.575
第3因子：交 流（寄与率 6.2%）	
研究者（運動生理学・スポーツ心理学など）との交流	.762
スポーツドクターやトレーナーとの交流	.741
水泳連盟・体育協会・スイミングクラブ協会等との連携	.576
クラブ外（組織外・チーム外）の指導者との交流	.545
第4因子：資 源（寄与率 5.2%）	
選手強化のための資金の確保・調達	.702
施設の現状把握と練習環境づくりの改善	.659
器具や備品などの現状把握と整備・購入	.657
第5因子：計 画（寄与率 4.7%）	
合宿や合同練習会の計画および開催	.661
年間・月間・週間トレーニング計画の作成	.578
トレーニング計画の評価と見直し	.528
計画→実行→反省→計画といったサイクルの実施	.506
第6因子：交 渉（寄与率 4.2%）	
選手の勧誘や確保	.766
組織（職場）内の会議を円滑に行うこと	.634

2）専門的支援機関

　国立スポーツ科学センター（JISS）は、スポーツ科学・医学・情報の総力を結集させ、国内トップレベルの競技者をサポートする組織として、2001年4月、東京都西が丘に文部科学省の特殊法人として設置された。国際的競技力の向上をめざす関係者にとって国内初の国営施設となるので、関係者の期待は大きい。競技選手の体力面・心理面・技術面の測定がスムーズにでき、その評価が的確になされ、そのデータが即座に蓄積されていくシステムが求められる。また国内外のスポーツ医・科学の情報が提供でき、高質のトレーニングができるために、運営上のマネジメントの検討が必要である。さらに、この施設で新しく開発された国際的競技力に貢献する情報・知識について、全国に伝達するシステムも構築すべきである。

> **話し合ってみよう**
> 　競技力向上のための施設や設備にはどのようなものが必要か話し合ってみよう。

3）資金

　国のスポーツ振興関連予算は毎年100億円台で推移しており、欧米と比べても少ないのが現状である。日本のスポーツの低迷は、資金不足から来る環境整備の遅れが大きな要因の一つといわれている。2001年春から開始されたサッカーくじ（toto）は、正式名を「スポーツ振興投票制度」というが、目的は「スポーツ振興のために必要な資金を得るため」（スポーツ振興投票法第1条）であり、その成否が日本スポーツ界の将来のカギを握っている。売上金から払戻金（50％）と必要経費（原則15％以下）を除いた分が収益となる。そのうち国庫納付金を差し引いた3分の2がスポーツ振興事業資金としてスポーツ団体と地方公共団体等に半分ずつ配分され、身近にスポーツに親しめる環境の整備、国際的競技力向上のための環境整備、国際的スポーツ活動の支援指導者の養成などに充てられる。これらの公的資金については、有効な使われ方をしているか、国際的競技力向上に貢献しているかという客観的な評価尺度を定め、活用の効果分析が求められる。問題は、競技力向上政策を行うスポーツ行政体のミッション、ゴール、ビジョンによって左右する「効果の価値」をどう定めるかにあ

る。

　また、民間企業のスポンサーシップも、貴重な資金源である。競技スポーツとりわけ国際スポーツ大会における競技選手の活躍シーンによってもたらされる「感動」「尊敬」「スポーツマンシップ」「愛国心」などは、一定の思想や国策を超えた人間として崇高な時間を皆で共有することができる特殊な「財」である。民間企業のスポンサーシップを今後さらに供給するためには、その代価としての国際的競技スポーツの財（価値）を高めるようなプロデュースのあり方が求められる。ここにもスポーツの財を研究するスポーツ経営学、またはスポーツ経済学等のアプローチが考えられる。

4）情報

　競技力向上をめぐるスポーツ情報は、競技に関係する者の情報、研究者サイドの情報、マスメディア関係者の扱う情報、スポーツマニアが扱う情報、以上の4種類に大きく分けられる。競技関係者の情報には、個人やチームの戦力分析や競技力向上のための技術、作戦、トレーニング、コーチング、コンディショニングなどに関する膨大な情報が含まれている。つまり、選手、監督、コーチ、マネージャー、サポーターなどは、それぞれのレベルで競技力向上のための情報と取り組んでいる。さらには、大会を組織し、管理・運営する競技関係者が必要とする情報をどのように管理し、活用していくかもここでの重要なスポーツ情報となる。スポーツ経営学の課題としては、国際的競技力を我が国のスポーツ振興の目的と照らし合わせた意図的な情報のデータベース構築が求められる。データベースの構築には、スポーツ情報の収集、選別、整理、加工、検索、公開、更新といった細かい作業が永続的に必要となる。

＜清水富弘＞

第 III 部

体育・スポーツ経営関連資料

1. 日本人のスポーツ行動……………………………………212
2. スポーツ振興法（抄）……………………………………214
3. スポーツ振興基本計画（抄）……………………………215
4. スポーツ基本法（抄）……………………………………218
5. スポーツ基本計画（抄）…………………………………221
6. 学習指導要領（抄）………………………………………225
7. 体育・スポーツ経営に関連する法律・制度等…………228
8. 体育・スポーツ施設の現状………………………………237
9. スポーツクラブの実態……………………………………240
10. 民間スポーツ・フィットネスクラブの実態……………243
11. 運動生活・意識調査票の実例……………………………245
12. もっと学習を深めるための参考図書……………………257
13. さらに理解を深めるための用語解説……………………260

1. 日本人のスポーツ行動

　図1～図8は、内閣府「体力・スポーツに関する世論調査（平成21年）」、内閣府「生涯学習に関する世論調査（平成24年）」、笹川スポーツ財団「SSFスポーツライフデータ2010」の結果に基づいて、わが国における人々の全体的なスポーツ状況を表したものである。

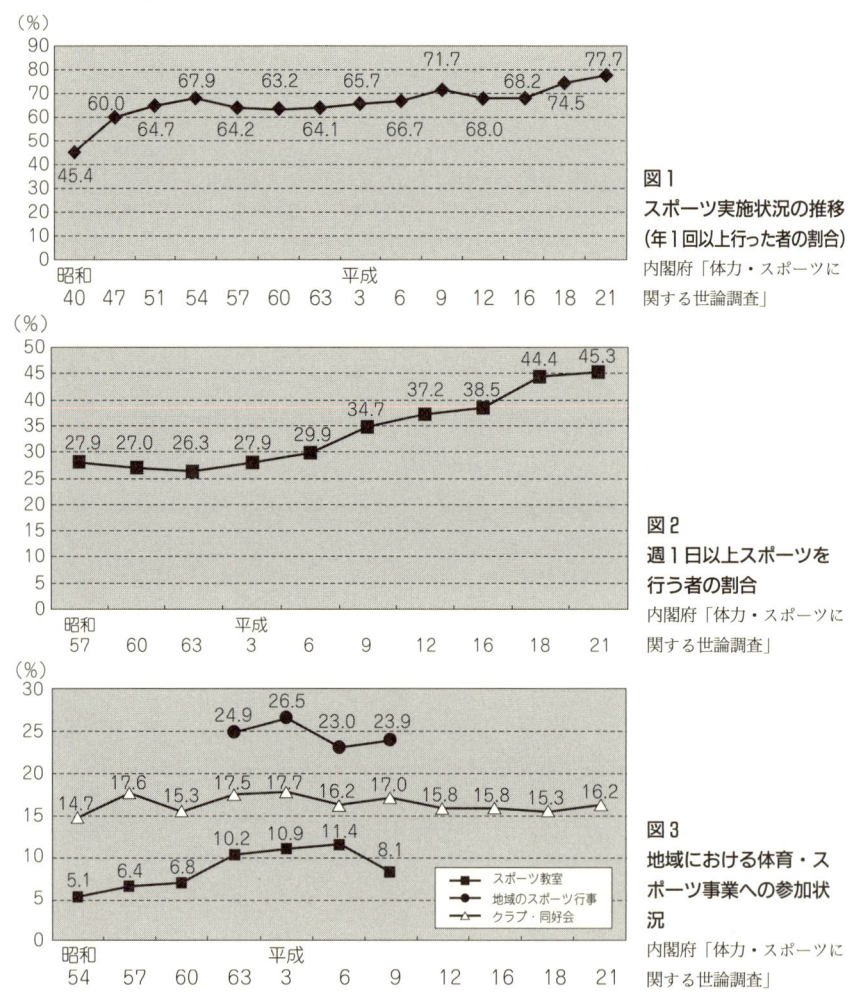

図1
スポーツ実施状況の推移
（年1回以上行った者の割合）
内閣府「体力・スポーツに関する世論調査」

図2
週1日以上スポーツを行う者の割合
内閣府「体力・スポーツに関する世論調査」

図3
地域における体育・スポーツ事業への参加状況
内閣府「体力・スポーツに関する世論調査」

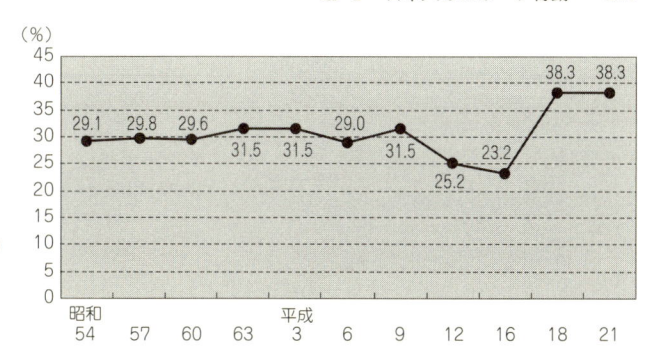

図4
地域スポーツクラブへの加入意向
内閣府「体力・スポーツに関する世論調査」

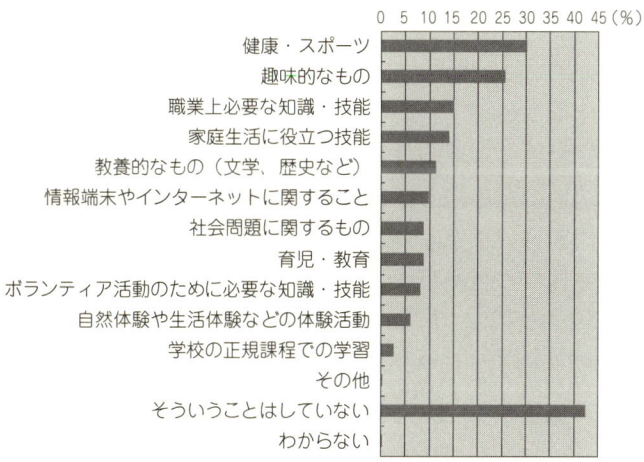

グラフ値：
- 昭和54年: 29.1
- 昭和57年: 29.8
- 昭和60年: 29.6
- 昭和63年: 31.5
- 平成3年: 31.5
- 平成6年: 29.0
- 平成9年: 31.5
- 平成12年: 25.2
- 平成16年: 23.2
- 平成18年: 38.3
- 平成21年: 38.3

図5　生涯学習として取り組まれている活動　内閣府「生涯学習に関する世論調査」

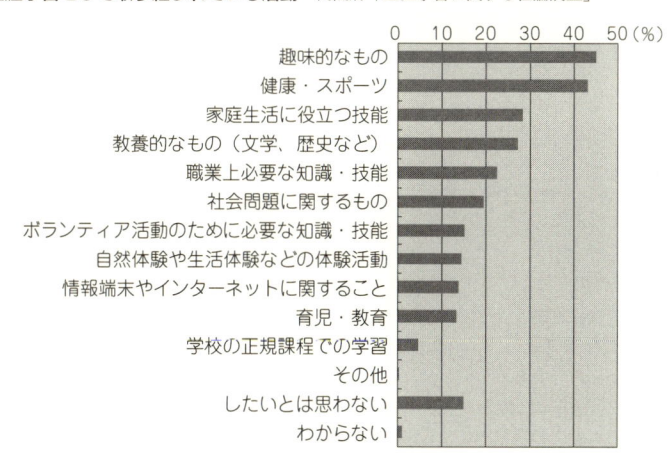

項目（上から）：
- 健康・スポーツ
- 趣味的なもの
- 職業上必要な知識・技能
- 家庭生活に役立つ技能
- 教養的なもの（文学、歴史など）
- 情報端末やインターネットに関すること
- 社会問題に関するもの
- 育児・教育
- ボランティア活動のために必要な知識・技能
- 自然体験や生活体験などの体験活動
- 学校の正規課程での学習
- その他
- そういうことはしていない
- わからない

図6　生涯学習として取り組みたい活動　内閣府「生涯学習に関する世論調査」

項目（上から）：
- 趣味的なもの
- 健康・スポーツ
- 家庭生活に役立つ技能
- 教養的なもの（文学、歴史など）
- 職業上必要な知識・技能
- 社会問題に関するもの
- ボランティア活動のために必要な知識・技能
- 自然体験や生活体験などの体験活動
- 情報端末やインターネットに関すること
- 育児・教育
- 学校の正規課程での学習
- その他
- したいとは思わない
- わからない

図7 直接スポーツ観戦率の年次推移　笹川スポーツ財団「SSFスポーツライフ・データ2010」
※2002年調査の回答選択肢には公営競技が含まれていない。

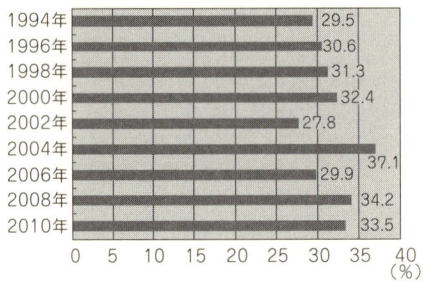

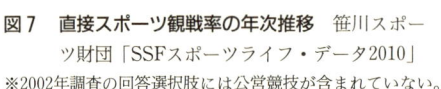

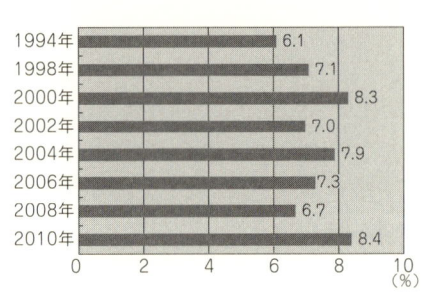

図8 スポーツボランティアの実施率の年次推移　笹川スポーツ財団「SSFスポーツライフ・データ2010」

2．スポーツ振興法（抄）

　スポーツ振興法は、昭和36年に制定されたわが国で最初のスポーツ振興に直接関わる法律である。この法律では、スポーツ振興の施策を講ずることが国及び地方公共団体の任務であることを規定すると共に、この法律の目的を達成するために国及び地方公共団体がなすべき任務を示している。

第一章　総則

第1条（目的）
　この法律は、スポーツの振興に関する施策の基本を明らかにし、もって国民の心身の健全な発達と明るく豊かな国民生活の形成に寄与することを目的とする。
2　この法律の運用に当たっては、スポーツをすることを国民に強制し、又はスポーツを前項の目的以外の目的のために利用することがあってはならない。

第2条（定義）
　この法律において「スポーツ」とは、運動競技及び身体運動（キャンプ活動その他の野外活動を含む。）であって、心身の健全な発達を図るためにされるものをいう。

第3条（施策の方針）
　国及び地方公共団体は、スポーツの振興に関する施策の実施に当たっては、国民の間において行われるスポーツに関する自発的な活動に協力しつつ、ひろく国民があらゆる機会とあらゆる場所において自主的にその適性及び健康状態に応じてスポーツをすることができるような諸条件の整備に努めなければならない。
2　この法律に規定するスポーツの振興に関する施策は、営利のためのスポーツを振興するためのものではない。

第4条（計画の策定）
　文部科学大臣は、スポーツの振興に関する基本的計画を定めるものとする。
2　文部科学大臣は、前項の基本的計画を定めるについては、あらかじめ、審議会等の意見を聴かなければならない。
3　都道府県及び市区町村の教育委員会は、第一項の基本的計画を参しゃくして、その地方の実情に即したスポーツの振興に関する計画を定めるものとする。
4　都道府県及び審議会その他の合議制の機関が

置かれている市町村の教育委員会は、前項の計画を定めるについては、あらかじめ、スポーツ振興審議会等の意見を聴かなければならない。

第二章　スポーツの振興のための措置

第5条（体育の日の行事）
第6条（国民体育大会）
第7条（スポーツ行事の実施及び奨励）
第8条（青少年スポーツの振興）
第9条（職場スポーツの奨励）
第10条（野外活動の普及奨励）
第11条（指導者の充実）
第12条（施設の整備）
第13条（学校施設の利用）
第14条（スポーツの水準の向上のための措置）
第15条（顕彰）
第16条（スポーツ事故の防止）
第16条の2（プロスポーツの選手の競技技術の活用）
第17条（科学的研究の促進）

第三章　スポーツ振興審議会等及び体育指導委員

第18条（スポーツ振興審議会等）
　都道府県に、スポーツの振興に関する審議会その他の合議制の機関を置くものとする。
2　市町村にスポーツの振興に関する審議会その他の合議制の機関を置くことができる。
3　スポーツ振興審議会等は、第4条第4項に規定するもののほか、都道府県の教育委員会若しくは知事又は市町村の教育委員会の諮問に応じて、スポーツの振興に関する重要事項について調査審議し、及びこれらの事項に関して都道府県の教育委員会若しくは知事又は市町村の教育委員会に建議する。

第19条（体育指導委員）
　市町村の教育委員会は、社会的信望があり、スポーツに関する深い関心と理解を持ち、及び次項に規定する職務を行うのに必要な熱意と能力を持つ者の中から、体育指導委員を委嘱するものとする。
2　体育指導委員は、教育委員会規則の定めるところにより、当該市町村におけるスポーツの振興のため、住民に対し、スポーツの実技の指導その他スポーツに関する指導、助言を行うものとする。
3　体育指導委員は、非常勤とする。

第四章　国の補助等

第20条（国の補助）
　国は、地方公共団体に対し、予算の範囲内において、政令の定めるところにより、次の各号に掲げる経費について、その一部を補助する。この場合において、国の補助する割合は、それぞれ当該各号に掲げる割合によるものとする。
1．学校のスポーツ施設　3分の1
2．一般の利用に供するスポーツ施設　3分の1
3．スポーツ指導者の養成・研修のための講習　2分の1
4．青少年スポーツ振興事業　2分の1
5．国民体育大会

　　　　　　　　　　　　　（以下省略）

3．スポーツ振興基本計画（抄）

　スポーツ振興法第4条では、文部科学大臣がスポーツ振興に関する基本的計画を定めるものとしている。これを受けて平成12年9月に策定されたスポーツ振興基本計画は、わが国初のスポーツマスタープランである。

Ⅰ. 総 論

1. スポーツの意義

　スポーツは、人生をより豊かにし、充実したものとするとともに、人間の身体的・精神的な欲求にこたえる世界共通の人類の文化の一つである。心身の両面に影響を与える文化としてのスポーツは、明るく豊かで活力に満ちた社会の形成や個々人の心身の健全な発達に必要不可欠なものであり、人々が生涯にわたってスポーツに親しむことは、極めて大きな意義を有している。

　また、スポーツは、人間の可能性の極限を追求する営みという意義を有しており、競技スポーツに打ち込む競技者のひたむきな姿は、国民のスポーツへの関心を高め、国民に夢や感動を与えるなど、活力ある健全な社会の形成にも貢献するものである。

　更に、スポーツは、社会的に次のような意義も有し、その振興を一層促進していくための基盤の整備・充実を図ることは、従前にも増して国や地方公共団体の重要な責務の一つとなっている。
ア　青少年の心身の健全な発達
イ　地域社会の再生、地域における連帯感の醸成
ウ　スポーツ産業の広がりとそれに伴う雇用創出等の経済的効果、医療費の節減の効果等、国民経済への寄与
エ　国際的な友好と親善

　なお、人間とスポーツとのかかわりについては、スポーツを自ら行うことのほかに、スポーツをみて楽しむことやスポーツを支援することがある。スポーツをみて楽しむことは、スポーツの振興の面だけでなく、国民生活の質的向上やゆとりある生活の観点からも有意義である。また、スポーツの支援については、例えば、ボランティアとしてスポーツの振興に積極的にかかわりながら、自己開発、自己実現を図ることを可能とする。人々は、このようにスポーツへの多様なかかわりを通じて、生涯にわたる豊かなスポーツライフを実現していくのである。従って、スポーツへの多様なかかわりについても、その意義を踏まえ、促進を図っていくことが重要である。

2. 計画のねらい

　現代社会におけるスポーツの果たす意義、役割を考えたとき、国民のスポーツへの主体的な取組みを基本としつつ、国民のニーズや期待に適切にこたえ、国民一人一人がスポーツ活動を継続的に実践できるような、また、競技力の向上につながるようなスポーツ環境を整備することは、国、地方公共団体の重要な責務である。こうしたスポーツ振興施策を効果的・効率的に実施するに当たっては、施策の定期的な評価・見直しを行いつつ、新たにスポーツ振興投票制度が実施される運びとなっていることも踏まえ、中・長期的な見通しに立って、スポーツの振興をめぐる諸課題に体系的・計画的に取り組むことが求められている。

3. 計画の主要な課題

　本計画においては、上に述べたような「ねらい」を踏まえ、今後のスポーツ行政の主要な課題として次のものを掲げ、その具体化を図ることとする。
(1)生涯スポーツ社会の実現に向けた、地域におけるスポーツ環境の整備充実方策
(2)我が国の国際競技力の総合的な向上方策
(3)生涯スポーツ及び競技スポーツと学校体育・スポーツとの連携を推進するための方策

4. 計画の性格

　本計画は、スポーツ振興法に基づいて、長期的・総合的な視点から国が目指す今後のスポーツ振興の基本的方向を示すものであると同時に、地方公共団体にとっては、地方の実情に即したスポーツ振興施策を主体的に進める上での参考指針となるものである。現在、個性豊かで活力に満ちた地域社会を実現すること等を基本として、地域の特性を生かしつつ、魅力ある地域づくりを進めている各地方公共団体においては、自らの選択と責任に基づく主体的な地域づくりの一環として、創意と工夫を凝らしたスポーツ振興施策を推進することが期待される。

5. 計画の実施

(1)計画の期間等

　　本計画は、平成13年度から概ね10年間で実現

すべき政策目標を設定するとともに、その政策目標を達成するために必要な施策を示したものである。

本計画に基づく施策の実施に際しては、適宜その進捗状況の把握に努めるとともに、5年後に計画全体の見直しを図るものとする。

(2)本計画に掲げる施策の推進に必要な財源の確保

本計画に掲げる施策の推進に当たっては、スポーツ振興のための財源確保が重要である。このうち国が推進すべき施策に必要な財源については、予算措置以外に、平成2年にはスポーツ振興基金が設立されたところであるが、更に平成10年には、スポーツ振興投票を通じてスポーツの振興のために必要な資金を得ることを目的としたスポーツ振興投票制度が成立するなど、多様な財源確保のための取組みが行われてきている。

II．スポーツ振興施策の展開方策

1．生涯スポーツ社会の実現に向けた、地域におけるスポーツ環境の整備充実方策

政策目標：
(1)国民の誰もが、それぞれの体力や年齢、技術、興味・目的に応じていつでも、どこでも、いつまでもスポーツに親しむことができる生涯スポーツ社会を実現する。
(2)その目標として、できるかぎり早期に、成人の週1回以上のスポーツ実施率が2人に1人（50パーセント）となることを目指す。

A．政策目標達成のため必要不可欠である施策
○総合型地域スポーツクラブの全国展開
到達目標
・2010年（平成22年）までに、全国の各市区町村において少なくとも1つは総合型地域スポーツクラブを育成する。
・2010年（平成22年）までに、各都道府県において少なくとも1つは広域スポーツセンターを育成する。

B．政策目標達成のための基盤的施策
(1)スポーツ指導者の養成・確保
(2)スポーツ施設の充実

(3)地域における的確なスポーツ情報の提供
(4)住民のニーズに即応した地域スポーツ行政の見直し

2．我が国の国際競技力の総合的な向上方策

政策目標：
(1)オリンピック競技大会をはじめとする国際競技大会における我が国のトップレベルの競技者の活躍は、国民に夢や感動を与え、明るく活力ある社会の形成に寄与することから、こうした大会で活躍できる競技者の育成・強化を積極的に推進する。
(2)具体的には、1996年（平成8年）のオリンピック競技大会において、我が国のメダル獲得率が1.7パーセントまで低下したことを踏まえ、我が国のトップレベルの競技者の育成・強化のための諸施策を総合的・計画的に推進し、早期にメダル獲得率が倍増し、3.5パーセントとなることを目指す。

A．政策目標達成のため必要不可欠である施策
(1)一貫指導システムの構築
(2)トレーニング拠点の整備
(3)指導者の養成・確保
(4)競技者が安心して競技に専念できる環境の整備

B．政策目標達成のために必要な側面的な施策
(1)スポーツ医・科学の活用
(2)アンチ・ドーピング活動の推進
(3)国際的又は全国的な規模の競技大会の円滑な開催等
(4)プロスポーツの競技者等の社会への貢献の促進

3．生涯スポーツ及び競技スポーツと学校体育・スポーツとの連携を推進するための方策

政策目標：
生涯にわたる豊かなスポーツライフの実現と国際競技力の向上を目指し、生涯スポーツ及び競技スポーツと学校体育・スポーツとの連携を推進する。

A．政策目標達成のため必要不可欠である施策
(1)子どもたちの豊かなスポーツライフの実現に向

けた学校と地域の連携の推進
(2)国際競技力の向上に向けた学校とスポーツ団体の連携の推進
B．政策目標達成のための基盤的施策

(1)児童生徒の運動に親しむ資質・能力や体力を培う学校体育の充実
(2)学校体育指導者・施設の充実
(3)運動部活動の改善・充実

4．スポーツ基本法（抄）

　スポーツは、世界共通の人類の文化である。
　スポーツは、心身の健全な発達、健康及び体力の保持増進、精神的な充足感の獲得、自律心その他の精神の涵（かん）養等のために個人又は集団で行われる運動競技その他の身体活動であり、今日、国民が生涯にわたり心身ともに健康で文化的な生活を営む上で不可欠のものとなっている。スポーツを通じて幸福で豊かな生活を営むことは、全ての人々の権利であり、全ての国民がその自発性の下に、各々の関心、適性等に応じて、安全かつ公正な環境の下で日常的にスポーツに親しみ、スポーツを楽しみ、又はスポーツを支える活動に参画することのできる機会が確保されなければならない。
　スポーツは、次代を担う青少年の体力を向上させるとともに、他者を尊重しこれと協同する精神、公正さと規律を尊ぶ態度や克己心を培い、実践的な思考力や判断力を育む等人格の形成に大きな影響を及ぼすものである。
　また、スポーツは、人と人との交流及び地域と地域との交流を促進し、地域の一体感や活力を醸成するものであり、人間関係の希薄化等の問題を抱える地域社会の再生に寄与するものである。さらに、スポーツは、心身の健康の保持増進にも重要な役割を果たすものであり、健康で活力に満ちた長寿社会の実現に不可欠である。
　スポーツ選手の不断の努力は、人間の可能性の極限を追求する有意義な営みであり、こうした努力に基づく国際競技大会における日本人選手の活躍は、国民に誇りと喜び、夢と感動を与え、国民のスポーツへの関心を高めるものである。これらを通じて、スポーツは、我が国社会に活力を生み出し、国民経済の発展に広く寄与するものである。また、スポーツの国際的な交流や貢献が、国際相互理解を促進し、国際平和に大きく貢献するなど、スポーツは、我が国の国際的地位の向上にも極めて重要な役割を果たすものである。
　そして、地域におけるスポーツを推進する中から優れたスポーツ選手が育まれ、そのスポーツ選手が地域におけるスポーツの推進に寄与することは、スポーツに係る多様な主体の連携と協働による我が国のスポーツの発展を支える好循環をもたらすものである。
　このような国民生活における多面にわたるスポーツの果たす役割の重要性に鑑み、スポーツ立国を実現することは、二十一世紀の我が国の発展のために不可欠な重要課題である。
　ここに、スポーツ立国の実現を目指し、国家戦略として、スポーツに関する施策を総合的かつ計画的に推進するため、この法律を制定する。

第一章　総則

第1条（目的）
　この法律は、スポーツに関し、基本理念を定め、並びに国及び地方公共団体の責務並びにスポーツ団体の努力等を明らかにするとともに、スポーツに関する施策の基本となる事項を定めることにより、スポーツに関する施策を総合的かつ計画的に推進し、もって国民の心身の健全な発達、明るく豊かな国民生活の形成、活力ある社会の実現及び国際社会の調和ある発展に寄与することを目的とする。

第2条（基本理念）
　スポーツは、これを通じて幸福で豊かな生活

を営むことが人々の権利であることに鑑み、国民が生涯にわたりあらゆる機会とあらゆる場所において、自主的かつ自律的にその適性及び健康状態に応じて行うことができるようにすることを旨として、推進されなければならない。
2　スポーツは、とりわけ心身の成長の過程にある青少年のスポーツが、体力を向上させ、公正さと規律を尊ぶ態度や克己心を培う等人格の形成に大きな影響を及ぼすものであり、国民の生涯にわたる健全な心と身体を培い、豊かな人間性を育む基礎となるものであるとの認識の下に、学校、スポーツ団体（スポーツの振興のための事業を行うことを主たる目的とする団体をいう。以下同じ。）、家庭及び地域における活動の相互の連携を図りながら推進されなければならない。
3　スポーツは、人々がその居住する地域において、主体的に協働することにより身近に親しむことができるようにするとともに、これを通じて、当該地域における全ての世代の人々の交流が促進され、かつ、地域間の交流の基盤が形成されるものとなるよう推進されなければならない。
4　スポーツは、スポーツを行う者の心身の健康の保持増進及び安全の確保が図られるよう推進されなければならない。
5　スポーツは、障害者が自主的かつ積極的にスポーツを行うことができるよう、障害の種類及び程度に応じ必要な配慮をしつつ推進されなければならない。
6　スポーツは、我が国のスポーツ選手（プロスポーツの選手を含む。以下同じ。）が国際競技大会（オリンピック競技大会、パラリンピック競技大会その他の国際的な規模のスポーツの競技会をいう。以下同じ。）又は全国的な規模のスポーツの競技会において優秀な成績を収めることができるよう、スポーツに関する競技水準（以下「競技水準」という。）の向上に資する諸施策相互の有機的な連携を図りつつ、効果的に推進されなければならない。
7　スポーツは、スポーツに係る国際的な交流及び貢献を推進することにより、国際相互理解の増進及び国際平和に寄与するものとなるよう推進されなければならない。
8　スポーツは、スポーツを行う者に対し、不当に差別的取扱いをせず、また、スポーツに関するあらゆる活動を公正かつ適切に実施することを旨として、ドーピングの防止の重要性に対する国民の認識を深めるなど、スポーツに対する国民の幅広い理解及び支援が得られるよう推進されなければならない。

第3条（国の責務）
　国は、前条の基本理念（以下「基本理念」という。）にのっとり、スポーツに関する施策を総合的に策定し、及び実施する責務を有する。

第4条（地方公共団体の責務）
　地方公共団体は、基本理念にのっとり、スポーツに関する施策に関し、国との連携を図りつつ、自主的かつ主体的に、その地域の特性に応じた施策を策定し、及び実施する責務を有する。

第5条（スポーツ団体の努力）
　スポーツ団体は、スポーツの普及及び競技水準の向上に果たすべき重要な役割に鑑み、基本理念にのっとり、スポーツを行う者の権利利益の保護、心身の健康の保持増進及び安全の確保に配慮しつつ、スポーツの推進に主体的に取り組むよう努めるものとする。
2　スポーツ団体は、スポーツの振興のための事業を適正に行うため、その運営の透明性の確保を図るとともに、その事業活動に関し自らが遵守すべき基準を作成するよう努めるものとする。
3　スポーツ団体は、スポーツに関する紛争について、迅速かつ適正な解決に努めるものとする。

第6条（国民の参加及び支援の促進）
　国、地方公共団体及びスポーツ団体は、国民が健やかで明るく豊かな生活を享受することができるよう、スポーツに対する国民の関心と理解を深め、スポーツへの国民の参加及び支援を促進するよう努めなければならない。

第7条（関係者相互の連携及び協働）
　国、独立行政法人、地方公共団体、学校、スポーツ団体及び民間事業者その他の関係者は、基本理念の実現を図るため、相互に連携を図りながら協働するよう努めなければならない。

第8条（法制上の措置等）
　政府は、スポーツに関する施策を実施するため必要な法制上、財政上又は税制上の措置その

他の措置を講じなければならない。

第二章　スポーツ基本計画等

第9条（スポーツ基本計画）

　文部科学大臣は、スポーツに関する施策の総合的かつ計画的な推進を図るため、スポーツの推進に関する基本的な計画（以下「スポーツ基本計画」という。）を定めなければならない。

第10条（地方スポーツ推進計画）

　都道府県及び市（特別区を含む。以下同じ。）町村の教育委員会（地方教育行政の組織及び運営に関する法律（昭和三十一年法律第百六十二号）第二十四条の二第一項の条例の定めるところによりその長がスポーツに関する事務（学校における体育に関する事務を除く。）を管理し、及び執行することとされた地方公共団体（以下「特定地方公共団体」という。）にあっては、その長）は、スポーツ基本計画を参酌して、その地方の実情に即したスポーツの推進に関する計画（以下「地方スポーツ推進計画」という。）を定めるよう努めるものとする。

第三章　基本的施策

第一節　スポーツの推進のための基礎的条件の整備等

第11条（指導者等の養成等）
第12条（スポーツ施設の整備等）
第13条（学校施設の利用）
第14条（スポーツ事故の防止等）
第15条（スポーツに関する紛争の迅速かつ適正な解決）
第16条（スポーツに関する科学的研究の推進等）
第17条（学校における体育の充実）
第18条（スポーツ産業の事業者との連携等）
第19条（スポーツに係る国際的な交流及び貢献の推進）
第20条（顕彰）

第二節　多様なスポーツの機会の確保のための環境の整備

第21条（地域におけるスポーツの振興のための事業への支援等）
第22条（スポーツ行事の実施及び奨励）
第23条（体育の日の行事）
第24条（野外活動及びスポーツ・レクリエーション活動の普及奨励）

第三節　競技水準の向上等

第25条（優秀なスポーツ選手の育成等）
第26条（国民体育大会及び全国障害者スポーツ大会）
第27条（国際競技大会の招致又は開催の支援等）
第28条（企業、大学等によるスポーツへの支援）
第29条（ドーピング防止活動の推進）

第四章　スポーツの推進に係る体制の整備

第30条（スポーツ推進会議）

　政府は、スポーツに関する施策の総合的、一体的かつ効果的な推進を図るため、スポーツ推進会議を設け、文部科学省及び厚生労働省、経済産業省、国土交通省その他の関係行政機関相互の連絡調整を行うものとする。

第31条（都道府県及び市町村のスポーツ推進審議会等）

　都道府県及び市町村に、地方スポーツ推進計画その他のスポーツの推進に関する重要事項を調査審議させるため、条例で定めるところにより、審議会その他の合議制の機関（以下「スポーツ推進審議会等」という。）を置くことができる。

第32条（スポーツ推進委員）

　市町村の教育委員会（特定地方公共団体にあっては、その長）は、当該市町村におけるスポーツの推進に係る体制の整備を図るため、社会的信望があり、スポーツに関する深い関心と理解を有し、及び次項に規定する職務を行うのに必要な熱意と能力を有する者の中から、スポーツ推進委員を委嘱するものとする。

2　スポーツ推進委員は、当該市町村におけるスポーツの推進のため、教育委員会規則（特定地方公共団体にあっては、地方公共団体の規則）の定めるところにより、スポーツの推進のための事業の実施に係る連絡調整並びに住民に対す

るスポーツの実技の指導その他スポーツに関する指導及び助言を行うものとする。
3　スポーツ推進委員は、非常勤とする。

第五章　国の補助等
第33条（国の補助）
国は、地方公共団体に対し、予算の範囲内において、政令で定めるところにより、次に掲げる経費について、その一部を補助する。
　一　国民体育大会及び全国障害者スポーツ大会の実施及び運営に要する経費
　二　その他スポーツの推進のために地方公共団体が行う事業に要する経費
2　国は、学校法人に対し、その設置する学校のスポーツ施設の整備に要する経費について、予算の範囲内において、その一部を補助することができる。
3　国は、スポーツ団体であってその行う事業が我が国のスポーツの振興に重要な意義を有すると認められるものに対し、当該事業に関し必要な経費について、予算の範囲内において、その一部を補助することができる。

第34条（地方公共団体の補助）
地方公共団体は、スポーツ団体に対し、その行うスポーツの振興のための事業に関し必要な経費について、その一部を補助することができる。
（以下省略）

5．スポーツ基本計画（抄）

はじめに

　平成23年6月、50年ぶりにスポーツ振興法が全面改正され、スポーツ基本法が制定された。同法は、スポーツを取り巻く現代的課題を踏まえ、スポーツに関する基本理念を示すとともに、スポーツの推進に関する施策の総合的かつ計画的な推進を図るため、文部科学大臣がスポーツの推進に関する基本的な計画（「スポーツ基本計画」）を定めることとしている。

　中央教育審議会は、平成23年9月22日、文部科学大臣から諮問を受け、スポーツ・青少年分科会に設置した「スポーツの推進に関する特別委員会」を中心にスポーツ基本計画の策定について審議を進めてきた。その間、平成24年2月には、スポーツ・青少年分科会として取りまとめた中間報告についてパブリックコメントを実施するなど、幅広く国民の意見を踏まえた審議に努めてきたところである。

　今回の答申では、スポーツ基本法の考え方を踏まえ、まず、スポーツを通じてすべての人々が幸福で豊かな生活を営むことができる社会の創出を目指していくことが必要であることを示した。さらに、その実現に向けて、今後10年間を通じたスポーツ推進の基本方針を示した上で、今後5年間に総合的かつ計画的に取り組むべき施策を明らかにした。その際、5年間に達成すべき目標について、可能な限り数値を用いて示すとともに、施策ごとに実施主体を明示するなど、施策を効果的に推進し、その検証・評価を行うための工夫に意を用いたところである。

　さらに、今回の答申の全体を通じて、国だけでなく、独立行政法人、地方公共団体、学校、スポーツ団体及び民間事業者等、スポーツに関わる多様な主体が、それぞれの立場からスポーツの推進に参画し、相互に連携・協働して取り組むことの重要性を強調している。

　今後、本答申を踏まえ、文部科学省として、スポーツ基本計画を速やかに策定し、スポーツ基本法の理念の実現に向けて着実な歩みを進められることを強く期待する。

第1章　スポーツをめぐる現状と今後の課題

1．背景と展望

スポーツ基本法におけるスポーツの果たす役割をふまえ、目指すべき具体的な社会の姿として以下の5つを提示。

①青少年が健全に育ち、他者との協同や公正さと規律を重んじる社会
②健康で活力に満ちた長寿社会
③地域の人々の主体的な協働により、深い絆で結ばれた一体感や活力がある地域社会
④国民が自国に誇りを持ち、経済的に発展し、活力ある社会
⑤平和と友好に貢献し、国際的に信頼され、尊敬される国

こうした社会を目指す過程において、またその実現により、スポーツの意義や価値が広く国民に共有され、より多くの人々がスポーツの楽しさや感動を分かち互いに支え合う「新たなスポーツ文化」の確立を目指していくことが必要である。

2．スポーツ基本計画の策定

計画の期間については、総合的で包括的な計画とするという観点から10年間程度を見通した計画としつつ、平成24年度から、概ね5年間に総合的かつ計画的に取り組む施策を体系化することとする。また、本計画が、地方公共団体の計画策定の指針となるよう、国と地方公共団体が果たすべき役割に留意して策定することとする。

第2章　今後10年間を見通したスポーツ推進の基本方針

本計画においては、「年齢や性別、障害等を問わず、広く人々が、関心、適性等に応じてスポーツに参画することができる環境を整備すること」を基本的な政策課題としつつ、次の課題ごとに政策目標を設定し、スポーツ立国の実現を目指すこととする。

①子どものスポーツ機会の充実
②ライフステージに応じたスポーツ活動の推進
③住民が主体的に参画する地域のスポーツ環境の整備
④国際競技力の向上に向けた人材の養成やスポーツ環境の整備
⑤オリンピック・パラリンピック等の国際競技大会の招致・開催等を通じた国際貢献・交流の推進
⑥スポーツ界の透明性、公平・公正性の向上
⑦スポーツ界の好循環の創出

第3章　今後5年間に総合的かつ計画的に取り組むべき施策

1．学校と地域における子どものスポーツ機会の充実

> 政策目標：
> 子どものスポーツ機会の充実を目指し、学校や地域等において、すべての子どもがスポーツを楽しむことができる環境の整備を図る。
> そうした取組の結果として、今後10年以内に子どもの体力が昭和60年頃の水準を上回ることができるよう、今後5年間、体力の向上傾向が維持され、確実なものとなることを目標とする。

(1) 幼児期からの子どもの体力向上方策の推進
・「全国体力・運動能力等調査」に基づく体力向上のための取組の検証改善サイクルの確立
・幼児期における運動指針をもとにした実践研究等を通じた普及啓発

(2) 学校の体育に関する活動の充実
・体育専科教員配置や小学校体育活動コーディネーター派遣等による指導体制の充実
・武道等の必修化に伴う指導力や施設等の充実
・運動部活動の複数校合同実施やシーズン制による複数種目実施等、先導的な取組の推進
・安全性の向上を図るための学校と地域の医療機関の専門家等との連携促進、研修の充実
・障害のある児童生徒への効果的な指導の在り方に関する先導的な取組の推進

(3) 子どもを取り巻く社会のスポーツ環境の充実
・子どものスポーツ参加の二極化傾向に対応した総合型クラブやスポーツ少年団における子どものスポーツ機会を提供する取り組み等の推進
・運動好きにするきっかけとしての野外運動やスポーツ・レクリエーション活動等の推進

2．若者のスポーツ参加機会の拡充や高齢者の体力つくり支援等ライフステージに応じたスポーツ活動の推進

政策目標：
　ライフステージに応じたスポーツ活動を推進するため、国民の誰もが、それぞれの体力や年齢、技術、興味・目的に応じて、いつでも、どこでも、いつまでも安全にスポーツに親しむことができる生涯スポーツ社会の実現に向けた環境の整備を推進する。
　そうした取組を通して、できるかぎり早期に、成人の週1回以上のスポーツ実施率が3人に2人（65％程度）、週3回以上のスポーツ実施率が3人に1人（30％程度）となることを目標とする。また、健康状態等によりスポーツを実施することが困難な人の存在にも留意しつつ、成人のスポーツ未実施者（1年間に一度もスポーツをしない者）の数がゼロに近づくことを目標とする。

(1) ライフステージに応じたスポーツ活動等の推進
・ライフステージに応じたスポーツ活動の実態を把握する調査研究等の実施
・年齢・性別等ごとに日常的に望まれる運動量の目安となる指針の策定
・地域のスポーツ施設が障害者を受け入れるための手引きや用具等の開発・研究の推進
・スポーツボランティア活動に関する事例紹介等の普及・啓発の推進
・スポーツツーリズムの推進によるスポーツ機会の向上

(2) スポーツにおける安全の確保
・スポーツ事故・外傷・障害等に関わるスポーツ医・科学の疫学的研究を推進
・スポーツ指導者を対象としたスポーツ事故・外傷・障害等に関わる研修の推進
・AED設置及び使用の体制整備を図るよう普及・啓発

3．住民が主体的に参画する地域のスポーツ環境の整備

政策目標：
　住民が主体的に参画する地域のスポーツ環境を整備するため、総合型地域スポーツクラブの育成やスポーツ指導者・スポーツ施設の充実等を図る。

(1) コミュニティの中心となる地域スポーツクラブの育成・推進
(2) 地域のスポーツ指導者等の充実
(3) 地域スポーツ施設の充実
(4) 地域スポーツと企業・大学等との連携

4．国際競技力の向上に向けた人材の養成やスポーツ環境の整備

政策目標：
　国際競技力の向上を図るため、競技性の高い障害者スポーツを含めたトップスポーツにおいて、ジュニア期からトップレベルに至る体系的な人材養成システムの構築や、スポーツ環境の整備を行う。そうした取組を通して、今後、夏季・冬季オリンピック競技大会それぞれにおける過去最多を超えるメダル数の獲得、オリンピック競技大会及び各世界選手権大会における過去最多を超える入賞者数の実現を図る。
　これにより、オリンピック競技大会の金メダル獲得ランキングについては、夏季大会では5位以上、冬季大会では10位以上をそれぞれ目標とする。また、パラリンピック競技大会の金メダル獲得ランキングについては、直近の大会（夏季大会17位（2008／北京）、冬季大会8位（2010／バンクーバー）以上をそれぞれ目標とする。

(1) ジュニア期からトップレベルに至る戦略的支援の強化
(2) スポーツ指導者及び審判員等の養成・研修やキャリア循環の形成
(3) トップアスリートのための強化・研究活動等の拠点構築

5. オリンピック・パラリンピック等の国際競技大会等の招致・開催等を通じた国際交流・貢献の推進

> 政策目標：
> 国際的な貢献・交流を推進するため、オリンピック競技大会・パラリンピック競技大会等の国際競技大会等の積極的な招致や円滑な開催、国際的な情報の収集・発信、国際的な人的ネットワークの構築等を行う。

(1) オリンピック・パラリンピック等の国際競技大会等の招致・開催等
(2) スポーツに係る国際的な交流及び貢献の推進

6. ドーピング防止やスポーツ仲裁等の推進によるスポーツ界の透明性、公平・公正性の向上

> 政策目標：
> スポーツ界における透明性、公平・公正性の向上を目指し、競技団体・アスリート等に対する研修やジュニア層への教育を徹底するなどドーピング防止活動を推進するための環境を整備するとともに、スポーツ団体のガバナンスを強化し組織運営の透明化を図るほかスポーツ紛争の仲裁のための基礎環境の整備・定着を図る。

(1) ドーピング防止活動の推進
(2) スポーツ団体のガバナンス強化と透明性の向上に向けた取組の推進
(3) スポーツ紛争の予防及び迅速・円滑な解決に向けた取組の推進

7. スポーツ界における好循環の創出に向けたトップスポーツと地域におけるスポーツとの連携・協働の推進

> 政策目標：
> トップスポーツの伸長とスポーツの裾野の拡大を促すスポーツ界における好循環の創出を目指し、トップスポーツと地域におけるスポーツとの連携・協働を推進する。

(1) トップスポーツと地域におけるスポーツとの連携・協働の推進
(2) 地域スポーツと企業・大学等との連携

第4章　施策の総合的かつ計画的な推進のために必要な事項

(1) 国民の理解と参加の推進

国、独立行政法人、地方公共団体及びスポーツ団体は、スポーツに対する国民の関心と理解を深めるとともに、スポーツに対する国民の参加・支援を促進するよう努力する。

(2) 関係者の連携・協働による計画的・一体的推進

スポーツ団体等のスポーツの推進に向けた主体的な連携・協働が期待される。国は、スポーツ基本法の規定に基づき、スポーツ推進会議を設け、関係行政機関相互の連絡調整を行うこととする。さらに、スポーツ庁及びスポーツに関する審議会の設置等行政組織の在り方について、検討を加え、その結果に基づき必要な措置を講じることとする。地方公共団体においても、施策の総合的、一体的かつ効果的な推進を図るため、首長部局や教育委員会等スポーツを所管する組織間の連携の強化が期待される。

スポーツ界全体の連携・協働に資するよう、日本スポーツ振興センターは、助成機能、情報機能を十分に発揮し、これらを相互に連携させ、一体的かつ効果的・効率的に業務を推進することができるよう方策を検討する。さらに、スポーツの推進のための中心的な役割を果たす独立行政法人として、日体協、JOC、JSAD、レク協及び公益財団法人日本アンチ・ドーピング機構等の関係機関との連携・協働及び関係機関相互の連携・協働を推進する枠組みの構築を図るなど、日本スポーツ振興センターの体制を整備する。

(3) スポーツの推進のための財源の確保と効率的・効果的な活用

国として責任をもって取り組む施策の実施に必要な予算措置を充実させるとともに、民間資金の導入を進め、その効果的・効率的な活用を図ることが必要である。

また、スポーツ振興投票制度については、売り上げの一層の向上や業務運営の効率化により収益の拡大に努め、スポーツの推進のための貴重な財源として有効に活用する。

(4) 計画の進捗状況の検証と計画の見直し

計画の進捗状況について計画期間中に不断の検証を行い次期計画の策定における改善に反映させる。また、計画の進捗状況や施策の効果をより適切に点検・評価することを可能とする評価方法や指標等の開発を図る。

6. 学習指導要領（抄）

　学習指導要領は、学校における教育課程の基準を国として示したものである。その内容は、戦後昭和24年以降、社会の変化に応ずるためにおよそ10年ごとに改訂がなされてきている。学校の体育・スポーツ経営では、基本的に学習指導要領の趣旨・内容に沿った形で種々の体育・スポーツ事業が営まれることになる。また、特に「総則第1教育課程編成の一般方針3」の項目は「総則体育」と呼ばれ、①学校における体育が単なる一教科としての体育科・保健体育科の問題だけでなく広く学校教育活動全般にわたって計画・組織されなければならないこと、②またその際、家庭や地域社会との連携を図ることが必要であることが明記されていることから、学校における体育経営の重要性を示す箇所であると理解することができる。ここでは、平成20年改訂（小・中学校）21年度改訂（高校）の学習指導要領の中から、学校の体育・スポーツ経営に関連する部分を抜粋して紹介する。

中学校学習指導要領（抄）　平成20年

第1章　総　　則

第1　教育課程編成の一般方針

1　各学校においては、教育基本法及び学校教育法その他の法令並びにこの章以下に示すところに従い、生徒の人間として調和のとれた育成を目指し、地域や学校の実態及び生徒の心身の発達の段階や特性等を十分考慮して、適切な教育課程を編成するものとし、これらに掲げる目標を達成するよう教育を行うものとする。
　学校の教育活動を進めるに当たっては、各学校において、生徒に生きる力をはぐくむことを目指し、創意工夫を生かした特色ある教育活動を展開する中で、基礎的・基本的な知識及び技能を確実に習得させ、これらを活用して課題を解決するために必要な思考力、判断力、表現力その他の能力をはぐくむとともに、主体的に学習に取り組む態度を養い、個性を生かす教育の充実に努めなければならない。その際、生徒の発達の段階を考慮して、生徒の言語活動を充実するとともに、家庭との連携を図りながら、生徒の学習習慣が確立するよう配慮しなければならない。

3　学校における体育・健康に関する指導は、生徒の発達の段階を考慮して、学校の教育活動全体を通じて適切に行うものとする。特に、学校における食育の推進並びに体力の向上に関する指導、安全に関する指導及び心身の健康の保持増進に関する指導については、保健体育科の時間はもとより、技術・家庭科、特別活動などにおいてもそれぞれの特質に応じて適切に行うよう努めることとする。また、それらの指導を通して、家庭や地域社会との連携を図りながら、日常生活において適切な体育・健康に関する活

動の実践を促し、生涯を通じて健康・安全で活力ある生活を送るための基礎が培われるよう配慮しなければならない。

第2　内容等の取扱いに関する共通的事項
1　第2章以下に示す各教科、道徳及び特別活動の内容に関する事項は、特に示す場合を除き、いずれの学校においても取り扱わなければならない。

第4　指導計画の作成等に当たって配慮すべき事項
1　各学校においては、次の事項に配慮しながら、学校の創意工夫を生かし、全体として、調和のとれた具体的な指導計画を作成するものとする。
(1)　各教科等及び各学年相互間の関連を図り、系統的、発展的な指導ができるようにすること。
2　以上のほか、次の事項に配慮するものとする。
(1)　各教科等の指導に当たっては、生徒の思考力、判断力、表現力等をはぐくむ観点から、基礎的・基本的な知識及び技能の活用を図る学習活動を重視するとともに、言語に対する関心や理解を深め、言語に関する能力の育成を図る上で必要な言語環境を整え、生徒の言語活動を充実すること。
(2)　各教科等の指導に当たっては、体験的な学習や基礎的・基本的な知識及び技能を活用した問題解決的な学習を重視するとともに、生徒の興味・関心を生かし、自主的、自発的な学習が促されるよう工夫すること。
(7)　各教科等の指導に当たっては、生徒が学習内容を確実に身に付けることができるよう、学校や生徒の実態に応じ、個別指導やグループ別指導、繰り返し指導、学習内容の習熟の程度に応じた指導、生徒の興味・関心等に応じた課題学習、補充的な学習や発展的な学習などの学習活動を取り入れた指導、教師間の協力的な指導など指導方法や指導体制を工夫改善し、個に応じた指導の充実を図ること。
(13)　生徒の自主的、自発的な参加により行われる部活動については、スポーツや文化及び科学等に親しませ、学習意欲の向上や責任感、連帯感の涵養等に資するものであり、学校教育の一環として、教育課程との関連が図られるよう留意すること。その際、地域や学校の実態に応じ、地域の人々の協力、社会教育施設や社会教育関係団体等の各種団体との連携などの運営上の工夫を行うようにすること。
(14)　学校がその目的を達成するため、地域や学校の実態に応じ、家庭や地域の人々の協力を得るなど家庭や地域社会との連携を深めること。また、中学校間や小学校、高等学校及び特別支援学校などとの間の連携や交流を図るとともに、障害のある幼児児童生徒との交流及び共同学習や高齢者などとの交流の機会を設けること。

第2章　各　教　科
第7節　保健体育
第1　目　標
心と体を一体としてとらえ、運動や健康・安全についての理解と運動の合理的な実践を通して、生涯にわたって運動に親しむ資質や能力を育てるとともに健康の保持増進のための実践力の育成と体力の向上を図り、明るく豊かな生活を営む態度を育てる。

［体育分野第1学年及び第2学年］
1　目　標
(1)　運動の合理的な実践を通して、運動の楽しさや喜びを味わうことができるようにするとともに、知識や技能を身に付け、運動を豊かに実践することができるようにする。
(2)　運動を適切に行うことによって、体力を高め、心身の調和的発達を図る。
(3)　運動における競争や協同の経験を通して、公正に取り組む、互いに協力する、自己の役割を果たすなどの意欲を育てるとともに、健康・安全に留意し、自己の最善を尽くして運動をする態度を育てる。

［体育分野第3学年］
1　目　標
(1)　運動の合理的な実践を通して、運動の楽しさや喜びを味わうとともに、知識や技能を高め、生涯にわたって運動を豊かに実践することができるようにする。
(2)　運動を適切に行うことによって、自己の状況に応じて体力の向上を図る能力を育て、心

身の調和的発達を図る。
(3) 運動における競争や協同の経験を通して、公正に取り組む、互いに協力する、自己の責任を果たす、参画するなどの意欲を育てるとともに、健康安全を確保して、生涯にわたって運動に親しむ態度を育てる。

[保健分野]
1 目　標
個人生活における健康・安全に関する理解を通して、生涯を通じて自らの健康を適切に管理し、改善していく資質や能力を育てる。

第5章　特別活動

第1　目　標
望ましい集団活動を通して、心身の調和のとれた発達と個性の伸長を図り、集団や社会の一員としてよりよい生活や人間関係を築こうとする自主的、実践的な態度を育てるとともに、人間としての生き方についての自覚を深め、自己を生かす能力を養う。

第2　各活動・学校行事の目標
[学級活動]
学級活動を通して、望ましい人間関係を形成し、集団の一員として学級や学校におけるよりよい生活づくりに参画し、諸問題を解決しようとする自主的、実践的な態度や健全な生活態度を育てる。

[生徒会活動]
生徒会活動を通して、望ましい人間関係を形成し、集団や社会の一員としてよりよい学校生活づくりに参画し、協力して諸問題を解決しようとする自主的、実践的な態度を育てる。

[学校行事]
学校行事を通して、望ましい人間関係を形成し、集団への所属感や連帯感を深め、公共の精神を養い、協力してよりよい学校生活を築こうとする自主的、実践的な態度を育てる。
(1) 儀式的行事
学校生活に有意義な変化や折り目を付け、厳粛で清新な気分を味わい、新しい生活の展開への動機付けとなるような活動を行うこと。
(2) 文化的行事
平素の学習活動の成果を発表し、その向上の意欲を一層高めたり、文化や芸術に親しん

表1　体育科・保健体育科、特別活動、選択教科等の授業時数

	第1学年	第2学年	第3学年	第4学年	第5学年	第6学年
小学校体育科						
平成元年	102	105	105	105	105	105
平成10年	90	90	90	90	90	90
平成20年	102	105	105	105	90	90
小学校特別活動						
平成元年	34	35	35	70	70	70
平成10年	34	35	35	35	35	35
平成20年	34	35	35	35	35	35
中学校保健体育科	第1学年	第2学年	第3学年			
平成元年	105	105	105～140			
平成10年	90	90	90			
平成20年	105	105	105			
中学校特別活動						
平成元年	35～70	35～70	35～70			
平成10年	35	35	35			
平成20年	35	35	35			
中学校選択教科等						
平成元年	105～140	105～210	140～280			
平成10年	0～30	50～85	105～165			
平成20年	標準授業時数の枠内で各学校において開設し得る					
高等学校（普通教育）保健体育科						
平成元年	体育7～9単位	保健2単位				
平成11年	体育7～8単位	保健2単位				
平成21年	体育7～8単位	保健2単位				

だりするような活動を行うこと。
(3) 健康安全・体育的行事
心身の健全な発達や健康の保持増進などについての理解を深め、安全な行動や規律ある集団行動の体得、運動に親しむ態度の育成、責任感や連帯感の涵養、体力の向上などに資するような活動を行うこと。
(4) 旅行・集団宿泊的行事
平素と異なる生活環境にあって、見聞を広め、自然や文化などに親しむとともに、集団生活の在り方や公衆道徳などについての望ましい体験を積むことができるような活動を行うこと。
(5) 勤労生産・奉仕的行事
勤労の尊さや創造することの喜びを体得し、職場体験などの職業や進路にかかわる啓発的な体験が得られるようにするとともに、共に助け合って生きることの喜びを体得し、ボランティア活動などの社会奉仕の精神を養う体験が得られるような活動を行うこと。

第3 指導計画の作成と内容の取扱い
1 指導計画の作成に当たっては、次の事項に配慮するものとする。
(1) 特別活動の全体計画や各活動・学校行事の年間指導計画の作成に当たっては、学校の創意工夫を生かすとともに、学校の実態や生徒の発達の段階などを考慮し、生徒による自主的、実践的な活動が助長されるようにすること。また、各教科、道徳及び総合的な学習の時間などの指導との関連を図るとともに、家庭や地域の人々との連携、社会教育施設等の活用などを工夫すること。

7．体育・スポーツ経営に関連する法律・制度等

1．スポーツ振興の根拠となる法・制度

〈日本国憲法〉 昭21.11.3公布　昭22.5.3施行
第11条〔基本的人権の享有〕
　国民は、すべての基本的人権の享有を妨げられない。この憲法が国民に保障する基本的人権は、侵すことのできない永久の権利として、現在及び将来の国民に与へられる。
第12条〔自由・権利の保持と責任〕
　この憲法が国民に保障する自由及び権利は、国民の不断の努力によって、これを保持しなければならない。又、国民は、これを濫用してはならないのであって、常に公共の福祉のためにこれを利用する責任を負ふ。
第13条〔個人の尊重、生命・自由・幸福の追求〕
　すべて国民は、個人として尊重される。生命、自由及び幸福追求に対する国民の権利については、公共の福祉に反しない限り、立法その他の国政の上で、最大の尊重を必要とする。
第21条〔集会・結社・言論の自由、通信の秘密〕
　集会、結社及び言論、出版その他一切の表現の自由は、これを保障する。
第25条〔生存権及び国の社会保障義務〕
　すべて国民は、健康で文化的な最低限度の生活を営む権利を有する。
第26条〔教育を受ける権利、教育の義務〕
　すべて国民は、法律の定めるところにより、その能力に応じて、ひとしく教育を受ける権利を有する。

〈教育基本法〉 平成18.2.22法律120
第2条〔教育の目標〕
　教育は、その目的を実現するため、学問の自由を尊重しつつ、次に掲げる目標を達成するよう行われるものとする。
　一　幅広い知識と教養を身に付け、真理を求める態度を養い、豊かな情操と道徳心を培うとともに、健やかな身体を養うこと。
　二　個人の価値を尊重して、その能力を伸ばし、

創造性を培い、自主及び自律の精神を養うとともに、職業及び生活との関連を重視し、勤労を重んずる態度を養うこと。
三　正義と責任、男女の平等、自他の敬愛と協力を重んずるとともに、公共の精神に基づき、主体的に社会の形成に参画し、その発展に寄与する態度を養うこと。
四　生命を尊び、自然を大切にし、環境の保全に寄与する態度を養うこと。
五　伝統と文化を尊重し、それらをはぐくんできた我が国と郷土を愛するとともに、他国を尊重し、国際社会の平和と発展に寄与する態度を養うこと。

第3条〔生涯学習の理念〕
国民一人一人が、自己の人格を磨き、豊かな人生を送ることができるよう、その生涯にわたって、あらゆる機会に、あらゆる場所において学習することができ、その成果を適切に生かすことのできる社会の実現が図られなければならない。

第4条〔教育の機会均等〕
すべて国民は、ひとしく、その能力に応じた教育を受ける機会を与えられなければならず、人種、信条、性別、社会的身分、経済的地位又は門地によって、教育上差別されない。

〈みんなのスポーツ憲章〉ヨーロッパスポーツ担当大臣会議1975

一　すべての個人はスポーツを行う権利をもつ。
二　人間の発育発達に重要なファクターであるスポーツを促進するため、公共機関の適切な援助が行われなければならない。

〈体育・スポーツに関する国際憲章〉ユネスコ1978

第1条　体育・スポーツの実践は、すべての人にとっての基本的権利である。
　1-1　すべての人は、その人格の十分な発達のために不可欠な体育・スポーツの機会についての基本的権利を持つ。体育・スポーツを通じて、身体的、知的、道徳的能力を伸ばす自由は、教育制度及び社会生活の他の側面においても保障されなければならない。
　1-2　誰もが、その国のスポーツ伝統に従って、体育・スポーツに参加し、身体適性を増進し、スポーツにおいてその能力に応じた水準を達成するために十分な機会をもたなければならない。
　1-3　学齢前の子どもを含む若者、老人、身体障害者のためには、彼等の要求に合った体育・スポーツプログラムを通して、彼等の人格を十分に発達させるための特別な機会が用意されなければならない。

第2条　体育・スポーツは、全教育制度の中で生涯教育の不可欠な要素を構成する。
　2-1　体育・スポーツは教育・文化の中の不可欠な分野として、社会の健全な構成員としての人の能力と意志力と自己規律を発達させなければならない。身体活動の継続及びスポーツの実践は、世界的な生涯にわたる民主的教育によって、生涯を通じて保障されなければならない。
　2-3　すべての教育制度全体を通じて、身体的活動と他の教育分野とのバランスを取り、結びつきを強めるために、体育・スポーツに必須の地位と重要性を割り当てなければならない。

〈児童（子ども）の権利に関する条約〉第44回国連総会採択1989

第2条
　1　締約国は、その管轄の下にある児童に対し、児童又はその父母若しくは法定保護者の人種、皮膚の色、性、言語、宗教、政治的意見その他の意見、国民的も種族的若しくは社会的出身、財産、心身障害、出生または他の地位にかかわらず、いかなる差別もなしにこの条約に定める権利を尊重し、及び確保する。

第6条
　1　締約国は、すべての児童が生命に対する固有の権利を有することを認める。
　2　締約国は、児童の生存及び発達を可能な最大限の範囲において確保する。

第12条
　1　締約国は、自己の意見を形成する能力のある児童がその児童に影響を及ぼすすべての事項について自由に自己の意見を表明する権利を

確保する。この場合において、児童の意見は、その児童の年齢及び成熟度に従って相応に考慮されるものとする。
第15条
　1　締約国は、結社の自由及び平和的な集会の自由について児童の権利を認める。
第24条
　1　締約国は、到達可能な最高水準の健康を享受すること並びに病気の治療及び健康の回復のための便宜を与えられることについての児童の権利を認める。締約国は、いかなる児童もこのような保健サービスを利用する権利が奪われないことを確保するために努力する。
第27条
　1　締約国は、児童の身体的、精神的、道徳的及び社会的な発達のための相当な生活水準についてのすべての児童の権利を認める。
第31条
　1　締約国は、休息及び余暇についての児童の権利並びに児童がその年齢に適した遊び及びレクリエーションの活動を行い並びに文化的な生活及び芸術に自由に参加する権利を認める。

2．体育・スポーツの経営資源に関連する制度等

(1)　物的資源（スポーツ施設等）関連

1)公共スポーツ施設整備関連
①日常生活圏域における体育・スポーツ施設の整備基準
　〈体育・スポーツの普及振興に関する基本方策について（答申）〉保健体育審議会、昭47
　すべての国民が、日常生活の中で体育・スポーツ活動に親しむことができるように、国民のスポーツ活動の現状、スポーツ人口の将来、スポーツクラブの数の増大などを勘案しながら施設の整備基準を以下のように策定した。
　　（表1　p.231）
②スポーツ施設の整備の指針
　〈21世紀に向けたスポーツの振興方策について（答申）〉保健体育審議会、平1
　国においては、各都道府県・市区町村がスポーツ施設の計画的な整備を図るに当たっての参考となる指針として、各都道府県・市区町村において一般的に整備することが望ましいスポーツ施設の種類、数量等を示すことについて検討を行う必要がある。この場合、その指針は、市区町村の人口規模別といった画一的なものではなく、用地取得に困難を伴う都市部から過疎に悩む地域までのそれぞれの態様に応じ、地方公共団体が実情に即して計画的な整備を行うに当たって参考となるものであるように留意する必要がある。
　このような観点から、本審議会は、別表の通り「スポーツ施設の整備の指針」を示した。
　　（表2　p.232）

2)学校体育施設開放関連
①〈教育基本法第12条（社会教育）2項〉
　国及び地方公共団体は、図書館、博物館、公民館その他の社会教育施設の設置、学校の施設の利用、学習の機会及び情報の提供その他の適当な方法によって社会教育の振興に努めなければならない。
②〈学校教育法第137条〉
　学校教育上支障のない限り、学校には、社会教育に関する施設を附置し、又は学校の施設を社会教育その他公共のために、利用させることができる。
③〈社会教育法第44条（学校施設の利用）〉
　学校の管理機関は、学校教育上支障がないと認める限り、その管理する学校の施設を社会教育のために利用に供するように努めなければならない。
④〈スポーツ基本法第13条（学校施設の利用）〉
　学校教育法第二条第二項に規定する国立学校及び公立学校の設置者は、その設置する学校の教育に支障のない限り、当該学校のスポーツ施設を一般のスポーツのための利用に供するよう努めなければならない。
⑤〈学校体育施設開放事業の推進について〉
　　昭51　文部事務次官から各都道府県教育委員会あて通知
　1　趣旨
　　国民が健康で文化的な生活を営むためには、

表1　日常生活圏域における体育・スポーツ施設の整備基準

	屋外運動場		屋内運動場		プール
	運動広場	コート	体育館	柔剣道場	
1万人	面積10,000㎡の運動広場1カ所	面積1,560㎡のコート2カ所	床面積720㎡の体育館1カ所	床面積200㎡の柔剣道場1カ所	水面積400㎡のプール1カ所
3万人	面積10,000㎡の運動広場2カ所	面積2,200㎡のコート4カ所	床面積720㎡の体育館2カ所	床面積300㎡の柔剣道場1カ所	水面積400㎡のプール2カ所
5万人	面積10,000㎡の運動広場3カ所	面積2,200㎡のコート6カ所	床面積720㎡の体育館3カ所	床面積300㎡の柔剣道場1カ所	水面積400㎡のプール3カ所
10万人	面積10,000㎡の運動広場6カ所	面積2,840㎡のコート10カ所	床面積720㎡の体育館5カ所	床面積400㎡の柔剣道場1カ所	水面積400㎡のプール6カ所

（注）この表の面積は、実際に運動を行う場所の面積であり、管理室、シャワー室、便所、用具室等は含まない。

備考
　ア　施設には更衣室、シャワー、器具庫などを設けるほか、必要に応じ、健康・体力相談室、喫茶室、談話室等を設けるようにする。
　イ　施設には、それぞれの運動に必要な夜間照明を設けるようにする。
　ウ　プールについては、年間を通じて利用できるようにできるかぎり屋内プール（温水プール）とすることが望ましい。
　エ　心身障害者も、じゅうぶん利用できるよう、施設・設備面において配慮することが望ましい。

日常生活におけるスポーツ活動を活発にする必要があるが、近年、生活水準の向上や自由時間の増大等によりスポーツ活動に対する国民の欲求は急激に高まりつつある。このような地域住民の要請に応えるためには、公共のスポーツ施設を計画的に整備していくとともに、学校教育に支障のない限り、学校の体育施設の効率的な利用を推進する必要がある。そのため学校体育施設開放事業を推進するものとすること。

2．学校体育施設開放事業の実施主体
　学校体育施設開放事業は、教育委員会が行うものとすること。

3．学校体育施設開放事業の対象となる施設
　学校体育施設開放事業の対象となる施設は、公立の小学校、中学校及び高等学校の運動場、体育館、プール等の体育施設とすること。

4．施設管理
　(1)教育委員会は、学校体育施設開放事業に必要な事項を定め、学校体育施設開放を実施する場所及び時間帯を明示し、この場合において学校体育施設開放に伴う管理責任は、教育委員会にあることを明確にすること。
　(2)学校体育施設開放事業は、学校体育施設を地域住民の利用に供するものであることから、学校体育施設開放時における施設の管理責任者を指定するものとすること。
　(3)学校体育施設開放事業を実施する学校ごとに施設の管理、利用者の安全確保及び指導に当たる管理指導員を置くものとすること。
　(4)学校体育施設開放事業に関する利用者心得、施設設備の破損等に伴う弁償責任、事故発生時の措置等を定めること。

5．学校体育施設開放事業の運営

表2 （別表） スポーツ施設の整備の指針

施設の区分	施設の機能	主な施設の種類	施設の標準的な規格・規模	具備すべき主な付帯施設・設備	備考
A 地域施設	地域住民の日常的なスポーツ活動のための身近な施設 ［スポーツクラブや各種のスポーツ行事のために利用される。］	多目的運動広場	広場面積10,000㎡程度(野球、ソフトボール、サッカー等ができる広場)	ベンチ、バックネット、便所、更衣室、夜間照明、散水設備	市区町村は、人口や小・中学校区などをもとに、その実情に即して地域の範囲を認定するものとする。幼児の遊び場については別途考慮する必要がある。
		多目的コート	コート面積2,200㎡程度(テニス、ゲートボール等ができるコート)	ベンチ、便所、更衣室、夜間照明	
		地域体育館	床面積720㎡程度(バレーボール、バスケットボール、バドミントン、卓球、体操等ができる体育館)	トレーニングルーム、会議室	
		柔剣道場	床面積300㎡程度		
		プール(温水が望ましい)	25m 6～8コース	夜間照明	
B 市区町村域施設	市区町村全域に機能する施設(主として各種スポーツ競技会やスポーツ行事のために利用されるほか、施設の周辺住民の日常的なスポーツ活動にも利用される。)	総合運動場(陸上競技場、各種球技場を含む)	公式的な競技ができる	トレーニングルーム、体力・スポーツ相談室、スポーツ資料室	
		総合体育館	床面積3,000㎡以上	観覧席、レストラン、談話室、会議室、研修室、夜間照明	
		柔剣道場	床面積400㎡程度		
		プール(温水が望ましい)	50mまたは25m 8コース		
C 都道府県域施設	都道府県全域にわたる事業を実施するための施設 ［主として国内的・全県的なスポーツ競技会の開催をはじめ、競技選手の養成及びスポーツに関する研究・情報の収集と提供、指導者養成事業等に利用される。］	総合的な競技施設(陸上競技場、サッカー・ラグビー場、テニスコート、野球場等の屋外施設、体育館、柔剣道場、プール等の屋内施設、スケート場)	公式競技ができる	観覧席、レストラン、談話室、夜間照明	「主な施設の種類」欄に掲げられた施設は、有機的な関連を持って設置、運営されることが望ましい。
		総合的なトレーニング施設		トレーニングルーム、体力・スポーツ相談室、宿泊施設、研修室	
		研究・研修施設		スポーツ資料室、宿泊施設、研究室、研修室、トレーニングルーム	
		情報センター		スポーツ資料室、スポーツ相談室	

備考　1．障害者や高齢者などが利用しやすいよう、階段の高さを工夫したり、手すり、スロープを設置する等、施設・設備面において配慮するものとする。
　　　2．運動空間の快適性を確保するための空調・照明・音響等に十分配慮するとともに、各施設には、更衣室、シャワー室を設け、適切な駐車場を確保することが望ましい。
　　　3．ニュースポーツを含め、利用者の活動種目や技術水準の多様性に柔軟に対応できるよう、体育館に可動式間仕切りを設けるなど、施設設備を工夫する。
　　　4．スポーツ施設と教養文化施設、飲食、ショッピング施設等とに有機的関連を持たせて整備するなど、スポーツだけでなく、スポーツの前後に行われる活動や家族ぐるみの多様な活動にも配慮し、利用者にとって魅力のある余暇活動、生涯学習活動の場となるよう環境整備に努める。また、利用者相互の交流の場として機能するよう必要に応じ休憩室、娯楽室など、快適な空間の構成に努める。
　　　5．市区町村域施設としての総合体育館のような基幹的なスポーツ施設には、健康・体力相談、メディカルチェック等の機能や利用のための情報等を住民に適切に提供していく体制を整備する。

(1) 学校体育施設開放事業の運営は教育委員会が行うものとし、学校の体育施設を教育委員会に登録した団体の利用に供する形態が望ましいこと。
(2) 教育委員会は、学校体育施設開放事業を契機として、その施設を基盤とするグループが育成されるよう努めること。
(3) 教育委員会は、スポーツ関係団体と連絡を密にし、学校体育施設開放における管理指導員の選定等について協力を求め、効果的な事業の遂行を図ること。
(4) 事故防止に留意するとともに、保険制度を利用して事故発生に備えるようにすること。

6．学校体育施設開放事業に要する施設設備及び経費
(1) 学校施設について、学校体育施設開放に使用される部分とそれ以外の部分と分離できるよう必要に応じ柵等を設けるとともに、便所、更衣室等を独立して使用できるように配慮すること。また、屋外運動場の夜間照明設備もなるべく設置するよう努めること。
(2) 新しく学校の施設を計画する場合には、施設計画上支障のない限り利用者の便を考慮した位置に学校体育施設開放のための施設を配置すること。
(3) 学校体育施設開放事業に要する施設設備の補修費、光熱水費等の経費を予算上措置すること。なお、必要に応じ施設設備の利用、参加についても適正な料金を利用者から徴収することを考慮すること。

7．その他
前記のほか、地域及び学校の実態に即し、地域住民の要請に応え、実施方法に工夫を加えて学校体育施設開放事業の効果があがるようなものとすること。

❻学校体育施設の共同利用化
〈生涯にわたる心身の健康の保持増進のための今後の健康に関する教育及びスポーツの振興の在り方について〉保健体育審議会
平9

今日、生涯学習社会が進展する中で、学校・家庭・地域の一層の連携・協力が求められており、地域に根ざした「開かれた学校」づくりを推進することが重要である。また、学校体育施設は、地域住民にとって最も身近に利用できるスポーツ施設であり、地域住民共通のコミュニティスポーツの拠点となることが期待されている。

学校体育施設については、逐次、地域住民への開放の促進が図られているが、利用実態を見ると、まだまだ定期的な利用に供する割合は少なく、また、開放はされているものの、利用に際しての手続きの煩雑さや、利用できる施設・時間帯の情報不足等がうかがえ、地域住民のニーズに十分対応し切れていない点が多い。

このため、今後、学校体育施設については、これまでの単に地域住民へ場を提供するという「開放型」から、学校と地域社会の「共同利用型」へと移行し、地域住民の立場に立った積極的な利用の促進を図ることが必要である。このためハード面とソフト面を一体的・有機的に整備充実することにより、地域住民のスポーツ・学習の拠点のみならず、いわゆる社交の場としての機能を発揮できるようにする事業として、新たに、「地域スポーツ交流事業（仮称）」を推進していくことが必要である。この事業においては、教育委員会の管理責任の下に、地域住民が主体となって学校体育施設の管理・運営を行っていく組織が置かれるとともに、この組織を中心に、学校教育活動との十分な調整を図りながら、子どもたちの自由な遊び場として、また、個人、団体を問わず利用できるほか、専門的指導者による初心者のためのスポーツ教室や各種開放講座等の開催、スポーツ相談、各種情報提供等の住民サービスに向けた取組が行われる。

このためには、年間を通じて定期的、計画的な利用（長期休業中の期間や土・日及び平日の放課後から夜間）ができ、かつ、スポーツ指導者資格を有する指導者等による指導体制や地域住民の利用に配慮した施設設備を備えていく必要がある。
（以下略）

⑵　人的資源（スポーツ指導者等）関連
◆体育指導委員
① 〈スポーツ振興法第19条〉（別掲）
② 〈体育・スポーツの普及振興に関する基本方策について（答申）〉保健体育審議会 昭47
　体育・スポーツ指導者の養成確保と指導体制の確立
イ　体育指導委員
　体育指導委員は市町村の教育委員会から任命される非常勤の公務員として、今後は、市町村の行う体育・スポーツ振興事業の企画に参画し、その推進者としての任務を、重視していくべきである。スポーツ教室等における実技の指導については、今後はむしろ民間のスポーツ指導員等の協力を得るようにしていくべきである。
（以下略）
③ 〈21世紀に向けたスポーツの振興方策について（答申）〉保健体育審議会　平1
指導者の養成・充実
エ　体育指導委員については、市区町村におけるスポーツ振興の推進者、コーディネーターとして、なくてはならない存在となっており、高い資質が求められているので、今後、地域住民のスポーツ活動に対するニーズの高度化・多様化に対応した研修内容の充実を図る。
◆スポーツ推進委員
① 〈スポーツ基本法第32条〉（別掲）
◆その他のスポーツ指導者
① 〈スポーツ指導者の知識・技能審査事業の認定に関する規程〉平12、文部省令26
第一条　文部科学大臣は、スポーツ指導者の資質の向上を図り、もってスポーツの振興を図るため、スポーツ指導者が修得した次の各号に掲げる知識及び技能の水準についての審査及び証明を行う事業のうち、民法第34条の規定により設立された法人（以下「公益法人」という。）の行う事業であって、スポーツ指導者の知識及び技能の向上を図る上で奨励すべきものを認定することができる。
１　スポーツの特定の種目に関する指導に係る知識及び技能
２　スポーツに関する相談活動及び基礎的かつ共通的なスポーツ活動の指導に係る知識及び技能

② 〈健康づくりのための運動指導者の知識及び技能の審査・証明事業の認定に関する規程〉昭63、厚生省告示18
第一条　厚生労働大臣は、健康づくりのための運動指導者の資質の向上を図るため、健康づくりのための運動指導者が修得した知識及び技能の水準についての審査及び証明を行う事業（以下「審査・証明事業」という。）のうち、健康づくりのための運動指導者の知識及び技能の向上を図る上で奨励すべきものを認定する。
上記の規程等により認定されたスポーツ指導者養成事業には以下のようなものがある。
　（表3　p.235）
なお、この制度は、平成14年3月29日の閣議決定により平成17年度末で廃止される。これに伴い、指導者養成事業を行う団体では、指導者資格の改訂を検討している。

⑶　財務的資源関連
① 〈スポーツ振興基金助成金交付要綱〉平3、文部大臣承認
第一条　この要綱は、日本体育・学校健康センターが日本体育・学校保健センター業務方法書第9条の7第1項の規定に基づき、スポーツの振興を図るための活動に対する援助を適正に実施するため、スポーツ振興基金助成金の交付に関して、必要な事項を定める。
第二条　この助成金の交付の対象となる活動及び助成活動を行う者並びに助成の対象となる経費は別記1〜4に定めるとおりとし、助成金の額は定額とする。
　別記1　スポーツ振興基金助成金スポーツ団体選手強化活動助成実施要項
　別記2　スポーツ振興基金助成金選手・指導者スポーツ活動助成実施要項
　別記3　スポーツ振興基金助成金スポーツ団体大会開催助成実施要項
　別記4　スポーツ振興基金助成金国際的に卓越したスポーツ活動助成実施要項
② 〈社会体育施設整備費補助金交付要綱〉昭59、文部大臣裁定

表3 スポーツ指導者資格と登録人数

事業体	指導者区分	指導者数
日本体育協会 2012.10.1現在	スポーツリーダー	226,999
	指導員	99,468
	上級指導員	15,245
	コーチ	13,983
	上級コーチ	4,961
	教師	3,903
	上級教師	1,609
	スポーツプログラマー	4,858
	フィットネストレーナー	726
	ジュニアスポーツ指導員	5,286
	アスレティックトレーナー	1,861
	スポーツドクター	5,481
	スポーツ栄養士	92
	アシスタントマネジャー	4,155
	クラブマネジャー	289
	スポーツトレーナー1級	65
	スポーツトレーナー2級	142
	小計	389,123
健康・体力づくり事業財団 2013.3.31現在	健康運動指導士	16,468
	健康運動実践指導者	21,544
	小計	38,012
日本障害者スポーツ協会 2011.12.31現在	初級スポーツ指導員	18,841
	中級スポーツ指導員	2,395
	上級スポーツ指導員	688
	スポーツコーチ	99
	障害者スポーツ医	187
	障害者スポーツトレーナー	59
	小計	22,269
日本レクリエーション協会 2013.4.1現在	レク・インストラクター	69,458
	レク・コーディネーター	2,714
	福祉レクワーカー	6,096
	余暇開発士	965
	小計	79,233
体育指導委員　　2012.8.1現在		51,953

第一条　社会体育施設整備費補助金の交付については、補助金等に係る予算の執行の適正化に関する法律、同法施行令の定めによるもののほかこの要綱の定めるところによる。
第二条　スポーツ振興法及び同法の趣旨に則り、体育施設を整備し、スポーツの振興に資することを目的とする。
第三条　地方公共団体が行う別記1に掲げる事業を実施するために必要な経費のうち、補助金交付の対象として文部科学大臣が認める経費について、予算の範囲内で補助金を交付することとし、補助の実施については、別記2の補助実施要領に定めるところによる。

③〈地方スポーツ振興費補助金交付要綱〉昭60、文部大臣裁定

第一条　地方スポーツ振興費補助金（体育・スポーツ振興事業）の交付については、補助金等に係る予算の執行の適正化に関する法律及び同法施行令に定めるもののほか、この要綱の定めるところによる。
第二条　この補助金は、スポーツ振興法の規定に基づき、地方公共団体が行う体育・スポーツを振興するための事業に要する経費の一部を国が補助し、もって地方の体育・スポーツの振興に寄与することを目的とする。
第三条　文部科学大臣は、都道府県が行う次の各号に掲げる事業を実施するために必要な経費のうち、補助金交付の対象として大臣が認める経費について、予算の範囲内で補助金を交付する。
 1　スポーツ指導者養成システム整備事業
 2　地域における強化拠点整備事業
 3　武道指導者養成事業
 4　学校体育実技認定・指導事業
 5　中学校・高等学校スポーツ活動振興事業
 6　全国レクリエーション研究大会及び全日本ユースラリー
 7　市町村生涯スポーツ振興事業

⑷　スポーツ振興投票の実施等に関する法律

第一章　総　則

第一条（目的）
　この法律は、スポーツの振興のために必要な資金を得るため、スポーツ振興投票の実施等に関する事項を定め、もってスポーツの振興に寄与することを目的とする。

第二条（定義）
　この法律において「スポーツ振興投票」とは、サッカーの複数の試合の結果についてあらかじめ発売されたスポーツ振興投票券によって投票をさせ、当該投票とこれらの試合の結果との合致の割合が文部科学省令で定める割合に該当したスポーツ振興投票券を所有する者に対して、合致の割合ごとに一定の金額を払戻金として交付することをいう。

第三条（スポーツ振興投票の施行）
　独立行政法人日本スポーツ振興センター（以下「センター」という。）は、この法律で定めるところにより、スポーツ振興投票を行うことができる。

第二章　スポーツ振興投票の対象となる試合

第四条（対象試合）
　スポーツ振興投票の対象となる試合は、第二十三条第一項の規定による指定を受けた法人が開催する第二十四条第一号に規定するサッカーの試合とする。

第三章　スポーツ振興投票の実施

第六条（スポーツ振興投票の実施回数）
　センターは、文部科学省令で定める年間の実施回数の範囲を超えてスポーツ振興投票を実施してはならない。

第八条（スポーツ振興投票券の発売等）
　センターは、券面金額百円のスポーツ振興投票券を券面金額で発売することができる。

第九条（スポーツ振興投票券の購入等の禁止）
　十九歳に満たない者は、スポーツ振興投票券を購入し、又は譲り受けてはならない。

第四章　スポーツ振興投票に係る収益の使途

第二十一条（収益の使途）

センターは、スポーツ振興投票に係る収益をもって、文部科学省令で定めるところにより、地方公共団体又はスポーツ団体が行う次の各号に掲げる事業に要する資金の支給に充てることができる。

一　地域におけるスポーツの振興を目的とする事業を行うための拠点として設置する施設（設備を含む。以下この項において同じ。）の整備

二　スポーツに関する競技水準の向上その他のスポーツの振興を目的とする国際的又は全国的な規模の事業を行うための拠点として設置する施設の整備

三　前二号の施設におけるスポーツ教室、競技会等のスポーツ行事その他のこれらの施設において行うスポーツの振興を目的とする事業

四　前号に掲げるもののほか、スポーツの指導者の養成及び資質の向上、スポーツに関する調査研究その他のスポーツの振興を目的とする事業

2　センターは、スポーツ振興投票に係る収益をもって、文部科学省令で定めるところにより、地方公共団体又はスポーツ団体が我が国で国際的な規模においてスポーツの競技会を開催する事業であって文部科学省令で定めるものに要する資金の支給に充てることができる。

第二十二条（国庫納付金）

センターは、センター法第二十二条第一項で定めるところにより、スポーツ振興投票に係る収益金の一部を国庫に納付しなければならない。

8．体育・スポーツ施設の現状

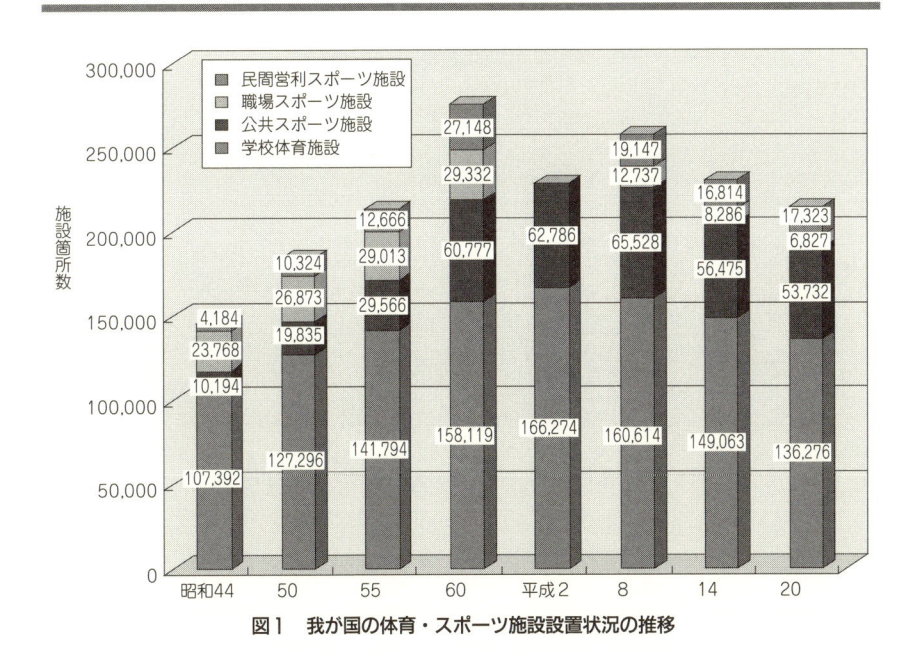

図1　我が国の体育・スポーツ施設設置状況の推移

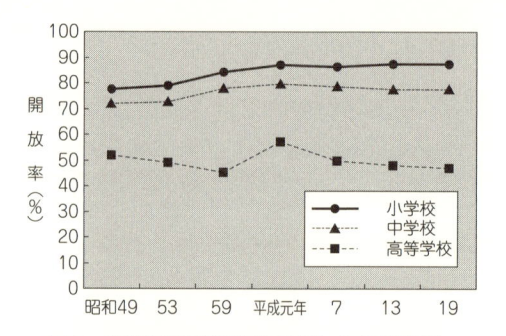

図2 学校体育施設開放率の推移（屋外運動場）

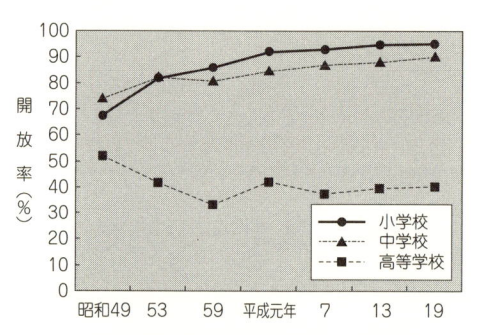

図3 学校体育施設開放率の推移（体育館）

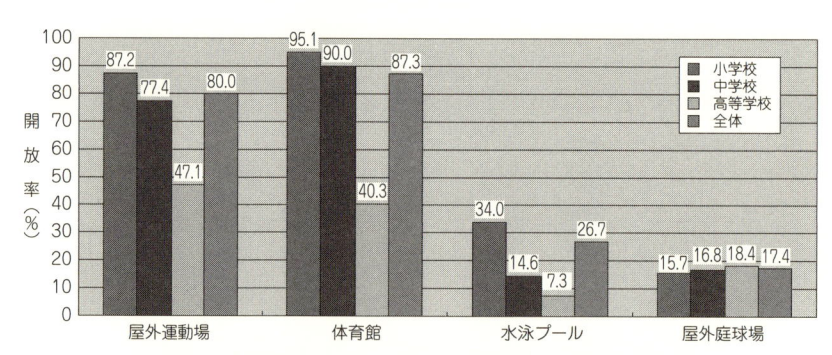

図4 施設種別にみた学校体育施設開放状況（平成19年度）

図5　定期的開放率の推移（体育館）

図6　学校体育施設開放の対象

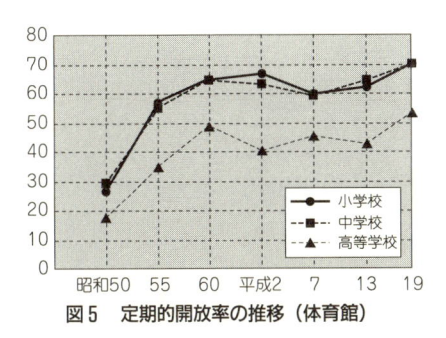

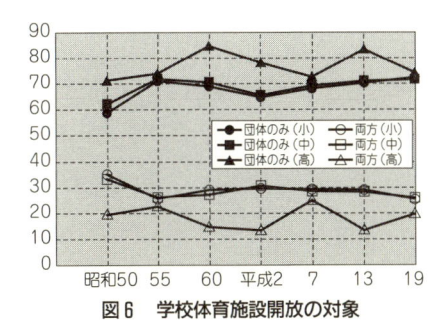

図1～6　文部科学省「我が国の体育・スポーツ施設」平成20年

表1　学校体育施設開放の運営状況

	%
〈開放対象（小学校・屋外運動場）〉	
自校の児童生徒に限る	2.2
一般にも開放	97.8
● クラブ（団体）のみ	68.4
● 個人利用も可	29.3
● 学区（校区）に限る	19.0
● 学区（校区）に限らない	78.7
〈開放の運営形態〉	
教育委員会中心	56.8
学校中心	29.5
地域住民中心	8.7
〈開放のための組織設置状況〉	
設置している	58.5
● 教育委員会にある	38.8
● 開放校ごとにある	25.6
未設置	41.5
〈開放のための条例・規則等の整備状況〉	
開放のための条例や規則あり	95.3
● 条例あり	44.4
● 規則あり	67.6
● 要項（要綱）あり	18.3
未整備	4.7
〈運営組織の行う事業の有無〉	
実施	4.8
未実施	89.2
開放校により異なる	6.0
〈予算措置状況〉	
開放のための予算措置を実施	62.1
● 人件費のみ	14.3
● 物件費のみ	24.1
● 人件費及び物件費	23.7
予算措置なし	37.9
〈施設使用料〉	
有料	16.7
無料	35.0
有料・無料の両方がある	48.3
〈付帯施設の設置状況（小学校・屋外運動場）〉	
夜間照明がある	20.2
クラブハウスがある	2.7
トイレ・ロッカー等	15.2

文部科学省「我が国の体育・スポーツ施設」平成20年

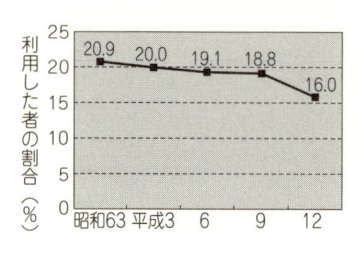

図7 学校体育施設開放の利用状況

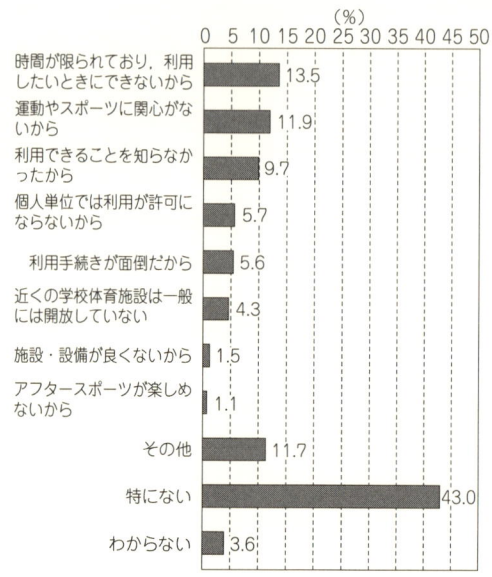

(折れ線グラフ: 昭和63年 20.9%、平成3年 20.0%、6年 19.1%、9年 18.8%、12年 16.0%)

図8 学校体育施設を利用しなかった理由

理由	%
時間が限られており,利用したいときにできないから	13.5
運動やスポーツに関心がないから	11.9
利用できることを知らなかったから	9.7
個人単位では利用が許可にならないから	5.7
利用手続きが面倒だから	5.6
近くの学校体育施設は一般には開放していない	4.3
施設・設備が良くないから	1.5
アフタースポーツが楽しめないから	1.1
その他	11.7
特にない	43.0
わからない	3.6

図7・8 総理府「体力・スポーツに関する世論調査」平成12年

9. スポーツクラブの実態

1. 地域スポーツクラブの実態

(日本スポーツクラブ協会「平成11年度地域スポーツクラブ実態調査報告書」平12年より)

(1) クラブ数

	1984年	1989年	1994年	1999年
クラブ数（推計）	304,000	351,800	370,400	357,292

(2) クラブの形態

単一種目型	複合種目型	総合型	不明
94.6%	3.2%	0.2%	2.0%

↓

（種別内訳、上位5位まで）

バレーボール	野球	バドミントン	ソフトボール	卓球
19.8%	8.9%	8.1%	7.8%	5.8%

（３）クラブの規模
1クラブあたり平均会員数　28.2人（単一種目型　25.5人）

（４）クラブ会員の年齢・性別構成

年齢構成	青少年世代 20歳未満	成人世代 20～60歳未満	高齢者世代 60歳以上	複合年齢構成
	32.4%	82.8%	29.2%	5.2%

性別構成	男女混合	男女別
	53.8%	46.2%

（５）会員数の変動と充足度

会員数の変動	増加傾向	減少傾向	出入りあるが固定	固定している	無回答
	14.3%	29.4%	35.0%	20.3%	1.0%

会員数の充足度	多すぎる	丁度よい	少なすぎる	無回答
	5.6%	61.8%	35.0%	1.1%

2．学校運動部の実態

（１）高等学校における運動部員数、運動部数、加入率の推移

年	1992	1993	1994	1995	1996	1997	1998	1999
運動部員数(万人)	166.2	164.2	159.2	156.7	146.1	135.1	129.0	126.3
運動部数	93,451	93,300	94,054	92,923	92,728	90,927	89,640	89,671
運動部加入率(%)	31.8	32.8	32.7	33.2	32.1	30.9	30.3	30.0

SSF 笹川スポーツ財団「スポーツ白書2010」(2001)，p.50より作成

（２）種目別に見た㈶日本中学校体育連盟への運動部登録率（％）

	男子			女子		
	1989年	1999年	増減	1989年	1999年	増減
陸上競技	74.3	64.1	－10.2	72.9	63.1	－9.8
水泳	41.7	35.8	－5.9	41.0	36.4	－4.6
バスケットボール	65.3	66.0	＋0.7	67.3	66.5	－0.8
サッカー	55.7	60.9	＋5.2	／	／	
軟式野球	78.2	78.8	＋0.6	／	／	
体操競技	12.3	5.9	－6.4	20.7	10.9	－9.8
バレーボール	60.1	41.2	－18.9	84.6	82.1	－2.5

ソフトテニス	62.2	51.4	−10.8	72.7	69.0	−3.7
卓球	72.6	64.2	−8.4	70.9	56.3	−14.6
ソフトボール	9.0	1.7	−7.3	39.8	32.1	−7.7
柔道	37.0	31.4	−5.6	8.6	18.9	+10.3
剣道	59.5	53.4	−6.1	51.9	48.3	−3.6
バドミントン	19.1	18.3	−0.8	25.9	29.2	+3.3

SSF笹川スポーツ財団「スポーツ白書2010」(2001), p.49

(3) 運動部活動に対する部員の満足度

	とても楽しい	どちらかといっと楽しい	どちらかというと苦しい	とても苦しい
中学校	43.1%	40.3%	12.2%	4.5%
高等学校	43.4%	40.4%	11.9%	4.3%

中学生・高校生のスポーツ活動に関する調査研究協力者会議「運動部活動のあり方に関する調査研究報告」, 1997より

(4) 顧問の配置

	中学校	高等学校
全員が顧問に当たることを原則としている	57.0%	44.0%
希望する教員が当たることを原則としている	35.0%	41.0%
その他	8.0%	15.0%

中学生・高校生のスポーツ活動に関する調査研究協力者会議「運動部活動のあり方に関する調査研究報告」, 1997より

(5) 活動日数と活動時間

		中学校	高等学校
週当たりの活動日数	週1〜4日	10.1%	9.0%
	週5日	17.6%	13.2%
	週6日	46.3%	41.7%
	週7日	26.0%	36.1%
平日1日当たりの活動時間	1時間未満	1.2%	1.1%
	2時間未満	28.0%	24.6%
	3時間未満	54.8%	51.8%
	4時間未満	14.6%	17.8%
	4時間以上	1.4%	4.8%

中学生・高校生のスポーツ活動に関する調査研究協力者会議「運動部活動のあり方に関する調査研究報告」, 1997より

10. 民間スポーツ・フィットネスクラブの実態

（1）フィットネスクラブ数、会員数の推移

	クラブ数	会員数（千人）
1989年	877	1,559
1992年	1,506	2,217
1995年	1,671	2,693
1998年	1,548	2,907
2002年	1,708	3,290

「特定サービス産業実態調査報告書」
各年データをもとに作成

（2）フィットネスクラブの施設パターン

プール・ジム・スタジオ型	1,219事業所（71.4%）
スタジオをもたないプール・ジム型	114事業所（ 6.7%）
ジムをもたないプール・スタジオ型	30事業所（ 1.8%）
プールのないジム・スタジオ型	133事業所（ 7.8%）
ジム単体のジム型	154事業所（ 9.0%）
スタジオ単体のスタジオ型	58事業所（ 3.4%）

平成14年特定サービス産業実態調査報告書（2003）

（3）年間売上高と収支の内訳（事業所あたり）

年間売上高（事業所構成比）		収入内訳		支出内訳	
〜1億円未満	15.8%	入会金	3.0%	労務費（給与等）	32.5%
〜3億円未満	49.1%	会費	81.4%	家賃費	19.2%
〜5億円未満	20.6%	利用料	3.9%	水光熱費	10.6%
〜10億円未満	13.3%	ショップ	5.7%	宣伝広告費	4.2%
10億円以上	1.2%	その他	6.0%	その他	33.5%

（社）日本フィットネス産業協会・（財）日本健康スポーツ連盟「フィットネス産業基礎データ資料2003」（2003）より作成

(4) フィットネスクラブ新規出店数の推移

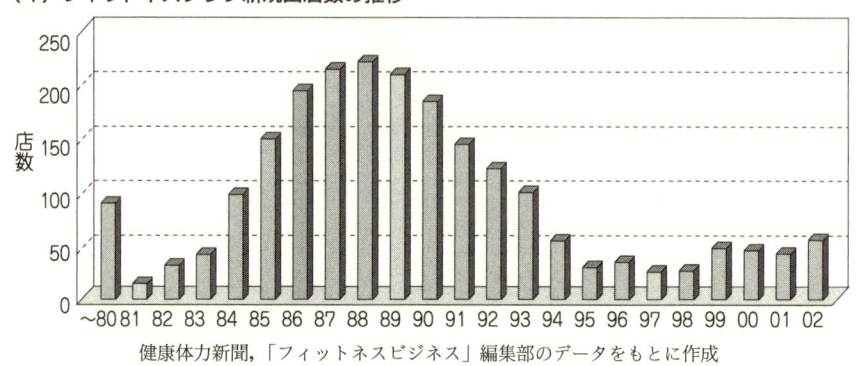

健康体力新聞,「フィットネスビジネス」編集部のデータをもとに作成

(5) 会員数に占める退会者数、入会者数の割合

	退会者比率	入会者比率
クラブ会員	44.4%	52.1%
法人会員	16.2%	8.8%
スクール会員大人	49.3%	57.9%
スクール会員小人	33.9%	36.9%

＊調査対象事業所の平均値
(社) 日本フィットネス産業協会・(財) 日本健康スポーツ連盟「フィットネス産業基礎データ資料2003」(2003) より作成

11. 運動生活・意識調査票の実例

　人々の運動実施状況や体育・スポーツ事業に対する抵抗条件を把握することは，体育・スポーツ経営にとってきわめて重要な意味をもつ。なぜなら，そのことによって，次にどんな手を打たねばならないかが明らかにされるからである。
　こうした調査は，運動者に迷惑をかけるといった心配や，事業に対して逃避行動をとった人を対象にしにくいといった調査上の問題，さらには，結果を処理・分析するための時間がとれないといった現実的問題等から，敬遠されることが多い。しかし，真に意味のある体育・スポーツ経営を行うためには，日常的な経営評価資料を残す努力とともに，定期的な運動者調査を実施することが望まれる。
　ここでは，学校と地域という代表的な体育・スポーツ経営の領域を取り上げ，そこでの運動生活や運動者の意識を調べるための調査票の例を示すとともに，体育・スポーツ事業の代表例としてスポーツ教室を取り上げ，そこの参加者に対する調査票の例を示すことにする。

1. 運動生活調査票の例（中学・高校用）

　　　　　　　　　　学校体育運動生活調査

　　　　　　　　　　　　　　　　　　　　　（　　年　月　日調べ）

――――― お ね が い ―――――
- この調査は，運動の行い方が人によってどのようにちがうかを研究するためのものです。学校の成績にはまったく関係しません。
- みなさんのほんとうのようすをそのまま答えてください。
- 問に対して答えがいくつもならべてあります。そのうち，自分にあてはまるものがあったらいくつでもかまわないから○を書いてください。あてはまるものがなくても，「そのほか」の記入らんがある場合は（　）の中に答えを書き入れてください。

中学・高等学校	学年	組	男 女
氏　　名			

第1問　いま運動クラブ（部）に入っている人は，次に答えてください。

> 放課後などの自由な時間に行うクラブ活動に参加している人は次の質問に答えてください。

① そのクラブ（部）の名まえ（　　　　）
② そのクラブ（部）に入ったとき
　　（　　）学年の（　　）月頃から。
③ そのクラブ（部）の練習は現在，いつ行われることになっていますか。練習に参加していない場合でも，わかっている範囲でよいから，下表のあてはまるところに〇をしてください。

	月	火	水	木	金	土	日
a　そのクラブの全員で							
b　わけられている班又はグループで							
c　自分自身で自由に							

④ そのクラブの練習に，あなたはどの程度参加していますか。実際にあなたが参加している程度は，次のうちどれにあてはまりますか。
　（　）(a) 週3回以上練習に参加している。
　（　）(b) 練習に参加することもあり，参加しないこともあって，週3回とはいえない。
　（　）(c) めったに参加しない。
⑤ あなたは，対外試合に出場したことがありますか。
　（　）(a) 出場したことがある（補欠選手も含む）。
　（　）(b) 出場したいけれども，まだ選手にえらばれたことがない。
　（　）(c) 選手にえらばれることは望んでいない。又，これまでも出場したことはない。

> 学校できめられた時間割にあるクラブ活動に参加している人は次の質問に答えてください。

そのクラブ（部）の名まえ（　　　　）

第2問　いま運動クラブ（部）に入っていない人は，次に答えてください。
〈A〉　いま運動クラブに入っていないわけについて，次のうち，いくつでもよいからあてはまるものに〇をつけてください。
　　学校できめられた時間割にあるクラブに入っていない人は「Aらん」に，放課後などの自由な時間に行うクラブに入っていない人は「Bらん」に，いずれのクラブにも入っていない人は「Aらん」と「Bらん」の両方に，クラブに入っていないわけを答えてください。

---------A らん---------
学校できめられた時間割にあるクラブに入っていないわけ
（　）(aア) 練習でつかれてからだをこわしたり，勉強がおろそかになったりするといけないから。
（　）(aイ) 入りたいクラブはあっても，そのクラブにうるさい上級生やいやな人がいるので。
（　）(aウ) 自分の思うように（かるくたのしく，あるいははげしく）練習しようとしても，それは許さ

---------B らん---------
放課後などの自由な時間に行うクラブに入っていないわけ
（　）(aア) 練習でつかれてからだをこわしたり，勉強がおろそかになったりするといけないから。
（　）(aイ) 練習に多くの時間がうばわれるために，趣味，けいこごと，その他自分の好きな活動をする時間が思うようにとれなくなるので。
（　）(aウ) 練習に多くの時間がうばわれ

( )(aエ) 入りたいクラブはあるが，そのきっかけがつかめないので入れないでいる。
( )(aオ) 入りたいクラブがあるが，よく指導してくれる先生や上級生がいないため，しっかりした練習ができそうもないので。
( )(aカ) 入りたいクラブはあるが，施設や用具を思うように使えそうもないので。
( )(aキ) 入りたいクラブはあるが，よその学校との試合がないので。
( )(aク) 自分の入りたいクラブがないので。
( )(aケ) 練習が週1時間しかないのでものたりないから。
( )(bア) からだが弱く，病気がちなので。
( )(bイ) いま，文化部の方に入っているので。
( )(bウ) 運動よりもほかの趣味やけいこごと，その他の活動の方が好きだから。
( )(bエ) もともと運動は好きでないから。
( )(bオ) 運動クラブの活動には，あまり価値がないように思われるので。
( )(bカ) 特別に思いあたる理由はなく，ただ何となく。
( )(cア) 両親や先生，その他自分のことを考えてくれるおとなや友人などの意見にひかれて。
( )(cイ) 進学のための受験準備のことを考えると，運動のクラブ活動のことはあまり考えていられないので。
( )(d) そのほかにわけがあれば書いてください。
　　　　（　　　　　　　　　　）

るため，勉強にさしつかえるので。
( )(aエ) 入りたいクラブはあっても，そのクラブにうるさい上級生やいやな人がいるので。
( )(aオ) 自分の思うように（かるくたのしく，あるいははげしく）練習しようとしても，それは許されそうもないので。
( )(aカ) 運動は好きであるがじょうずでない，選手になる見込みがないので参加してもおもしろくないと考えて。
( )(aキ) 入りたいクラブはあっても，そのきっかけがつかめないので入れないでいる。
( )(aク) 運動クラブに入ると，自分で負担する経費がかさみすぎるので。
( )(aケ) 入りたいクラブがあっても，よく指導してくれる先生や上級生がいないため，しっかりした練習ができそうもないので。
( )(aコ) 入りたいクラブはあっても，施設や用具を思うように使えそうもないので。
( )(bア) からだが弱く，病気がちなので。
( )(bイ) いま，文化部の方に入っているので。
( )(bウ) 運動よりもほかの趣味やけいこごと，その他の活動の方が好きだから。
( )(bエ) もともと運動は好きでないから。
( )(bオ) 運動クラブの活動には，あまり価値がないように思われるので。
( )(bカ) 特別に思いあたる理由はなく，ただ何となく。
( )(cア) 家が学校から遠いため，練習に参加すると帰りが遅くなりすぎるので。

(　)(cイ)　家のつごうがあって，思うように練習に参加できそうもないので。
(　)(cウ)　両親や，先生，その他自分のことを考えてくれるおとなや友人の意見にひかれて。
(　)(cエ)　進学のための受験準備のことを考えると，運動のクラブ活動のことはあまり考えていられないので。
(　)(d)　そのほかにわけがあれば書いてください。
(　　　　　　　　　　)

〈B〉　前に運動クラブに入ったことがありますか。2つ以上ある人はそれをすべて書いてください。
　　(　)(a)　学校できめられた時間割りにあるクラブに入ったことがある。
　　　　　その運動クラブの名まえ(　)やめた時期(　)年の(　)月頃
　　　　　　　　　　　　　　　(　)　　　　　(　)　　(　)
　　　　　　　　　　　　　　　(　)　　　　　(　)　　(　)
──(　)(b)　放課後などの自由な時間に行うクラブに入っていたことがある。
　　　　　その運動クラブの名まえ(　)やめた時期(　)年の(　)月頃
　　　　　　　　　　　　　　　(　)　　　　　(　)　　(　)
　　　　　　　　　　　　　　　(　)　　　　　(　)　　(　)
　　(　)(c)　どのクラブにも入ったことがない。
──→(b)に○をつけた人は下らんにも答えてください。

放課後などの自由な時間に行うクラブをやめたわけ
(　)(a)　練習がきつかったので。
(　)(b)　練習に多くの時間がうばわれ，趣味やけいこごと，その他自分の好きな活動をする時間が思うようにとれなかったので。
(　)(c)　練習に多くの時間がうばわれ勉強にさしつかえることが多かったので。
(　)(d)　顧問の先生がきびしかったので。
(　)(e)　そのクラブにうるさい上級生やいやな人がいたので。
(　)(f)　自分の思うように（かるく，又は，はげしく）十分練習できなかったので。
(　)(g)　クラブの規則にしばられることが多かったので。
(　)(h)　自分で負担する経費が高すぎたので。
(　)(i)　よく指導してくれる先生や上級生がいないためしっかりした練習ができなかったので。
(　)(j)　施設や用具を思うように使えなかったので。
(　)(k)　選手になれなかったので，選手になれそうもなかったので。
(　)(l)　運動がじょうずにならなかったので。
(　)(m)　からだが弱く，病気がちなので。
(　)(n)　文化部の活動がいそがしかったので。
(　)(o)　友だちがやめたので。
(　)(p)　もともと運動は好きでないから。

( )(q) 運動クラブの活動には，あまり価値がないように思われたので。
( )(r) 家が学校から遠いため，帰りが遅くなったりして思うように練習に参加できなかったので。
( )(s) 家のつごうがあって思うように練習に参加できなかったので。
( )(t) 先生から練習への参加をとめられたので。
( )(u) 家族，その他の人からやめるようにいわれたので。
( )(v) 進学のための受験準備の事を考えると，運動クラブの事など考えていられないので。
( )(w) その他

第3問 あなたの学校で行われる競技会，その他の運動のもよおしについて次に答えてください。

① あなたは，校内の競技会，その他の運動行事（運動会，体力テストの会，ダンスの発表会など）に参加したことがありますか。この1年間をふりかえって，あてはまるものに○をしてください。

( )(a) 全員が参加することになっていたので，参加したことがある。
( )(b) 学級，学年，その他の代表にえらばれて出場したことがある。
( )(c) だれでも自由に参加してよいことになっていたので，参加した行事がある。

(a)(b)(c) いずれかに○をした人は下の表に答えてください

次の表にその行事のなまえや行われた時期を書いてください。又，その行事のために，前もってその運動の練習をしたかどうか，その行事がためになったか（おもしろかったか）どうかも答えてください。

行われた時期			その行事のなまえ	①の問の(a)(b)(c)の区別			その行事のための練習			参加したときの学年			ためになった（おもしろかった）行事
(ア)4〜7月	(イ)8〜12月	(ウ)1〜3月		a	b	c	(ア)前からよく一週間以上練習した	(イ)少しは練習した	(ウ)練習はしなかった	1年	2年	3年	

(b)(c)に○をつけなかった人は次の②にも答えてください。

②
( )(aア) そのような行事がなかった。
( )(aイ) 人数の制限があったり，順番

|　　　　　　　　にあたっていなかったりしてでられなかった。
( )（aウ）運動の種目が自分の好きなものでなかった。
( )（aエ）運動の種目は好きだったが，その行いかたが自分の望んでいるものではなかった。
( )（aオ）運動クラブ員は参加してはならないというきまりがあったため，参加できなかった。
( )（aカ）運動以外のもよおしが同時に行われていたので，そちらの方に参加した。
( )（aキ）自分といっしょにでる適当な仲間がいなかった。
( )（aク）競技や試合に負けると，あとでいやな思いをする。
( )（aケ）からだが疲れすぎる心配があったので。
( )（aコ）自分の勉強する時間がひどくうばわれるような気がしたので。
( )（aサ）運動部の練習，文化部の活動，その他学校内の仕事と重なったため。
( )（aシ）練習や試合が，後にひかえていたので。

( )（bア）からだが弱い，からだに故障がある。
( )（bイ）その時たまたま，からだに故障があったり，病気をしていたので。
( )（bウ）もともと運動がきらいなので。
( )（bエ）上手に運動をする事ができないので，希望する気になれなかった。
( )（bオ）参加してみてもつまらないような気がして。
( )（bカ）自由参加のときは，むしろ他にしたいことがあるので。
( )（bキ）ただ何となく。
( )（cア）進学のための試験準備のことを考えると，自由参加の行事まで考えるわけにはいかないような気がして。
( )（cイ）他の人の意見やすすめに感ずることがあったので。
( )（cウ）家のつごう，その他学校以外の用事のために。
( )（cエ）家が学校から遠いので，家にかえる時間がおそくなるといけないから。
( )（d）その他（　　　　　　　）

第4問 学校の休み時間や自由時間のことについて，次の問に答えてください。

① クラブの練習や校内競技の練習としてでなく，ふだんのとき，汗をかいたりほどよく疲れをおぼえるくらい運動をしますか。
　　　(a)（　　　）はい　　(b)（　　　）いいえ

② (a)に答えた人は下に答えてください。

1週間にどのくらい行っているかそれぞれの場合についてあてはまるらんに○をつけてください。

	①始業前	②昼休み	③放課後
イ．週3日以上			
ロ．週1−2日			
ハ．毎週ではないが時々			

③ (b)に答えた人は下に答えてください。

昼休みや放課後の自由時間の運動について，次のうち感じているものがあれば○をつけてください。
( )（aア）自由に運動したくても思うように場所が使えない。
( )（aイ）用具を借りるてつづきがめんどうである。
( )（aウ）用具をおいてある場所が遠くて気軽に行く気になれない。
( )（aエ）運動をしようにも仲間や相手

がみつけにくい。
( )（aオ）自由時間が少なくて運動のことなど考えられない。
( )（bア）運動はじょうずでないので，なんとなく気が進まない。
( )（bイ）運動はもともと好きでないのでしたくない。
( )（bウ）からだが悪いので運動はしない。
( )（bエ）クラブ活動でやっているので必要はない。
( )（bオ）運動よりもっと大事な他の活動や仕事がある。
( )（bカ）どんな運動をしたらよいか，適当なものが思いつかない。
( )（cア）勉強のことを考えると運動しているわけにはいかない。
( )（cイ）友だちの間で，何となく運動をしないようすが感じられて，自分もあまり運動しない。
( )（d）そのほかに，自由時間の運動に気が進まない理由があったら，次にかいてください。
（　　　　　　　　　）

第5問 学校以外でのあなたの運動のようすについて次に答えてください。
次のa～iのあてはまるものに○をし，矢印にしたがってその問いに答えてください。

( )a 学校以外の運動クラブに参加している。（あるいは参加していた。）　→　現在参加しているクラブ（団）名と，入部（団）時期を記入してください。
クラブ（団）名（　　　　　　）
入部（団）時期（　）学年の（　）月ごろ
そのクラブ（団）の練習に，あなたはどの程度参加していますか。次の表のあてはまるところに○をつけてください。

	毎 日	週5～6日	週3～4日	週1～2日	週1日未満
ふだん					
試合前					

( )b スポーツ少年団に参加している。（あるいは参加していた。）
( )c 過去1年間に，スポーツ団体や体育館などが開いたスポーツ教室に参加した。
( )d 過去1年間に，スポーツ団体や体育館などが開いた競技会や体力テストなどの運動の行事に参加した。
　→　過去1年間に参加したスポーツ教室について，例にしたがって記入してください。

( )e 学校以外の公営の体育館やプールなどの運動施設を利用したり，近くの公園で，広場で，運

動クラブや運動の行事としてではなく自由に運動している。(あるいは運動したことがある。)
( ) f スケート場・ボウリング場・プールなどの商業的施設を利用して，運動クラブや運動の行事としてではなく自由に運動している。(あるいは運動したことがある。)
( ) g 海・山・川で，運動クラブや運動の行事としてではなく自由に運動している。(あるいは運動したことがある。)
( ) h とくに運動施設は利用せず，近くの道路や家で自由に運動している。(あるいは運動したことがある。)
( ) i 運動らしいことはほとんどしていない。

教室の名称	行った種目	教室が開かれた時期	教室に参加した日数／教室が行われた日数	1日の平均運動時間		
				1時間以内	1〜2時間	2時間以上
(例)少年野球教室	軟式野球	(4)月(1)日〜(4)月(5)日	(3)日/(5)日		○	
		( )月( )日〜( )月( )日	( )日/( )日			
		( )月( )日〜( )月( )日	( )日/( )日			

→過去1年間に参加した行事について，例にしたがって記入してください。

行事名	行った種目	行われた時期	行事のための練習			
			一ヶ月以上前から	一〜二週間前から	二・三日前から	練習しなかった
(例)○○町球技大会	ソフトボール	7月1日	○			

→最近1ヶ月に行った運動について，例にしたがって記入してください。

行った種目	行った場所	活動の程度(週あたり)					1日の平均運動時間				
		毎日	5〜6日	3〜4日	1〜2日	1日未満	30分以内	0.5〜1時間	1〜1.5時間	1.5〜2時間	2時間以上
(例) テニス	○○市営テニスコート				○				○		
ボウリング	△△ボウリング場					○	○				
水泳	××海水浴場				○			○			
マラソン	家の近くの道路			○			○				

2．運動生活・意識調査票の例（地域住民用）

スポーツに関する意識調査

　この調査は，みなさまの健康やスポーツに関するご意見を知るためのものです。あなたが感じておられることや，実際に行っている様子をありのままにお答えください。
　なお，この調査の結果は，すべて図表や数表にして処理し，発表いたします。したがって，ひとりひとりの調査票がそのまま公開されることはありません。
　かなりくわしい調査で，お忙しいところ，ご面倒かとは存じますがよろしくご協力くださいますようお願いいたします。

III-11 運動生活・意識調査票の実例

―― 記入上のご注意 ――
1. 答え方は，あてはまる番号を○でかこむものと，（　　）の中に記入するものとがあります。
2. できるだけすべての問題にご回答くださいますようお願いいたします。

問1．あなたは，ふだんの生活の中で，どのように運動をしていますか。

過去1年間をふりかえり，次の中から該当する項目に，いくつでもけっこうですから○印をつけてください。その際，市民総合体育館を利用した回数と，それ以外の施設を利用した場合の回数とを区別して記入してください。

〈市民総合体育館で〉〈それ以外の施設で〉

1. スポーツ教室や体操教室など，運動を教えてくれる催しに参加した …………………………………………（月　　回）（月　　回）
2. 運動の競技や大会などに参加した …………………………（年　　回）（年　　回）
3. スポーツテスト会に参加した ……………………………（年　　回）（年　　回）
4. 運動のクラブやサークル，同好会に入って運動している…（月　　回）（月　　回）
5. クラブやサークルの練習以外で，個人的に自由に公共の運動施設を利用して運動している ……………………（月　　回）（月　　回）
6. 個人的に学校開放を利用して運動している …………………………………（月　　回）
7. 自分の家や近くの空地・公園・道路などで自由に運動している …………………………………………………………（月　　回）
8. テニス・ボウリング場・ゴルフ場などの商業的スポーツ施設を利用して運動している ……………………………（月　　回）
9. 勤務先の体育施設を利用して運動している …………………………………（週　　回）
10. ハイキングやサイクリングなどの野外を利用して運動している …………（年　　回）
11. 運動らしいことはほとんどしたことがない

問2．あなたが，運動やスポーツに期待されるものは，次のうちどれでしょうか。あてはまるものにすべて○印をつけてください。

1. 美容や健康のため
2. あわただしい日常生活からの逃避
3. 体力回復・増強
4. 自分の能力を充分発揮する機会
5. ストレス解消
6. 心を豊かにする機会
7. 地域の人たちとの交流を深めること
8. 世の中のためにつくす機会
9. 家族だんらん
10. 職場の友人との人間関係の円滑化
11. 日常の生活では味わえないような人間的交わり
12. 自分の時間を自由に使うことの喜び
13. 単調な生活のリズムを破るようなフレッシュな体験
14. 運動やスポーツの楽しさを味わうこと

問3．過去1年間，運動を行わなかったり，運動をしたくても思うように行えなかったりした人は，その理由を次の中からいくつでも選んでください。

1　身近な所でスポーツ教室が開催されなかったから
2　スポーツ教室は開催されたが，種目や時間帯などが自分の望むものではなかったから
3　身近な所にスポーツのクラブや同好会やサークルなどがないから
4　スポーツのクラブや同好会などはあるが，種目や運営などが自分の望むものでないから
5　身近な所で，運動会や競技会など運動の行事が開催されなかったから
6　運動会や競技会など運動の行事は開催されたが，種目や運営が自分の望むものでなかったから
7　身近な所に，気軽に，自由に利用できる運動施設・場所がないから
8　運動したいと思っても，いっしょに運動する仲間がいなかったから
9　運動したいと思っても，面倒みてくれる指導者がいなかったから
10　運動したいと思っても，運動には経費がかかりすぎるから
11　子供に手がかかって，運動する時間がつくれなかったから
12　仕事が忙しくて，運動する時間がつくれなかったから
13　運動よりも他の趣味活動のほうが楽しいから
14　病気やけがなどの理由で，運動が行えなかったから
15　運動を行いたいと思わないから
16　その他（　　　　　　　　　　　　　　　　　　）

問4．あなたが市民総合体育館へ行く場合，あなたの家から所要時間はどのくらいかかりますか。その所要時間の合計を記入し，その場合の交通手段に〇印をつけてください。

1　市民総合体育館まで合計（　　　　分）
　　　────→最もよく利用する交通手段は　1　徒　歩（　　　分）　2　自転車（　　　分）
　　　　　　　　　　　　　　　　　　　　3　電　車（　　　分）　4　バ　ス（　　　分）
　　　　　　　　　　　　　　　　　　　　5　自動車（　　　分）　6　バイク（　　　分）
　　　　　　　　　　　　　　　　　　　　7　その他（　　　分）
2　どのくらいかかるか全く見当がつかない。

問5．余暇活動としてスポーツや趣味活動のためにはいろいろなお金がかかりますが，次のような経費はどのように負担するのがよいと思いますか。あなたの考えに近いこたえに〇印をつけてください。

	税金で全額負担すべきである	利用者が全額負担すべきである	税金と利用者の両方でまかなう	わからない
1　スポーツ教室……………………→				
2　スポーツ教室以外の文化的な教室や講座…→ 　　（料理教室や陶芸教室など）				
3　学校体育施設の開放				
a　指導者・管理者への謝金………→				
b　光熱水費（電気水道料）………→				
4　スポーツの競技会………………→				
5　市民体育祭………………………→				
6　スポーツクラブの活動				
a　施設使用料………………………→				
b　指導者への謝金…………………→				
7　スポーツテスト・体力相談……→				

（以下略）

3．スポーツ教室参加者調査票の例（総合体育館用）

体育館のスポーツ教室参加者に関する調査

お願い

この調査は，体育館のスポーツ教室に，どのような人が参加しているかを調べることによって，スポーツ教室の運営に役立てようとするものです。
質問に対しては，○印や数字で，ありのまま・感じたままをお答え下さい。

年　齢	（　　）才	性　別	男　・　女
体育館までの所要時間	（　）自宅から （　）職場から		（　　　）分ぐらい
体育館までの交通手段	（　）a．徒歩　　　　（　）b．自転車　　　　（　）c．バイク （　）d．電車　　　　（　）e．バス　　　　　（　）f．自動車			
種　目		曜　日	（　　　）曜日
利用時間帯	（　）a．午前　　　　（　）b．午後　　　　　（　）c．夜間			
来館仲間	（　）a．一人で来た　（　）b．二人で来た　（　）c．三人以上で来た			

問1． あなたの，この体育館の利用状況についてお答え下さい。
① このスポーツ教室への参加状況
　　（　）a．ほとんど休まずに参加している　　（　）b．時々，休むことがある
　　（　）c．休むことのほうが多い
② スポーツ教室以外の利用頻度
　　（　）a．週に3日以上　（　）b．週に2日ぐらい　（　）c．週に1日ぐらい
　　（　）d．月に2日ぐらい　（　）e．月に1日ぐらい　（　）f．それ以下
　　（　）g．スポーツ教室以外では利用していない
③ この体育館で実施された，他のスポーツ教室への参加経験
　　（　）a．同じ種目のスポーツ教室に参加したことがある
　　（　）b．別の種目のスポーツ教室に参加したことがある
　　（　）c．この体育館のスポーツ教室に参加するのは今回が初めてである

問2． あなたがスポーツ教室に参加している目的は何ですか。最も強く思っているものを一つ選んで○印をつけて下さい。

　　（　）a．健康・体力の保持増進や美容の　　（　）e．仲間との親睦を深めたり，新
　　　　　　ため　　　　　　　　　　　　　　　　　　しい仲間をつくるため
　　（　）b．スポーツが上手になるため　　　　（　）f．スポーツのクラブやサークル
　　（　）c．身体を動かすことが楽しいから　　　　　　に入るための準備として
　　（　）d．ストレス解消のため　　　　　　　（　）g．その他（　　　　　　　　）

問3． あなたは，このスポーツ教室の指導について，次のようなことを感じていますか。あてはまるものに○印をつけて下さい。

　　（　）a．内容がむずかしすぎる　　　　　（　）f．運動量はちょうどよい
　　（　）b．内容がやさしすぎる　　　　　　（　）g．指導者が，ほとんどの活動の
　　（　）c．内容はちょうどよい　　　　　　　　　　　指示をしてくれる
　　（　）d．運動量が多すぎる　　　　　　　（　）h．ほとんど自由に活動させてく
　　（　）e．運動量が少なすぎる　　　　　　　　　　　れる

問4．あなたは，スポーツ教室の何が魅力で参加していますか。あてはまるものに〇印をつけて下さい。
　　　　（　）a．気の合った仲間で運動できること
　　　　（　）b．指導者が上手に教えてくれること
　　　　（　）c．指導者が親切に対応してくれること
　　　　（　）d．スポーツ教室の曜日や時間帯が，自分の自由時間と合っていること
　　　　（　）e．使用料金がてごろなこと
　　　　（　）f．体育館まで近いこと
　　　　（　）g．体育館がきれいなこと
　　　　（　）h．体育館が広いこと
　　　　（　）i．ロッカー・シャワー室が整っていること
　　　　（　）j．駐車場が整っていること
　　　　（　）k．喫茶コーナーあるいはレストランが整っていること
　　　　（　）l．ラウンジあるいは談話コーナーが整っていること
　　　　（　）m．その他（　　　　　　　　　）

問5．あなたは，このスポーツ教室以外では，どのようにスポーツや運動をしていますか。
　　　　（　）a．クラブやサークル等に入って運動している
　　　　（　）b．他のスポーツ教室に参加している（参加することがある）
　　　　（　）c．競技会に参加することがある
　　　　（　）d．体力測定会に参加することがある
　　　　（　）e．公共体育施設や民間スポーツ施設を使って自由に運動している
　　　　（　）f．その他（　　　　　　　　　）
　　　　（　）g．このスポーツ教室以外では，ほとんど運動していない

問6．あなたは，この体育館以外で，どこでスポーツや運動をしていますか。
　　　　（　）a．ここ以外では，ほとんど運動していない
　　　　（　）b．職場のスポーツ施設を利用→→→→→　週　・　月　に（　）日位
　　　　（　）c．民間のスポーツ施設を利用→→→→→　週　・　月　に（　）日位
　　　　（　）d．他の公共施設(含，学校開放)を利用→　週　・　月　に（　）日位
　　　　（　）e．家の中や家の周囲で運動→→→→→→　週　・　月　に（　）日位
　　　　（　）f．学校の部活動で運動→→→→→→→　週　に（　）日位

問7．あなたは，ご自分の運動量をどのように感じていますか。　（　）この体育館で
　　　　（　）a．機会があればもっとしたい→→→→どこで？　（　）職場の施設で
　　　　（　）b．今ぐらいがちょうどよい　　　　　　　　　　（　）民間の施設で
　　　　（　）c．少しやりすぎと思う　　　　　　　　　　　　（　）他の公共施設で
　　　　　　　　　　　　　　　　　　　　　　　　　　　　　（　）家の中や周囲で

問8．あなたは，このスポーツ教室の終了後は，どのようにしたいと考えていますか。
　　　　（　）a．現在している活動を継続したい
　　　　（　）b．新たにスポーツのクラブやサークルをつくりたい
　　　　（　）c．新たにスポーツのクラブやサークルに入りたい
　　　　（　）d．新たに一般開放や個人開放を利用したい
　　　　（　）e．別のスポーツ教室に参加したい　　f．スポーツの競技会に参加したい
　　　　（　）g．特に考えていない　　　　　　　　h．その他（　　　　　　　　　）

問9．スポーツ教室に対する要望があれば，お書き下さい。

　　　　　　　　　　　　　　　　　　ご協力ありがとうございました。

●もっと学習を深めるための
12. 参 考 図 書

⑴体育・スポーツ経営をめぐる文献・資料
 1) 宇土正彦『体育管理学』大修館書店、1970
 2) 宇土正彦、八代勉、中村平編著、『体育経営管理学講義』大修館書店、1989
 3) 山下秋二、畑攻、冨田幸博編『スポーツ経営学』大修館書店、2000
 4) 池田勝、守能信次編『スポーツの経営学』杏林書院、1999
 5) 原田宗彦編著『改訂スポーツ産業論入門』、杏林書院、1999
 6) パークハウス B.L.、日本スポーツ産業学会監訳『スポーツマネジメント』大修館書店、1995
 7) Parks J.B. and Zanger B.R.K.『Sport & Fitness Management』Human Kinetics Publishers, 1990
 8) Parks J.B., Zanger B.R.K., Quarterman J.『Contemporary Sport Management』Human Kinetics, 1998
 9) Chelladurai P.『Human Resource Management in Sport and Recreation』Human Kinetics, 1999
 10) 伊藤堯『スポーツ事故と法的責任』財団法人勤労者福祉施設協会、1998
 11) 伊藤堯『スポーツ六法2001』道和書院、2001
 12) 文部省体育局監修『体育・スポーツ指導実務必携』ぎょうせい
 13) 社会教育推進全国協議会編『社会教育・生涯学習ハンドブック』エイデル研究所

⑵経営学の考え方に関する文献・資料
 1) 北野利信編『経営学説入門』有斐閣新書、1977
 2) 伊丹敬之、加護野忠男『ゼミナール経営学入門』日本経済新聞社、1989
 3) 山本安次郎『経営学原論』文眞堂、1982
 4) 髙田馨『経営学の対象と方法』千倉書房、1987
 5) 山本安次郎『経営学研究方法論』丸善、1975
 6) 河野大機『ドラッカー経営論の体系』三嶺書房、1986
 7) 紺野剛『経営資源の測定と分析』創成社、1988

⑶経営組織に関する文献・資料
 1) 野中郁次郎『経営管理』日本経済新聞社、1980
 2) 野中郁次郎『組織現象の理論と測定』白桃書房、
 3) バーナード C.I.『経営者の役割』山本安次郎、田杉競、飯野春樹訳、ダイヤモンド社、

1968
4) 一寸木俊昭編集『現代経営学③現代の経営組織』有斐閣、1983
5) 二村敏子編集『現代経営学⑤組織の中の人間行動』有斐閣、1982
6) 占部都美『組織のコンティンジェンシー理論』白桃書房、1981
7) 山倉健嗣『組織間関係』有斐閣、1993

(4) 経営戦略・マーケティングに関する文献・資料
1) Mullin B.J., Hardy S., Sutton W.A.『Sport Marketing』Human Kinetics Publishers, 1993
2) B.G. Pitts & D.K. Stotlar『Fundamentals of Sport Marketing』Fitnes Information Technology Inc., 1996
3) 伊丹敬之『新・経営戦略の論理』日本経済新聞社、1984
4) 石井淳蔵、奥村昭博、加護野忠男、野中郁次郎『経営戦略論（新版）』有斐閣、1996
5) フィリップ・コトラー：恩蔵直人監修、月谷真紀訳『コトラーのマーケティング入門』ピアソン・エデュケーション、1999
6) フィリップ・コトラー：村田昭治監修、小坂恕、疋田聰、三村優美子訳『マネジメントマネジメント』プレジデント社、1983
7) レビット T.：土岐坤訳『マーケティングの革新』ダイヤモンド社、1983
8) 石井淳蔵、石原武政編著『マーケティング・ダイナミズム』白桃書房、1996
9) 嶋口充輝『戦略的マーケティングの論理』誠文堂新光社、1984
10) 野村 清『サービス産業の発想と戦略』電通、1983

(5) 学校体育経営に関する文献・資料
1) 宇土正彦編著『最新学校体育経営ハンドブック』大修館書店、1994
2) 松田岩男、宇土正彦編集『学校体育大事典』大修館書店、1973
3) 森川貞夫、遠藤節昭編『必携スポーツ部活動ハンドブック』大修館書店、1989
4) 團琢磨、大橋美勝編『学校五日制と生涯スポーツ』不昧堂出版、1993
5) 牧昌見編著『学校経営診断マニュアル』教育開発研究所、1986
6) 小島弘道編集『学校の経営責任と経営評価』教育開発研究所、2000
7) 大久保貞義編『学校五日制：教育近代化への展望』帝国地方行政学会、1974
8) 伊藤正則『五日制で変わる子どもと学校』三一書房、1992
9) 日本社会教育学会編『週休二日制・学校週五日制と社会教育』東洋館出版社、1993
10) 下村哲夫『学校五日制』ぎょうせい、1996
11) 金子郁容『コミュニティスクール構想』岩波書店、2000
12) 佐藤春雄編集『地域社会・家庭と結ぶ学校経営』東洋館出版社、1999

(6) 地域スポーツ経営に関する文献・資料
1) 宇土正彦編著『社会体育ハンドブック』大修館書店、1987

2) 八代勉、向陽スポーツ文化クラブ編『コミュニティ・クラブと学校開放』不昧堂、1986
3) 八代勉、向陽スポーツ文化クラブ編『コミュニティ・クラブと社会的ネットワーク』不昧堂、1996
4) 岡本包治編著『有効な学校施設・機能の開放』ぎょうせい、1993
5) 蓮沼良造『実践コミュニティ・スポーツ』大修館書店、1992
6) 三好喬、金崎良三、小谷寛二、三本松正敏編『現代コミュニティ・スポーツ論』ぎょうせい、1991
7) 金子勇『新 コミュニティの社会理論』アカデミア、1989
8) 奥田道大『都市コミュニティの理論』東京大学出版会、1988
9) 今井賢一、金子郁容『ネットワーク組織論』岩波書店、1989
10) 金子郁容『ボランティア もう一つの情報社会』岩波新書、1992

(7) 民間スポーツ施設経営に関する文献・資料
1) 牧川優編著『健康・スポーツの経営学』建帛社、1996
2) グリーンバーグ J.S. and パーグマン D.、原田宗彦・青樹和夫共訳『フィジカル・フィットネス』ベースボール・マガジン社、1989.）
3) （社）日本フィットネス産業協会『フィットネスクラブの CS（顧客満足）リサーチ実施・診断マニュアル作成事業』、1997
4) （財）日本健康スポーツ連盟・（社）日本フィットネス産業協会『フィットネス産業基礎データ資料'98』、1998
5) 通商産業省大臣官房調査統計部『平成10年特定サービス産業実態調査報告書（フィットネスクラブ編）』通産統計協会、1998
6) （社）日本フィットネス産業協会『フィットネスクラブ会員の退会メカニズムに関する調査研究』、1999
7) （社）日本フィットネス産業協会『フィットネスクラブにおける中高年ユーザーに関する調査研究』、2000
8) （社）日本フィットネス産業協会『一般市民の健康観と運動の実践及びフィットネスクラブに関する意識調査』、2001

(8) みるスポーツ・競技力向上をめぐる経営に関する文献・資料
1) 宇土正彦『スポーツ・プロデュースとスポーツ・プロダクト』体育・スポーツ経営学研究第10巻第1号、pp.1-6、1993
2) 永田靖章『スポーツ集団のマネジメント』ぎょうせい、1998
3) 広瀬一郎『プロのためのスポーツマーケティング』電通、1994
4) 広瀬一郎『メディアスポーツ』読売新聞社、1997
5) スポーツマネジメント研究会編訳『スポーツマーケティング 交換過程の経営』道和書院、2000

●さらに理解を深めるための

13. 用 語 解 説

アウトソーシング　out sourcing

　外部資源の活用を意味する。経営体内部に保有していない資源や能力を外部に求め、経営体の能力以上の能力を発揮しようとする経営手法。

意思決定　decision-making　→ p. 32

意図的運動現象　→ p. 20

イノベーション　innovation

　これまでとは大きく異なった新しい知識、製品、サービス、技術、制度等々を指す。革新、新機軸などと訳される。イノベーションは、開発過程と実施過程を経て生み出され、他の個人、集団、組織に受容されることによって普及されていく。体育・スポーツ経営では主に組織とサービスのイノベーションを生み出すことが重要である。

運動者　→ p. 39、p. 43

運動者行動　→ p. 44

運動生活　→ p. 49

X－Y理論　theory X—theory Y

　経営者（組織のリーダー）が組織成員をどのような存在としてみるかによって、組織運営の特徴は異なってくる。マクレガー（高橋達男訳『企業の人間的側面』産業能率大学出版部　1960）は、人間の性質と経営者行動との関係をめぐる2つのタイプを示し、それをX理論とY理論とよんだ。X理論は、人は生まれながらにして仕事が嫌いで、強制や処罰を用いなければ十分な仕事はしない、責任を回避し安全を好むという前提による。そこでとられる経営者行動は、命令系統による経営論であり、アメとムチ式な統制論になる。一方、Y理論は、人は受動的な存在ではなく、納得した目標に向かって努力し、問題解決のために創意工夫をする、条件によっては進んで責任を引き受けるという人間観である。そこでは、目標の統合に基づく経営や自己実現欲求の充足を志向した経営、委任・委譲の導入などが想定される。

NPO　Non Profit Organization

　NPOとは、特定非営利活動促進法（平成10年12月1日）の制定によって可能となった「法人格」をもった非営利組織である。一般的にはボランティア団体とか市民団体と呼ばれることもあるが、営利を目的とせず、社会の便益のために活動する組織としての法的地位「法人格」をもつ。NPOとして認証されるには、10名以上の会員から構成され、宗教活動や選挙活動などを目的とせず、次のような活動分野で社会的な利益のために活動をすることとされている。

①保健・福祉・医療、②社会教育、③まちづくり、④文化・芸術・スポーツ、⑤災害救援、⑥国際協力、⑦子どもの健全育成、⑧人権の擁護・平和の促進、⑨環境保全、⑩地域安全、⑪男女共同参画社会の実現、⑫これらの活動

の支援

エリアサービス　area service　→ p. 59、p. 74

オピニオンリーダー　opinion leader
　他人の態度や行動に対して、インフォーマルな形で比較的頻繁に影響を及ぼすことのできる人。体育・スポーツ事業の広報活動において、パーソナルメディアの活用は重要であるが、その中でも口コミは効果的である。オピニオンリーダーは、この口コミにおいて主導的役割を果たす人たちであり、広域志向的（広範囲に活動している）、初期利用者、社交的・習慣的利用者、革新的などといった特性をもつとされている。

学校開放
　学校の保有する教育施設や教育機能を地域の人々に開放して、学習・スポーツなどの諸活動に資することである。学校開放が法的に整備されたのは第二次大戦後のことであり、教育基本法、学校教育法、社会教育法、学校図書館法、スポーツ振興法等、多くの法にその規定がみられる。学校体育施設については、1976年文部省通知「学校体育施設開放事業の推進について」に裏打ちされた学校体育施設開放事業の実施以降、開放率は向上した。学校開放は、当初社会教育（体育）施設の不足を補う補完的機能に止まっていたが、その後施設だけでなく、学校のもつ教育機能（人材や専門的知識・情報）の開放が必要とされるようになった。またさらに近年では、学校開放を通じて、学校が地域における生涯学習・スポーツの場、地域住民が学びと交流を求めて集う拠点（コミュニティセンター）になっていくことが求められている。保健体育審議会答申（1997）ではこうした学校開放の現代的役割を実現するために、学校開放を従来の「開放型」から学校と地域社会の「共同利用型」へ移行することを提言している。

観戦者　spectator　→ p. 182

観戦者行動　spectator behavior
　「みるスポーツ」に関わる行動のうち、スタジアムや体育館に赴き直接スポーツを見る人々のみならず、直接的にスポーツを見る行動を起こしていない人や起こして欲しい人を総称して観戦者といい、観戦者が「みるスポーツ」の参与をめぐって取りうる接近・離脱の行動すべてを観戦者行動という。

関連的体育・スポーツ事業　→ p. 61

基本計画　master plan　→ p. 33

基本的体育・スポーツ事業　→ p. 59

協働システム　co-operative system
　→ p. 113

クラブサービス　club service　→ p. 60、p. 97

クラブサービスコミッティ　club service committee
プログラムサービスコミッティ　program service committee
エリアサービスコミッティ　area service comittee
　クラブサービスコミッティとは、クラブサービスが円滑かつ効果的に進められるために組織された運営組織である。その基本的な任務は個々のクラブやサークルが独自で解決できない問題を処理したりクラブ間の調整をは

かることにある。例えば、学校の体育経営においては教師のコミッティとして顧問会議が組織され、学校における運動部活動の目標や方針などを決定している。一方、生徒側のコミッティとしてはキャプテン会議などが組織され、施設利用の調整などが行われる。今後は、これら顧問会議とキャプテン会議が合同で会議をもつことも期待される。

同様に、プログラムサービスコミッティはプログラムサービス全般の企画・調整を行う委員会であり、エリアサービスコミッティは施設開放の充実や利用促進を図る委員会である。

経営形態

経営形態という用語は明確な定義がされているわけではないが、経済学の中では株式会社や有限会社、合資会社といった個別企業の組織形態を意味する企業形態（type of enterprise, form of business organization）と同義で用いられることが多い。体育・スポーツ経営学においては、スポーツ施設の経営方式の相違やその特徴と有効性を検討する必要から用いられるようになった用語である。すなわち、スポーツ施設の設置者及び所有権の所在と、実際にスポーツ施設を経営する経営権の所在との関係から形成される経営方式の状態を経営形態と呼んでいる。例えば、市区町村がスポーツ施設を建設し、教育委員会が経営する直轄経営、施設は市区町村が建設するが管理運営を財団法人等の公的組織が経営管理する間接経営、住民組織に委託する民間委託などの形態がある。

経営参加

一般的に経営参加とは、労働者や労働組合が、企業の経営上の問題に何らかの形で関与したり意見を述べることをいう。体育・スポーツ経営では、運動者による自律的な体育・スポーツ経営の実現のために、体育・スポーツ経営の対象となる運動者が、何らかの形で体育・スポーツ経営体の活動に関わりを持つ状況を意味する。その関わりには、経営体に意見を述べるものから実際に経営体の構成員として体育・スポーツ事業の企画・運営に関わる参加まで幅広い。

経営資源　management resources
→ p. 62

経営戦略　management strategy

経営戦略とは、流動的に変化する環境の中で、組織独自の基本理念（アイデンティティ）に立脚し、組織内の人々の意思決定の基本指針となるとともに、より組織的活動を創り出すための基本的方向性を示す、将来志向的な行動シナリオである。つまり、経営戦略とは、「組織の環境適応のための新しい意思決定ルールとガイドライン」にほかならないのである。

経営評価、経営診断　→ p. 128、p. 137

計画のコースとステップ　course and step

計画のコースとステップは、計画の立案やその手順を意味する。計画のコースとは、目標設定から行動計画の具体化までの流れをさす。例えば、学校における指導計画では、教科目標→年間計画→単元計画→時間計画というコースをとり計画が具体化される。計画のステップとは、計画が経営過程の中で十分機能するようにするための段階を意味する。①企画（目的・目標の設定段階、情報収集と代替案の検討）、②計画の表示（計画作成の段階、計画の形式や配列の検討）、③計画の管理（計画の評価）という段階を経ることで計

画が機能する。

交換（関係） exchange paradigm

交換とは、欲しいものと引き換えに何かを提供することによって、生産者と消費者双方の満足が高められるような互恵的な関係を創る価値創造過程である。したがって、そこでは物財としてのスポーツ製品だけではなく、サービス財としてのスポーツ活動や指導者、スポーツ施設、スポーツ組織、スポーツ情報、スポーツに関するアイデアなど、いかなるものでも交換の対象となりうる。こうした交換行為の成立が「取引（transaction）」である。

顧客満足 customer satisfaction

顧客とは、製品やサービスを最終的に使用または消費する人々（消費者；consumer）を企業側から見た場合の用語である。また顧客満足とは、企業の経営理念や製品・サービスについて顧客が自分自身の基準によって納得の得られるクオリティと価値を見出すことである。つまり、企業が顧客を満足させることではなく、「顧客が満足すること」であり、顧客自身が判断の主体なのである。したがって、現代における顧客満足概念は、社会的責任に関わる「顧客不満足（customer dissatisfaction）」や感動的経験が伴う「顧客歓喜（customer delight）」をも含み持つ広義の一般概念として用いられている。

国際的競技力 → p. 197

コミュニティスクール community school

地域社会の中に教材を求め、地域社会と学校教育との堅密な連携をめざす学校。平成12年3月に内閣総理大臣のもとに発足した教育改革国民会議の報告では、アメリカのチャーター（特別許可状）スクールと共通する、地域独自のニーズに基づき、地域が運営に参画する新しいタイプの公立学校という意味で用いられている。

コンフリクト conflict

葛藤、闘争と訳され、何らかの争いや対立を表す。個人内、個人間、集団間、組織間など多様なレベルのコンフリクトに区別される。個人内コンフリクトは、個人内部に同時に達成することができない動機が存在し、そのどちらに行動を移すか決定できない心理状態である。個人間、集団間、組織間のコンフリクトは、これらの間に両立不可能な目標が存在するときに生じる。コンフリクトは人間の組織的活動には不可避であり、一時的に作業の停滞をもたらすが、コンフリクトの解消方法によっては、集団・組織の結束を高めたり、新しい創造的なアイデアを生み出すなど、望ましい結果をもたらすこともある。

住民参加

特定の地域住民が地域生活に影響を与える政策の立案や執行に直接参加すること。住民参加は特定地域の個別問題をめぐる参加であり、反対、直接請求、住民投票、住民訴訟などの運動型の参加から、公聴会やアンケートの実施、委員会の設置など行政主導型の参加もある。体育・スポーツ経営では、地域住民が地域のスポーツ振興をめぐる各種スポーツ事業の企画立案や公共スポーツ施設や学校開放の運営に参加し、住民主体の体育・スポーツ経営が進められることを期待している。

受益者負担の原則 the principle that beneficiaries should pay for part of a project: the benefit principle

人々の生活を支える行政サービスのなかでも、その便益が特定の行政区の住民全般に帰

属するサービスと、サービスの便益が特定の個人に及ぶものとがある。前者の場合には、広く公益性があるサービスとして、その財源は租税で賄われるが、後者の場合には受益の負担の公平化のために私費を徴収する。このように受益に不公平が生じるサービスに対して私費を負担する考え方を受益者負担の原則という。

消費者行動　consumer behavior

消費者行動とは、消費者が自らの生活体系を形成し維持し発展させるために必要な製品やサービスを、消費支出を通じて獲得するときの行動様式である。消費者行動は消費行動と購買行動に分けられ、前者は消費支出の内訳を決める行動であるのに対して、後者は具体的な製品やサービスおよび購入店舗を選択決定する行動である。しかし、体育・スポーツ経営学の消費者行動への関心事は後者の購買行動にあるといってもよい。

情報提供事業　information service
→ p. 61

職務満足　job satisfaction

職務の様々な側面に対する個人の満足度であり、職務満足が高いほどモラールも高くなるとされている。職務満足は、仕事自体への満足だけでなく、人間関係や報酬（昇進・給与など）、仕事の物理的環境等々への満足の総体としてとらえられている。

スポーツサービス　sports service　→ p. 28

スポーツ産業　sports industry　→ p. 28

スポーツ生活　sports life　→ p. 42

スポーツ生活者　→ p. 39、p. 41

スポーツプロダクト　sport product

体育・スポーツに関連する組織体による経営活動の結果生み出されたアウトプット（生産物）をスポーツプロダクトという。体育・スポーツに関連する組織体は多様に存在するため、例えば体育・スポーツ経営体の場合には、スポーツ生活者に提供される体育・スポーツ事業や新たに獲得された経営資源などがスポーツプロダクトに該当する。また競技団体や広告代理店等が開催するスポーツイベントも「みるスポーツ」をめぐるスポーツプロダクトとしてとらえることができる。スポーツメーカーの場合にはスポーツ用品や用具が、スポーツに関連するメディアの場合にはスポーツ番組やその情報などがスポーツプロダクトとなる。

スポーツプロデュース　sport produce
→ p. 192

スポーツマーケティング　sport marketing

マーケティングには普遍的に同意を得た定義は存在しないが、「マーケティングとは、交換過程を通じて、消費者のニーズと欲求を満たすことを意図する一連の諸活動である」というコトラー P. (1983) の定義が一般的である。この定義を援用すれば、スポーツマーケティングとは、スポーツ、スポーツ事業、スポーツ財等の交換過程を通して、スポーツ消費者のニーズと欲求を満たす一連の活動ということができる。特に、スポーツマーケティングの場合には、①スポーツ振興・普及のマーケティング (marketing for sports) と、②スポーツプロモーションを利用した一般企業のマーケティング (marketing through sports) といった2つの領域がある。

スポーツリーダーバンク sport leader-bank

地域のスポーツ活動の普及・振興を図るため、一定地域内のスポーツ指導者を発掘し、一定の方法で登録させ、地域や職場の団体等の指導者派遣の要請に応じられるように設置した、リーダー登録制度をスポーツリーダーバンクという。

スポンサーシップ sponsorship

スポンサーシップとは、企業目的やマーケティング目的を達成するために、運動やイベントなどに資金を投資したり、資源、サービスを提供する企業活動を意味する。スポーツをめぐるスポンサーシップでは、当該スポーツの振興のみならず、企業名の露出と認知の拡大、経済的な利益をもたらす権利の獲得のためにスポーツイベントやチーム、プレーヤーに資金やサービスが提供されてきた。

製品ライフサイクル product life cycle

ある製品の寿命は、その誕生から成長、成熟、衰退、死という生物と同様な段階を経ると仮定した考え方やプロセスが製品ライフサイクルである。製品ライフサイクルでは、①導入段階、②成長段階、③成熟（飽和）段階、④衰退段階が仮定されており、各段階での経営手法やマーケティング手法に相違が検討される。また、製品ライフサイクルは、市場での製品の受容段階を記述するものとしてみることもでき、普及モデルとして扱われることもある。

総合型地域スポーツクラブ → p. 162

組織階層 → p. 115

組織活性化 → p. 117

組織間関係論 interorganization theory

組織間関係論は、組織をそれを取りまく環境と関連づけて分析する必要性を背景に提起された理論志向であり、当該組織の目的達成に影響を及ぼす組織間の交換関係の形成・展開、調整メカニズムや組織間関係のマネジメントなどのあり方が問題にされる。その考え方には、組織が保有しない資源の他組織への依存関係を扱う資源依存パラダイムや、共通の目的の達成に向け関係が形成される過程や、その協同行動に焦点をあてる協同戦略パースペクティブなどがある。また組織間関係論は単に個別組織に焦点をあてるだけでなく、コミュニティや社会を組織間のシステムとしてとらえ直し、組織間関係論から社会理論を構成しようとする広がりもみせている。

組織形態 → p. 115

組織構造 organizational structure → p. 115

組織文化、組織風土 organizational culture、organizational climate → p. 118

組織有効性 organizational effectiveness

組織有効性をめぐっては多様なとらえ方が提案されている。例えば、バーナード C. I. (1968) は組織目的の達成度を組織有効性としている。このとらえ方は目標モデル（goal model）とみることができる。目標モデルは組織が目標の達成を意図して構成されることからその論理性はあるものの、組織目標が抽象的なことがあったり、組織によって異なっていたりすると有効性を測定し評価することが難しい場合も出てくる。組織有効性のとらえ方には、組織目標の達成度をとらえる目標モデルとの関連から、組織目標の達成度をた

かめる組織のもつ条件をとらえようとする組織有効性のシステムモデル (syatem model) がある。システムモデルでは、組織目標の達成に向け組織がもっている諸機能、組織特性、資源配分の有効性が問題とされる。目標モデルとシステムモデルは、それぞれ特徴があり相互補完的に用いられる。このように組織有効性とは、組織目標の達成の程度、及び組織目標を達成するために保有している組織の諸能力ということができる。体育・スポーツ経営学では、前者の目標の達成度を経営成績、後者の組織のもつ諸条件や能力を経営条件としてとらえ、経営評価に活用している。

体育・スポーツ管理者　physical education and sports manager

体育・スポーツ経営組織においてマネジメントを専門的に担当する職位にある人（組織のトップあるいはミドルマネジメントに当たる人）を指す場合と、体育・スポーツ事業のマネジメント過程（計画、組織化、評価・統制）において主導的役割を果たす人を指す場合とがある。体育管理者には、組織成員を統率するための対面的な影響力の行使（リーダーシップ）だけでなく、対外的な行動や組織に変革もたらすような行動も必要となる。こうした体育・スポーツ管理者がとる行動の総体を管理行動という。

体育・スポーツ行政体　government for physical education and sports

体育・スポーツの振興を目的に、体育・スポーツ経営組織に対して、指導・助言・援助および規制をする公的な組織。市町村・都道府県の教育委員会や文部科学省の中で体育・スポーツを専門的に担当する局・課が最も理解しやすい例であるが、近年ではこれ以外にも体育・スポーツの問題を直接・間接に扱う行政部局が広がっている。また、現実の体育・スポーツ行政体は体育・スポーツ経営体の性格も重複してもっている場合が多い。特に、市町村教育委員会の体育・スポーツ関連部局は、直接体育・スポーツ事業を営む働きを担っている場合がほとんどであり、体育行政体としての働きと兼務しているのが実態である。

体育・スポーツ経営学　discipline of physical education and sports management

体育・スポーツ経営という社会的事象を経営学的方法によって解明し、体育・スポーツ経営実践の改善や発展に資することを目的とする実践的・応用的科学。

体育・スポーツ経営の領域　→ p. 30、p. 120

体育・スポーツ経営組織　managerial organization of physical education and sports　→ p. 30、p. 114

体育・スポーツ経営体　management body of physical education and sports　→ p.113

体育・スポーツ事業　phydical education and sports enterprise　→ p. 25、p. 57

体育指導委員

体育指導委員は、昭和32年の文部省事務次官通達「地方スポーツの振興について」の中で設置の指導がなされた後、昭和36年のスポーツ振興法によって制度化された、地域スポーツの振興に関わるスポーツ指導者である。その身分は、昭和47年の保健体育審議会答申によって市町村教育委員会が任命する準公務員という位置づけがなされている。体育指導

委員には、住民に対するスポーツの実技指導やスポーツに関する指導・助言という役割が期待されるとともに、行政と住民を結ぶパイプ役、スポーツ事業のプランナーなど多様な役割が期待されてきた。近年では、地域スポーツ振興推進体制の中でのコーディネータとしての役割、総合型地域スポーツクラブ設立の中心的役割が期待されている。

第三セクター

政府や地方自治体（第1セクター）と民間企業（第2セクター）とが共同して出資して設立する経営体を第3セクターという。第3セクターは公益的な観点からの事業計画が保証されるとともに許認可交渉の円滑化や補助金の導入などのメリットも期待されている。あわせて民間セクターの収益性や営利性などの市場メカニズムを生かしながらの経営が可能となる。

地域スポーツクラブ連合 federation of community sports club

少人数のクラブでは手に負えない問題を解決したり、単一クラブの活動だけでは満たし得ないようなニーズをかなえることができるようにするために、地域内の複数のクラブが有機的な関係を結んでできたクラブ連合組織のこと。文部省では昭和62年〜平成6年まで地域スポーツクラブ連合育成事業を44市町村において実施した。クラブ連合は、①連合組織に加盟するクラブ・サークル間の交流、②個別のクラブ・サークルの運営に必要な経営資源の安定的確保、③地域活動への協力や地域住民に対する各種スポーツ事業の実施、などを役割とする地域スポーツの推進組織（地域スポーツ経営体）として期待された。

抵抗条件　→ p. 47

独立的体育・スポーツ経営体、部分的体育・スポーツ経営体　→ p. 118

ナレッジマネジメント knowledge management

経営の発展をもたらす新しい知識を創造するための環境を整備すること。経営における知識への注目は1990年代から始まるが、そこでは知識こそ意味ある経営資源であるとする認識が基礎となっている。ナレッジマネジメントは、組織的能力を持続的に開発することでイノベーションを連続的に創出し、そのことによって高い顧客満足を実現し、高い組織業績を維持することを目的とした経営のあり方である。

ニーズ、ウォンツ needs、wants

ニーズという概念は「要求」あるいは「必要」と訳され、生活上において人々が感じる欠乏状態のことである。一方ウォンツは、「欲求」と訳され、ニーズを満たすためにある特定のものを欲しいと求める欲望のことであり、固有の文化や育ちによって変わるニーズの表現でもある。

ノーマライゼーション

1950年頃にデンマークで起こった、知的障害児を施設から地域に返す運動が原点となった理念であり、障害のある人も高齢の人もできる限り健常な人と同じ生活ができるようにし、すべての人が共に住み生活できる社会を実現しようとする理念である。

パブリックリレーションズ public relations

パブリックリレーションズとは、経営体が何らかの利害関係を持つすべての関係者（stakeholder）との間に、良好な関係の形成

と関係の維持をめざして行うコミュニケーション活動である。経営体が存続・成長するためには、利害関係者からの好意的な支持と承認が必要となる。そのためには、経営体の活動自体を社会的に意味ある活動にする努力とともに、様々なコミュニケーション活動を通して経営体の活動や事業内容を関係者に理解してもらい、良好な関係を作る必要がある。

バリアフリー　barrier-free

障害のある人や高齢の人の生活に不便な障害を取り除くこと。例えば、階段の代わりにスロープをつけたり、段差をなくしたり、エレベーターのドアを広くしたりするなど様々な工夫がなされている。

PFI　private finance inisiative

PFIとは、公共施設等の設計、建設からの管理及び運営にわたって、民間の資金とノウハウを活用し、公共サービスの提供を民間主導で行い効率的かつ効果的な公共サービスを提供するという考え方。イギリスのサッチャー政権以降、「小さな政府」への取り組みの中で、公共サービスの提供に民間資金やノウハウを活用しようとする方法として1992年に導入された。PFIでは、一定の支払いに対し、最も価値の高いサービスを提供するというVFM（value for money）を重要な原則としている。

ブランドロイヤリティ　bland loyalty

ブランドロイヤリティとは、ある特定の製品・サービスの使用や利用の結果として得られた満足から生まれる特定のブランドへの忠誠心である。また、それはブランドへの好意的態度と再購買の頻度などから判断され、特定のブランドに利用者や顧客を惹きつけ、製品やサービスの使用を維持する能力である。

プログラムサービス　program service
→ p. 59、p. 84

プロモーション　promotion　→ p. 179

ポートフォリオマネジメント　portfolio management

本来、ポートフォリオとは、投資リスクを回避するために、投資による利益とリスクを考慮しながら適切な投資の組み合わせをすることを意味する。近年ではこの考え方を応用した、製品ミックスとキャッシュフローを考えるポートフォリオモデルが提案されている。例えばBCG（Boston Consulting Group）は、相対的なマーケットシェアと成長率の2軸から、個別の事業単位を、①花形（stars；成長率もシェアも高）、②金のなる木（cash cows；成長率は低、シェアは高）、③問題児（problem children；成長率は高、シェアは低）、④負け犬（dogs；成長率もシェアも低）に位置づけ、事業部の統廃合やキャッシュフォローを検討するモデルを提案している。

保健体育審議会　Council on Health and Physical Education
スポーツ振興審議会

保健体育審議会は、旧文部大臣の諮問機関で大臣の諮問に応じて、日本の学校体育、学校保健、学校給食、生涯スポーツの振興などに関する事項を審議し、そのまとめを大臣に建議する国レベルのスタッフ組織であった。

平成12年に行われた省庁再編の結果、文部省は文部科学省となり、保健体育審議会は中央教育審議会の中に組み込まれ、スポーツ・青少年分科会として位置づけられている。また、その役割は保健体育審議会と同じである。

スポーツ振興審議会は地方自治体に設置さ

れるスタッフ組織であり、スポーツ振興法（昭和36年）では都道府県には必置、市区町村では任意設置という位置づけがなされている。スポーツ振興審議会は、都道府県の教育委員会もしくは知事、または市区町村の教育委員会の諮問に応じて、スポーツ振興に関する重要事項について調査審議し、都道府県教育委員会もしくは知事、市区町村教育委員会に建議する役割をもっている。

ボランティア　volunteer

個人、グループ、地域社会が直面する問題を解決したり、予防することおよび社会の発展をめざし、個人の自発性にもとづいてその知識・技能や時間・労力などを進んで提供する、非営利的で公益的な社会的活動及びその行為主体である。ボランティアは、福祉、文化、保健・医療、環境、教育など様々な活動領域に見いだせるが、この内、スポーツに関わる社会的活動及びその行為主体をスポーツボランティアという。スポーツボランティアには、「行うスポーツ」におけるボランティアと「みるスポーツ」におけるボランティア、「一定期間継続的に行われるボランティア（例えばクラブ指導のボランティア）」と「単発的に行われるボランティア（例えばイベントボランティア）」などに分類される。

マーケティングミックス　marketing mix

マーケティングミックスとは、（標的）市場に対して効果的なマーケティング活動を実施するために用いられる統制可能なマーケティング諸要素（製品（Product）、価格（Price）、立地・流通（Place/Distribution）、プロモーション（Promotion）といった4つのP's）の最適な組み合わせ（mix）のことである。特に、スポーツ事業に包含される製品、立地・流通を除く、価格、プロモーションの2つの要素をスポーツ事業の「支援型マーケティングミックス」と呼ぶ。

マーケットセグメンテーション、市場細分化　market segmentation

市場細分化とは、多種多様なニーズや欲求をもった消費者で構成される（全体）市場を消費者行動の異質性に基づいて、比較的同質性・類似性の高い消費者グループ（市場セグメント）に分割・分類する過程であり、ターゲットマーケティング実践の鍵ともなる。こうした消費者を分類する基準は多岐にわたるが、代表的な細分化基準は、①地理的変数、②人口統計学的変数、③サイコグラフィック変数、④行動変数といった4つの変数に集約できる。

マネジメント、マネジメント機能、マネジメントサイクル　→ p. 24、p. 31、p. 36

メセナ、フィランソロフィー　me'ce'nat、philanthropy

メセナとは芸術文化の支援を意味する用語であり、企業の社会貢献活動（フィランソロフィー）の一環としてとらえられている。企業の社会貢献活動は芸術文化の振興にとどまらず地域社会の振興やその貢献が意図されることも多い。これらの用語に関心が寄せられた背景には、経済活動に傾注する企業活動のあり方が問われ、企業と社会との関係に対する問い直しがあった。

モチベーション　motivation　→ p. 117

モラール　morale

集団や組織の目標を達成しようとする、意欲や動機づけ水準といった集団メンバーの心理的態度を指し、一般に志気・士気と訳され

る。産業心理学等において従業員のモラールは、生産性や欠勤率・離職率に影響することが明らかにされている。体育・スポーツ経営学においてもスポーツ集団や経営組織の研究に適用され、成果を規定する一つの要因であると指摘されている。モラールは、人間関係や労働（活動）条件、仕事（活動）の進め方、集団・組織への一体感などに対する満足度から測定される。本来、モラールは集団・組織レベルの概念として用いられる。

誘致距離

施設が人々の運動を誘致する際、すなわち、施設の存在自体が人々の運動行動の動機として働きかけた際に、人と施設との間の距離を誘致距離という。この距離は半径で示される。例えば、就学前の幼児のための遊び場は誘致距離100mとされている。施設そのものの機能が高まると誘致距離が伸びることもあるし、逆に魅力がない施設は誘致距離が短くなる。幼児や高齢者を対象とする施設は誘致距離が短く、成人を対象とした施設は誘致距離が長くなる。

欲求階層説　hierarchy of needs

人間の欲求の内容や強さは多様であるとともに、発達段階や置かれた状況によって異なる。心理学者のマズロー（原年広訳『自己実現の経営』産業能率大学出版部、1967）は、人間の欲求には下位の欲求から上位の欲求まであり、下位の欲求がある程度充たされなければ、上位の欲求は生じないという欲求階層説を提案している。その欲求は下位から順に、①生理的欲求（physiological needs；肉体的、生理的欲求）、②安全の欲求（safety needs；自己防衛、保護、安定の欲求）、③帰属・愛情の欲求（belongingness and love needs 人間関係、集団への一体感や所属の欲求）、④尊厳の欲求（esteem needs；自尊心の欲求、承認欲求）、⑤自己実現の欲求（needs for self-actualization；自己達成、自己啓発の欲求）が想定されている。

ユニバーサルデザイン　universal design

ユニバーサルデザインとは、障害の有無、年齢、性別、国籍、人種等にかかわらず、できるだけ多くの人々が快適に利用できるように、製品・サービス、建物、空間、都市や生活環境等をデザインするという理念のことである。ユニバーサルデザインは、「すべての人が人生のある時点で何らかの障害をもつ」という、「人に優しいデザイン」を発想の起点としている点で、これまでのバリアフリーデザインとは大きく異なっている。

リーダーシップ　leadership

組織や集団の目標達成の過程においてメンバーを一定の方向に導いたり、集団を維持するために発揮される対人的な影響力を指す。また、集団のメンバーに対してより大きな影響力を与える個人をリーダーといい、さらに、集団内のリーダーをインリーダー（例えばキャプテン）、集団外部のリーダーをアウトリーダー（例えば顧問教師）という。一般にリーダーシップ機能には、目標達成機能と集団維持機能があるが、どのようなリーダーシップ行動が有効であるかは集団の状況（目的、成員の特性等）によって一様ではない。

索 引

太数字は「用語解説」中の頁を示します。

あ行

アウトソーシング　13,**260**
アクションプラン（実行計画）　33
アクセシビリティ　67,76
新しい学力観　144
アメニティ　77
　　―演出の条件　78
　　―空間の構造　78
　　―の構成要素　78,79
生きる力　145,148,149
意思決定　32,33,36,116,118,134
委託経営　122
一貫指導（システム）　200,204
意図的運動現象　20
イノベーション　117,**260**
インフォメーションサービス　88
ウォンツ　**267**
運動行動　44,78,87,98
運動施設　59,64,65,74,77,80,141
運動指導者　63,64
運動者　8,39,42,43,44,46,53
運動者行動　44,45
　　―の可能性　47,55,132
　　―の実質性・形式性　46,47,54,55
　　―の自律性・他律性　48
　　―の分析視点　45
運動者主導型の経営　5
運動者組織　158
運動者団体　106,199
運動生活　49
　　―調査　54,132
　　―の階層的把握　50
　　―の構造的把握　54
　　―の実質性-形式性　53
　　―の類型的把握　50
運動部活動　12,99,141,148
A運動者　46,75,77
A・S・C（Area Service Committee）
　　82,84,120
A階層　50,52,53
S階層　50,52,53,132
X―Y理論　**260**
ＮＰＯ法人　167,168,**260**
エリアサービス　29,59,60,67,74,75,76,79,
　　105
　　―コミッティ　**261**
　　―事業　59,60,74,83
オピニオンリーダー　**261**
オープンシステム　113
オン・ザ・ジョブ・トレーニング　64

か行

会員権（事業）　169,174
外部指導者　99,125,149
外部評価　137
価格設定　176,179
学習プログラム　89,90,94,95,141
学校開放　153,159,164,**261**
学校開放運営委員会　121,153,157
学校週5日制　144,157
学校体育経営　141
　　―の構造　142
カリキュラム・マネジメント　147

環境創造　38
環境適応　68, 130, 176
関係的運動施設　68
関係的な運動クラス　105
観戦者（スペクテイター）　182, 183
観戦者行動　**261**
観戦能力　185, 194, 195
管理者行動　134, 142
関連の体育・スポーツ事業　58, 59, 61
企業のスポーツ経営　30
基準の設定　128
期待理論　117
基本的体育・スポーツ事業　58, 59, 62
競技スポーツ　3, 182, 209
競技プログラム　87, 88, 92, 197
競技力向上　197, 198, 199, 200, 202
行政機能　122
行政主導型経営　5
競争戦略　177
共通目的　114, 116, 126
協働意欲　30
協働システム　161, 163, 207
協働的意思　114, 115, 116, 117
クラブ　97
　―形態　102
　―サービス　29, 97, 98, 99, 100, 149, 160
　―サービスコミッティ　**261**
　―サービス事業　60, 97, 105
　―の性格論　101
経営　21
　―の4条件　22, 36, 130
　―の主体　8, 18, 22, 30
　―の成果　80, 131, 132
　―学　9, 18
　―過程　107, 108
　―形態　**262**
　―参加　12, 195, **262**
　―資源　9, 10, 31, 33, 34, 58, 61, 62, 63, 64, 95, 106, 158, 189, 204
　―条件　48, 130, 131, 133, 134
　―条件の評価　84, 130, 133
　―診断　137
　―成績の評価　84, 130, 132, 133
　―責任　129
　―戦略　68, 176, 177, 180, **262**
　―組織　30, 31, 32
　―組織の過程的側面　116
　―組織の構造的側面　115
　―対象　30, 34, 128, 131
　―目的　22, 30, 171, 178
　―目標　22, 33, 107, 118
　―理念　22, 33, 163, 171
　―倫理　172
計画　32, 33, 80, 81, 93, 107
　―のコースとステップ　**262**
経済的利潤　19, 30
形式的運動者　46, 55
継続的プログラム　92
広域スポーツセンター　204
交換（関係）　108, 109, 111, 170, **263**
公式組織　114, 116
構造　37
広報活動　83, 105
顧客　171, 178
　―創造　171
　―満足　171, **263**
国際的競技力　197
国際的競技力の階層　198
国立スポーツ科学センター（JISS）　196, 199, 202, 208
個人的な便益　4, 7, 12
コミュニケーション　68, 70, 114, 115
コミュニティ　161
　―形成　123, 161
　―スクール　152, **263**
　―センター　125, 159

索引　273

顧問会議　120, 148
コンフリクト　116, **263**

さ行

財務的資源　63, 71, 141, 190, 204
支えるスポーツ　58, 163
差別化アプローチ　178
C 運動者　45, 86, 132
C. S. C（Club Service Committee）
　82, 108, 120
C 階層　50, 52, 53
JOC　196, 201
事業　22, 23, 28
事業部制組織　115
市区町村域施設　121
自主運営　123, 158, 165
市場（マーケット）　109, 178, 186, 187
市場細分化　178
施設開放　121
施設の種類　66
施設の性格　66, 74
自然的な運動現象　20
実技指導者　61, 95
実質的運動者　46, 55
社会教育主事　13, 64
社会戦略　177
社会的条件　47, 48
社会的責任　172
社会的な便益　3, 7, 12, 161
修正活動　62, 128
従属的運動クラブ　101
従属的施設　66
集中化アプローチ　178
住民参加　122, 158, **263**
住民自治　123
住民主導型　9
受益者負担　123, 158, 166

—の原則　**263**
主体的運動クラブ　101
主体的施設　66
主体的条件　26, 47, 48, 75
需要戦略　177, 178, 180
生涯スポーツ社会　200
商業的スポーツ施設　64, 70, 72, 100, 124
消費行動　172, 173, 179
消費者行動　109, 172, **264**
情報技術（IT）　71
情報提供事業　61, **264**
情報資源　10, 68, 69, 70, 96, 142, 187, 191
職能別組織　115
職場スポーツ経営　30, 31
職務満足　**264**
人的資源　10, 63, 95, 190, 204
スタッフ組織　115, 116, 202
ステークホルダー　172
スポーツ活動の継続性　51
スポーツ活動の合理性　51
スポーツ活動の自律性　51
スポーツ活動の組織性　51
スポーツ観戦　182, 184, 185, 192
スポーツ基本法　218
スポーツ基本計画　221
スポーツクラブ　97
スポーツ行動　25, 26, 27
スポーツサービス　28, 33, 46, 111
スポーツ産業　28
スポーツ参与　182, 192
スポーツジャーナリズム　182, 183
スポーツ振興基本計画　14, 161, 215
スポーツ振興審議会　**268**
スポーツ振興投票　208
スポーツ振興法　70
スポーツ生活　41, 42
スポーツ生活者　39, 41, 42
スポーツプログラム　29, 60

スポーツプロダクト　110,183,**264**
スポーツプロデュース　192,193
スポーツマーケティング　109,110,**264**
スポーツマネジメント　35
スポーツリーダーバンク　**265**
スポンサー（シップ）　187,188,209,**265**
生活スポーツ　20,122
製品ライフサイクル　**265**
接近―逃避行動　45
総合型地域スポーツクラブ　30,158,162
総合的な学習の時間　146,148
総合プログラム　92
組織　22,114
　―化　34,108,160,164
　―活性化　117
　―間関係　126
　―間関係論　**265**
　―構造　114,115
　―指導者　63,166
　―の階層　115
　―の形態　115,134
　―風土　118,204
　―文化　70,204
　―有効性　**265**

た行

体育・スポーツ管理者　**266**
体育・スポーツ行政体　39,**266**
体育・スポーツ経営学　6,8,11,12,17,35,45
体育・スポーツ経営組織　30,38,114
体育・スポーツ経営体　113,114,118,119
体育・スポーツ事業　28,38,57,58,108,113
体育・スポーツ経営　36,144,146
　―学　**266**
　―の構造　38
　―の目的　24,30,37,41
　―の（実践）領域　30,118

体育カリキュラム　146
体育管理学　17
体育協会　30,100,122
体育経営計画　147
体育指導委員　**266**
第三セクター　**267**
多種目・総合型のクラブ　103,123
単一種目・単独型　103
単独プログラム　92
単発的プログラム　92
地域施設　66,83,121,159
地域スポーツクラブ連合　160,**267**
地域スポーツ経営　122,157,161
　―の構造　157
地区スポーツ振興会　157,164
地方分権化推進法　70
チャンピオンシップスポーツ　20,88
中核的便益　184
直接経営　122
抵抗条件　47,57,69,132
データベース　191,209
テストプログラム　90,96
デモグラフィック　69
動機づけ―衛生理論　117
統制・評価　36,93
特定非営利活動促進法（NPO法）　70,168
独立的体育・スポーツ経営体　118
トップ・マネジメント（T.M.）　115,124
都道府県域施設　67,158
トレーニングプログラム　91,92,95

な行

ナレッジ・マネジメント　**267**
日常生活圏　57,123,159
日本体育協会　197,202
ニーズ　**267**
ノーマライゼーション　**267**

は行

派遣社会教育主事（スポーツ担当） 64
パブリック・リレーションズ 125,166,**267**
バリアフリー **268**
非営利組織 15,129,172
P運動者 45
P・S・C (Program Service Committee) 82,94,120
P階層 50,52,53
PFI **268**
非公式組織 112,114
評価 35,36,83,128
評価基準 129,130,133
開かれた学校 153
ファンクショナル組織 115
フィードバック 36,90,180
フィットネスクラブ 13,31,98,100,119,130,170,171
フィランソロフィー **269**
付加価値 13
複数合同部活動 99,125
付属設備 65,159
付帯施設 65,68
物的資源 9,63,96,141,189
部分的体育・スポーツ経営体 118
プライス 110
プレイス 110
ブランドロイヤリティ **268**
プログラムサービス 29,60,85,95
　―コミッティ **261**
　―事業 60,85,93,95
プログラムの形態 60,92
プログラムのタイプ 86
プロジェクト組織 95,116,191
プロダクト 110,183,186,192
プロモーション（活動） 73,104,110,165,176,179
文化的価値 43,51
文化的生活 42
文化としてのスポーツ 3,7,24,172
分析評価 128
ポートフォリオマネジメント **268**
保健体育審議会 68,70,158,**268**
ホスピタリティ 190
ボランティア 4,14,64,165,190,**269**

ま行

マーケティング 108,176
　―4つのP 110
　―ミックス 178,**269**
　―的思考 108,109
マーケットセグメンテーション **269**
マクドナルド化 175
マスタープラン 33,62,168
マトリックス組織 116
マネジメント 24,31
　―機能 32,36,128
　―サイクル 36,62
　―プロセス 36
マネジャー 14,35,104
ミドル・マネジメント（M,M,） 115
みるスポーツ 20,58,182,186,192
民間スポーツ・フィットネスクラブ 170,172,176
メセナ **269**
メディアスポーツ 182,187
目的設定 32,129
モチベーション 116
モラール 116,**269**

や行

誘致距離 66,76,77,**270**

豊かな運動生活　43,51
豊かなスポーツ生活　25,37,41,43,128,182
ユニバーサルデザイン　178,**267**
欲求階層説　117,**270**

ら行

ライブスポーツ　182,183,187
ライン・アンド・スタッフ組織　115
ライン組織　115,141,202
リーダーシップ　35,116,**270**
リーダーバンク　95
レクリエーションプログラム　89,92,95
ロケーション　67,76

体育・スポーツ経営学講義
© YATSUSHIRO Tsutomu, NAKAMURA Taira 2002　　　NDC780 ix, 276p 21cm

初版第1刷発行──2002年4月1日
　　第11刷発行──2013年9月1日

編著者	八代　勉・中村　平
発行者	鈴木一行
発行所	株式会社大修館書店

〒113-8541　東京都文京区湯島2-1-1
電話 03-3868-2651（販売部）03-3868-2299（編集部）
振替 00190-7-40504
［出版情報］http://www.taishukan.co.jp

装丁者	安斎正郷
印刷所	厚徳社
製本所	司製本

ISBN 978-4-469-26480-7 Printed in Japan

Ⓡ本書のコピー、スキャン、デジタル化等の無断複製は著作権法上での例外を除き禁じられています。本書を代行業者等の第三者に依頼してスキャンやデジタル化することは、たとえ個人や家庭内での利用であっても著作権法上認められておりません。

アメリカ・スポーツビジネスに学ぶ経営戦略

デビッド・M・カーター、ダレン・ロベル [著]
原田宗彦 [訳]

【主要目次】
- 第1章 ビジネスの構築
- 第2章 顧客の獲得
- 第3章 顧客サービス
- 第4章 パーソナル・ブランディングの過程
- 第5章 雇用関係
- 第6章 同盟の構築
- 第7章 危機管理
- 第8章 新しいマーケットへの浸透
- 第9章 ブランドの構築
- 第10章 ビジネスのリ・ポジショニング
- 第11章 リーダーシップ

巨大スポーツ産業が教えるビジネスのヒント！

スポーツビジネスの世界は様々なブレークスルー・テクニックの事例に満ちている。顧客の獲得、顧客サービスの提供、個人とビジネスのブランド化、雇用関係、同盟の構築、危機管理、新市場への参入、リーダーシップ、等々。本書は、豊富な事例をもとに、一般ビジネスに参考となるスポーツビジネスの真髄を分かりやすく紹介・解説する。

●A5判・304頁
本体2,000円

大修館書店　書店にない場合やお急ぎの方は、直接ご注文ください。☎03-3934-5131

スポーツビジネス叢書

目標達成に向け、何をどうすればよいのか
スポーツマネジメント

原田宗彦・小笠原悦子 [編著]　●四六判・274頁　本体1,900円

「機能体としてのスポーツ組織」のマネジメントを意識し、リーグ、クラブ、チーム、選手、ファンといった、スポーツの実践現場を構成する諸要素の視点から検討。

スポーツを売る仕組みがわかる
スポーツマーケティング

原田宗彦 [編著]　藤本淳也・松岡宏高 [著]　●四六判・282頁　本体2,000円

多様なスポーツ消費行動の全体を視野にとらえ、その成り立ちを理解するための基礎理論からマーケティングの実際までをあますところなく解説。

スポーツ産業における財務のすべてがわかる
スポーツファイナンス

武藤泰明 [著]　●四六判・246頁　本体1,800円

Jリーグの経営諮問委員長を務める著者が、スポーツビジネス全般における資金調達と財務運営について、実例を挙げながらその基本と実際を解説。

大修館書店　書店にない場合やお急ぎの方は、直接ご注文ください。☎03-3934-5131

定価=本体+税(2013年9月現在)